青少年写作智力开发

陆九奇 著

沈阳出版发行集团

沈阳出版社

图书在版编目（CIP）数据

青少年写作智力开发 / 陆九奇著 . — 沈阳：沈阳出版社 , 2018.8

ISBN 978-7-5441-9696-3

Ⅰ . ①青… Ⅱ . ①陆… Ⅲ . ①写作—青少年读物 Ⅳ . ① H05-49

中国版本图书馆 CIP 数据核字（2018）第 178940 号

出版发行：沈阳出版发行集团 | 沈阳出版社

（地址：沈阳市沈河区南翰林路 10 号　邮编：110011）

网　　　址：http://www.sycbs.com

印　　　刷：天津中印联印务有限公司

幅面尺寸：145mm × 210mm

印　　　张：10.5

字　　　数：214 千字

出版时间：2018 年 11 月第 1 版

印刷时间：2018 年 11 月第 1 次印刷

责任编辑：马　驰

封面设计：末末美书

版式设计：大有艺彩

责任校对：王玉位

责任监印：杨　旭

书　　　号：ISBN 978-7-5441-9696-3

定　　　价：42.00 元

联系电话：024-24112447

E－mail：sy24112447@163.com

本书若有印装质量问题，影响阅读，请与出版社联系调换。

序 青少年写作智力开发

许多青少年是在忍气吞声当中完成 10 年写作课的，他们从未享受过写作的乐趣，却一次次在他人折磨和自我折磨当中陷入对写作的绝望。这种绝望令许多青少年步入大学后，排斥大学语文的学习，在未来的工作拿不出一份像样的工作汇报、策划方案，更对写一篇稿件大费踌躇。造成这种现象的原因很多，要想解决这些问题，最好的方法无疑是从自己出发，通过自有效的努力来改变。

写作到底是什么？大部分人看过 N 部电影、超多电视剧，有丰富观影经验的人会猜想到故事的结局，或对导演和演员的表现有很专业的认识，当他们在热情洋溢地发表对导演的意见时，常常忽略了一件事：如果由自己来写一部剧本、导演一部影片呢？也许他们无从做起，结果可能更糟。我无意吐槽普通人的专业改编能力，而是想说：大部分人在提笔写一个剧本的时候是束手无策的——这不奇怪。

除了编剧这种专业的写作之外，其他的写作也是一样。当我们对某部小说感到不满的时候，如果由我们自己来写，我们也会发现：写出一部结构严谨、故事一般的小说也并非易事。这些现象其实都在提醒我们：阅读（观看）和创作（写作）之间是有某种巨大的鸿沟存在的，真能够跳过去的人，依靠的绝不是一份勇气就行——我们必须洞察到阅读的本质、掌握写作的原理，才能在两者之间轻松的转换，才能一边读书的同时，能提出专业的修改意见。

为什么青少年在长达十年的时间里，学习了许多关于写作的技巧，我们却难以写出一篇像样的文章？其中的道理不难理解：当我们更多在技巧方面徘徊、思索和运用的时候，我们常常忽略了写作的本质，从而不能让我们从整体上去把握写作的要义，难以在原理层面去思考和安排全文。技巧是灵活而琐碎的东西，能解决一时的问题，难以撼动一个人对写作的根本性认识。

所以在长达十年的时间里，许多人不仅没有收获一篇优秀的文章，甚至出现写作能力的倒退，乃至对阅读丧失热情。多年的经验告诉我：造成这种结果的原因只有一个：我们没有真正理解写作的本质，故而无法敲开写作之门。不夸张地说：不少孩子到了初中、高中，其写作的启蒙问题还没有解决。故而所写的"作文"只是一团模糊的、不知所云的松散文字集合。而这也不能单纯地理解成结构问题，文章构成的各种问题都会存在。

我发现：青少年对写作的认识常常是从以点概面开始的。当我们接触写作是什么的时候，老师会说：作文就是写句子，于是我们在句子堆砌中感知作文的定义；后来老师说，作文就是写一个简单故事，于是我们冥思苦想进入对故事的创作；后来老师说"作文就是把图中看到的写出来，作文就是一道题……"——需要写几百字而已，或者写作文就是写心中所想的，写某个事件的过程，写出你观察的景致。再后来，老师说"作文就是我手写我心"，于是我们搓搓手、想想心中所想，露出一副茫然不知的表情。诸如此类。

我想说：这些都对，然而都片面。但这些反复变化中的概念确实影响了我们对作文、对写作的认知，这些概念在最初启发我们对写作的时候，也许因其感性、易懂而容易理解，但随着我们真正的投入到写作的实战中来，你会发现：那些认识都有点似是而非。

那些对写作的定义，逐渐的不能满足我们对作文的认识。它们就像一个个花瓣，在不同的阶段伴随我们一段时间，但这些花瓣还是难以拼出一朵完整的花。我们不禁陷入思考：作文到底是什么？如何像数学课上的定理一样给作文写一个科学的定义？

然而我们发现：作文是一件难以定义的事情。以上的视角都有道理，然而片面。所以对一部分孩子而言，他们可能暂时停下来，仔细思索到底什么是作文。就没有一种定义可以很好的概括它吗？没有一种方式可以让我们对写作的基本原理有清晰的认识，从而令我们早一点"顿悟"吗？

我想，有的。然而抽象。当我们发现一个孩子能写出很漂亮的文章时，我们似乎习惯了说：这孩子悟性真好。我们很少说：这个孩子已经领略到了作文的原理，并运用自如。悟性是一种十分玄妙的东西，常常是可意会不可言传的，仿佛一说就错。所以一个人在任何方面得以开悟固然很好，但如果难以说开去，就很难对他人形成有价值的启发。而要我说：我们青少年的智力开发，悟性不是一种普遍有效的手段，它甚至像灵感一样飘忽不定，不知什么时候到来，难以被我们指望。所以，领略写作的原理并加以训练，才是更科学而有效的方式。写作是需要一点灵气和灵感的，但谁能通过规范的东西来让灵气和灵感降临到每个青少年的身上？所以，当你去追求写作的原理的时候，你明白了写作到底是怎么样的一回事儿，也许才能感受到灵感和灵气的存在。

对学习而言，即使是抽象的也是值得的。故而，我对青少年写作的定义是：围绕一个特定的目标，对素材所做的战略性安排，再以你的书面语言表达出来，进而体现出你的思想感情。这个定义当中，一个特定的目标当然是全文唯一的主题，对素材的战略性安排涉及到选材、裁剪和全文结构，同时对作者的语言和情感参与写作做了规定。这固然是抽象的定义，但在启发一个作者写作方面，是值得我们反复探究的。当然，如果你对写作的定义感兴趣，我觉得完全可以做一个有趣的游戏：用自己的语言定义作文。毕竟什么是作文，什么是写作，我觉得在定义它们的时候，是有很强开放性的。

毫无疑问，写作是一个人在智力层面的综合表达。天啊！我也以这样的片面来影响读者。什么叫做智力层面的综合表达啊？难道写作只有智力起效，而没有情商的存在？我当然不能将人的情商从这种综合表达中剥离出来。但现实的情况是：情感表达已成为青少年写作中的"惯用伎俩"：赞叹、讴歌、激情、振臂一呼。然而这无法令一个人踏入真正的写作之门的——这仅仅是写作当中的一个局部视角。当我们过多以抒情来代替应有的记叙、描写、细节、心理时，我们应该反思：在你的思维高速运转，以配合笔下的文字以顺畅的过程中，我们更多需要开发的是智力层面的东西，那才是更有价值的内容写作。

目　录
CONTENTS

第一章

阅读智力开发

阅读是两种经验的对接和交流。一种是作者的思想经验，一种是读者的汲取经验。为了和全世界最伟大作家有心灵上的对接和交流，每个人值得提高自己的阅读能力，在汲取经验的过程中，令自己提升写作才能。

第1节　快速阅读：如何成为可能？

　　阅读是一个人在成长过程中必须要掌握的一项能力、一种本领，这种本领如能在青少年时代便得以养成，得以发展，那是一个人的莫大幸福。

　　我们生活在一个充满信息的世界上，每天都需要接触各种各样的信息，在某种意义上，看书读报都是通过阅读来完成对信息的接收的。但不同的人阅读能力有大小，有的人阅读能力强，可

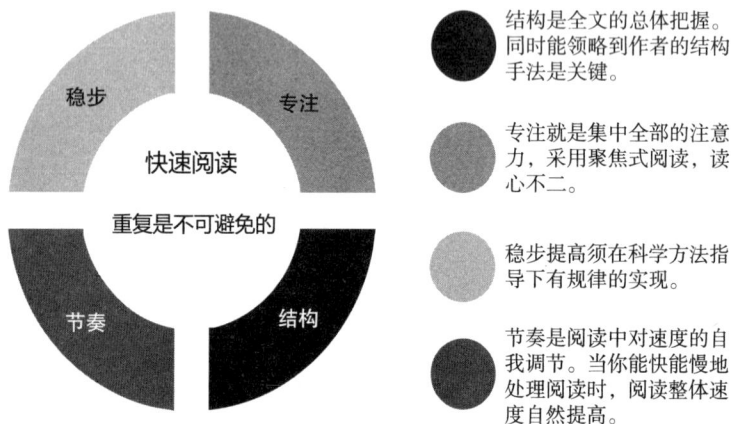

结构是全文的总体把握。同时能领略到作者的结构手法是关键。

专注就是集中全部的注意力，采用聚焦式阅读，读心不二。

稳步提高须在科学方法指导下有规律的实现。

节奏是阅读中对速度的自我调节。当你能快能慢地处理阅读时，阅读整体速度自然提高。

稳步　　专注

快速阅读

重复是不可避免的

节奏　　结构

除了多读，更要总结阅读方法，提高阅读速度

以在短时间内最大程度地获取信息，领略文章的主旨，看懂文章的结构，欣赏文章的语言，体味作者的思想。而有的人则在面对一篇文章时昏昏欲睡，不知道文章在说什么——读整本书也是如此。那么，造成这种巨大差异的原因是什么呢？究其根本，除了我们日常说的兴趣、爱好之外，其实不能忽略的是阅读技能的掌握——阅读是一种本领，并非天生。

作为一名青少年，其实你从小就阅读。即使在你还没有学会独立阅读的时候，爸爸妈妈等长辈也总会给你讲精彩的故事——不论是格林童话还是安徒生童话中的有趣故事，还是中外的寓言故事，或者由来已久的历史传说，其实我们都不陌生——这些简单的故事经父母等长辈的悠悠之口得以吐露，点点滴滴地开发我们的智力。但那时我们的阅读是靠听而得来的，在听了父母等长辈绘声绘色的讲解过后，心中涌起了白雪公主、灰姑娘、丑小鸭以及各种动物如大灰狼、小白兔等形象，对历史人物也能说出一二来，他们在我们的内心打上了一些烙印，构成了我们心理世界的一部分。这是小学时期就能理解的一件事，所以当你在班上学习的时候，会跟自己的同桌、好友交流一些故事，也会回想起小时候听过的故事。但在我们成为一名小学生之后，靠着眼睛（视觉）阅读则成为最主要的一种阅读方式，平时上课我们读课文、下课则选择一些有趣的课外书来增加阅读量。

那么在阅读的过程中，有哪些比较重要的东西值得我们培养呢？从而让自己的阅读能力快步提高呢？

首先我想告诉你：速度很重要。尤其对青少年而言，正处在一个人一生记忆的黄金时期，这时候如果能大量阅读，对以后的发展是至关重要的。尽管许多老师会一再地说：读书要慢一点，吸收得才好一点。就像我们日常吃饭一样，如果吃的过快、过于仓促，我们的胃会不舒服的——阅读自然也如此，你读的过快，就容易遗漏大量隐含的信息，甚至对文字表面信息的接收也不全面，从而不知道作者在说什么。但我们要注意：这种阅读的错误之处在一个"过"字上，而不是"快"字上。随着年纪的增长，我们有必要在阅读速度上逐步加快，不需要一目十行，但也不能再像小孩子一样去指读，一个字一个字去读，这是不可以的。所以，要想培养自己的阅读能力：

第一、稳步提高你的阅读速度。

要想在速度上稳步提高，首先要改掉几个可能有的不好习惯。一是指读，就是用手指着汉字一个字一个字的阅读方式；二是对所有内容大声朗读，而不会默读；三是摇头晃脑地阅读，等等。这些额外的动作对加快阅读速度都是一种直接的障碍。

科学研究表明：这些小动作的干扰是因为运动的中枢会对视觉中枢给人脑传递信息造成一种障碍，从而令信息的接收变间接。所以我们要提高阅读速度，首先需要养成默读的习惯，最直接地把眼前看到的文字内容快速而直接地告诉你的大脑，让书中的文字和你的大脑之间排除各种干扰，从而提高你的阅读速度。与此同时，良好的默读对快速理解全文也是很有好处的。当然，有的同学日常有一个诵读的习惯，但我们要明白：诵读这件事往往是对优美生动的语言内容的一种声音化处理，他对一个人接受经典内容的浸润有所帮助，但和养成快速阅读的习惯不矛盾，这是两种不同指向的阅读方式。阅读就像我们日常吃饭是需要一点速度的，但诵读就像你在品味一杯美酒，关键是滋味的品尝和鉴赏，并不是为了吃的需要。所以从这个意义上看，两者不矛盾，因为目标不一样，同时往往在阅读内容上有很大的差别：诗歌美文以及部分小说中的精彩段落适合作为诵读材料，但整本书诵读则不必要。

第二、要想稳步提高你的阅读速度，不让自己对信息的理解损失掉，就必须令自己的精力集中到眼前的文字上，真正做到注意力的高度集中，做到心中没有杂念。

有的学生在读书的时候，严重地心不在焉，想的是中午吃点什么，晚上看动画片的一些精彩画面，或者思绪早已跑到了操场上的快乐奔跑当中，这是不可以的。这些想法和画面等杂念会严重干扰你对书本信息提取的。人的心思就像水和沙一样，如果不集中在容器当中，就会散落一片，没有意义、力量和价值。如果能把我们的心思收集在思想的容器当中，它们才能集中发力，从而去记忆、理解和运用。所以，我们做一件事，就要专心去做，把所有的心思集中起来，集中才能出效果。这一点要格外的注意。

有的同学真诚地表示：在读书过程中实在忍不住想一些杂事，涌现出一丝杂念，我想说：摒弃杂念集中心思是一种能力，是可以通过刻意的训练而形成的。为什么许多人强调读书、做事时要有一种仪式感，这种仪式感就是以郑重的心态来集中心思办正事。具体来说：反复集中，努力去思考书中的人物角色、言行表现，努力进入到书中的人物和情节，让自己进入到书中的情境中来，减少直到排除了各种干扰，你的心思就会集中起来。要培养自己这一点：翻开一本书就是打开一个新的世界，跟日常生活的现实切割开。这样做就是让书中的精彩情节占领你的头脑，而排除掉日常各种场景对阅读的干扰。

第三、重复是提高速度无法回避的。在重读的过程中提升速度，会潜移默化地提升你的阅读速度。

如果你喜欢看体育比赛，你会发现：那些最终突破自我、取得世界冠军的年轻人，他们在日常训练当中都是在重复中完成的。刘翔每天在同一条跑道上跨越栏杆，苏炳添的训练也需要反复重复，博尔特又何尝不是这样？他们以千万次的重复完成一系列规定动作，减少损耗，达到最佳。读书的行为和运动员的训练没有质的差别，许多人长年探究一本书或一个作家的所有作品，最终成为研读他们的"世界冠军"——这虽然不是体育意义上的第一名，但这种研读令他们更透彻地理解某些重要作者。要知道，各个领域的专家就是这样炼成的：黄仁宇读了大量明史材料才写出一本极有影响力的经典作品《万历十五年》；杨绛先生48岁开始自学西班牙文，就是为了翻译好《堂吉诃德》；林少华专注翻译村上春树，而成了他作品翻译的专业户；毛主席通读《资治通鉴》达17遍之多，每次都能读出新的东西来，对治国理政有很深的影响。这些事例都在说明反复阅读的好处：你跟书中的内容越熟悉，促使你生发灵感的材料便越多，你的收获便越大。对我们青少年而言，如果能将手中的语文课本、经典文学作品反复探究、阅读，不仅你的阅读速度会水涨船高，你的理解程度也随之加深。

　　阅读课的老师会告诉你：一个人在反复阅读经典作品中得到的速度和受益往往是最大的。古老的格言也提醒我们：书读百遍其义自见。这是冲着理解去的，但你想：如果一本书你反复读到几遍、几十遍的程度，你阅读的速度随着对内容的熟悉，总是在加快——除非你有意放慢阅读的脚步，去探究某个段落中的蕴意。

　　第四、快慢结合——把速度掌控在自己的手中。

　　读书这件事，有的人强调要快，有的意见则认为慢才能吸收的更好。对此我持一种中庸的意见，过快和过慢都不好，都不是理想的阅读状态。真正好的是快慢结合，循序渐进。这也是我多年阅读的一个经验。读一本新书，起初总是比较慢的，可一旦读了三五十页，就可以提速，因为你已大略了解书中的人物、环境和部分情节；而读一篇文章，第一个段落甚至一两句话的题记，都可以慢慢思索下作者的用意的，但只要摸准了作者的思想感情，我们就要有意识地加速前进了。

　　如果你的读书经验比较丰富的话，当有这样的体会：当我们在阅读一本小说的时候，起初的时候不管速度怎样，随着我们的思想意识进入书中的世界，跟着书中的主人公一起呼吸、一起经历生命中的愉快和艰难，我们对整个故事的渴望便会加深，我们希望早一点知道后续故事的发展，于是我们便在不知不觉中加快了阅读的脚步，想尽早知道主人公最终的命运——他的愿望是否得以实现，他的痛苦是否已经解脱，他的命运是否已经扭转？等等，我们关心书中人物的命运，甚至有种和他同呼吸、共命运的滋味，这样的状态一旦到来，你是真的读了进去，同时你的阅读速度自然在不知不觉中加快。

许多读者读到了最后一章的时候，却一反快读的状态，有意识放慢阅读的脚步，想的是即将告别主人公，于是怀着一种恋恋不舍的心态，想更多保留阅读的滋味，或者说延长一点阅读的快乐而已。不管怎样说，快慢结合，把阅读的速度掌握在自己的手中，是一个读者逐渐成熟起来的标志。

与此同时，我想提醒青少年一点的是：如果你充分留意文本的整体构成，就能沿着文章、作品的节奏来阅读，从而与作者在写作时的节奏更相契合，这是很有意思的一件事儿。一方面，当书中的主人公陷入思索的时候，你不妨也思索他的想法，以便更好的深入他的心灵，理解作者的意图；一方面当作者用心描绘景致的时候，一般行文的速度就会降下来，而当作者叙述事件、打造情节的时候，会以更快的节奏满足读者的阅读快感——这一点其实也不是作者随意决定的，是因描写和叙述两种手段的不同效果而造成的。景致往往是静态的，其刻画需要作者发挥手段，来彰显其画面的美，或联想出有关内容；而叙述的内容往往动态的步骤，一个环节接一个环节，就像电影中急速展开的追逐画面，其速度势必更快，所以读者欣赏起来往往总是急于知道下一个画面是什么，因此其阅读的速度往往更快。

第五、写作就像搭积木，阅读要看懂每一块积木的位置和价值，学会通过拆解文章来领略作者的意图——养成以结构思维来看待所有内容的习惯。

对青少年来说，阅读时的结构思维是逐步养成的，虽然结构思维是一个抽象的概念。但如果你能想象儿时搭积木的经过，或许对散文、小说等作品的结构思维能有一个感性的认识。

作者写出的散文或小说，都是遵循其内在的思路的，是像搭积木一样"堆积"起来的，造成了一种艺术上的美感。当作者动笔写下第一段的时候，读者读到这一段的时候，其实就是在欣赏第一块积木。同时，当你用积木完成了一件作品，仔细欣赏这座城堡的时候，你能否以"复盘"的方式——思考其搭建的过程，来回想整个过程？作者写作也是这样，先写、后写，详写、略写，先写如何带动后写，上下文如何过渡？都是结构思维的体现。所以当你在阅读的时候，能留意到作者的这种结构安排的意图，你对作品的把握会更快。

关于结构，我最常强调的一点，也是足以启发同学们阅读和写作智力的一点是：要学会用拆卸思维来读文章、读小说。什么叫做拆卸思维？一篇散文或一部小说是一个整体，它是由一个个部分构成的，我们在阅读时、阅读后，倘能以拆卸段落的手法去看作者这样安排的意思，我们就能对文章和作品的各个部分有更清晰的认识。我们以读小说为例，常见的小说必须具有人物、环境、情节这三大要素。你有没有想过：

（1）如果去掉书中某个次要人物，对全书的完整性是否有影响？

（2）如果让某个人出场的时间延迟一点，或提前一点，对全书来说是否更好或更糟？

（3）如果删除书中某个段落的环境描写，对该书整体是否有致命影响？进一步思考：作者安排环境描写在这里，其用意是什么？

（4）情节的延续性对任何小说都是必须的，如果少了其中的某个环节，书籍还完整吗？

其实，以上的思考不仅有助于训练我们的结构思维，更能加深我们对作品和作者的理解。如果你想在一本书当中获益更多，把这本书的结构"据为己有"，变成日后自己创作的一种方式。你想过没有：如果我来写这部小说的话，我能否以更有新意的结构和读者见面？比如让某个人更早的出场，让他在整个故事当中的角色更坏一点或更好一点？

我想说：当你具备了对文章、作品的拆卸思维之后，至少你有了这样的意识之后，你便距离"成熟读者"更近了一步。一本在你面前，不仅仅是一个令人畏惧的大部头、整体的东西，而是各个部分的有机结合。

具体说明一点：作者在作品中的环境描写、心理展示、细节雕琢往往能让作者锦上添花，如果你剔除这部分的内容，往往对作品的整个故事没有过分的影响——除非是意识流小说，以作者的心理意识来写作，否则一般性的故事中，它们能令作品更细腻、更精彩，但它们往往不会影响整个故事的情节，它们不是情节的一部分。相反，一个主人公的语言、行为、动作以及他面临的人物和事件等，却是构成情节不可或缺的部分。当一个主人公面对生活的挫折时，他的言行举止必须呈现出来，但其心理活动、环境烘托、细节交代等，则因作者的考虑而适当加入，以丰富人物的形象，打造作品的厚重。环境、心理、细节等手法，可以三言两语概括一下，作者也可能花上数页来仔细打磨，以便让作品的内容更饱满。所以，在结构意义上，我们看到的文字都是相似的，但不同的段落在作品中的意义是不一样的。

当然，对一部完整的作品而言，环境、心理、细节都是极为必要的，它们是作品难以分割的部分，就像一个人一样，四肢健全、五脏健康才是好的，但我们不能说一个手指的意义大过心脏的意义，它们对一个人来说，其价值无疑是有差别的。

第 2 节　复述能力：比背诵重要 100 倍

　　复述能力是我们在学习过程中的一种极为关键的才能。所谓复述，是对所阅读材料的一种再现能力，但这种再现和把一张纸放进复印机当中，复制出一张一模一样的纸张来是有很大差异的。复印机的全文复制，等于我们日常所做的背诵，是以严格遵守全文内容，全文再现为目标的。但复述不一样。有人说，复述是一种局部的、部分的背诵能力，我觉得也不能完全这么说，背诵是一种力争和原文达成一致的再现，而复述的过程中可以有我们自己头脑的加工，甚至说有你对原文材料的某种创造性在其中。

　　我们先看一下背诵和复述的差别。背诵可以锻炼一个人的记忆力，而复述可以练就一个人的再现能力、加工能力和创造性。背诵是不需要加工和创造的，是反对加工和创造的。你加工了、你创造了，你就偏离了原文。从这个意义上说，背诵和复述完全是两码事儿。

　　说到对写作的影响和帮助，复述的功能是大于背诵的。背诵的是别人的东西，是可以在你的文章当中加以引用的，但复述因为连带着加工和创造，对你的思维和表达是有极大帮助的。这就是为什么 100 个孩子，如果背诵一首诗歌的话，其达标的要求是背出原文，一字不差；而复述则可能是大同小异，甚至不同的孩子差异很大，但往往同样精彩。

为什么我非常强调一个人的复述才能呢？

是因为复述中的思考、加工和创造和我们练习写作有着某种天然一致的路径的存在。对写作而言，无非是将眼前的景致经过大脑的思考，再转化成语言文字的过程；或者将头脑中已经积累的某些素材进行加工、组织，从而写出一篇好文章来——这便是我在定义作文时所强调的"对素材的战略性安排"。而复述和写作其内在的路径，都是把材料经大脑而转化成文字——写作是你自主选材转化成书面文字，复述是对特定材料转化成口头文字。

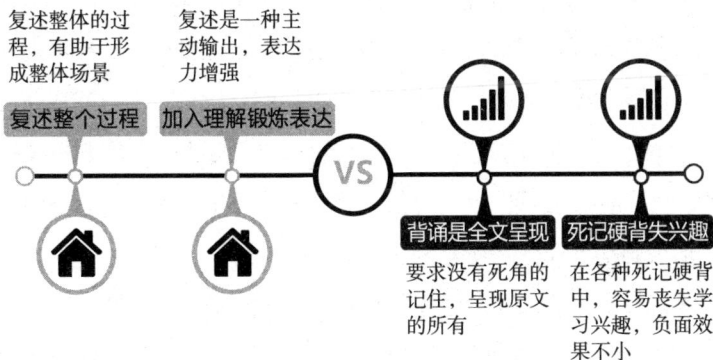

复述整体的过程，有助于形成整体场景

复述是一种主动输出，表达力增强

复述整个过程　加入理解锻炼表达

VS

背诵是全文呈现　死记硬背失兴趣

要求没有死角的记住，呈现原文的所有

在各种死记硬背中，容易丧失学习兴趣，负面效果不小

复述（左）和背诵（右）的简单对比

如果你喜欢背诵古诗词，即使你能对《春江花月夜》《石壕吏》这样的长诗倒背如流，如果不能从诗歌中领会到诗人写作的精妙，只是能背诵而已，那么你在写作时至多可以引用三言两

语，绝不可全文引用，更不能变成自己的文章。但如果你对上述两首诗能用自己的话复述一遍，其中一定包含着你的思考、你的加工和你的创造，那么你会发现：在复述的过程中，你的大脑要想漂亮地完成一次复述过程，一方面你需要把诗歌或材料的内容还原成某种画面，再复述；一方面你需要找寻自己的句子，来复述其整个内容。——当然，诗歌背诵的时候多，故事、文章等复述的时候多，这是材料上的一点差别。所以，在你的语文学习过程中，你可能会遇到这样的作业：请你复述整个故事。

要想很好地复述一个故事，养成良好的复述能力，进而对你未来的写作有所帮助，首先你需要反复阅读原文，甚至是精读。研究表明：一个人在读书过程中越是细致，关注到的细节越多，那么在复述过程中就越容易。其实，这也是再简单不过的一个常识：复述需要你抓住文中多个要点进行综合连缀成文。朴素的理解：阅读就像吃东西，复述就像消化它们，只有当你吃的足够多的时候，你才有的消化。所以如果你在阅读过程中是敷衍潦草的，那么你在复现内容的时候，势必困难重重，因为没有东西可以形成画面支撑你复述啊！

那么，怎样做才能更好地养成复述能力呢？

首先，我们可以从复述故事开始。尤其对广大的青少年而言，读故事是日常学习中一个常见的场景，当你读完一个故事的时候，合上书本。如果条件不许你出声复述出来，则不妨闭上眼睛，让自己进入轻松的冥想状态——让你的头脑去复现刚刚读到的故事。一遍复述下来，打开故事书，再读一次，然后合上书再复现一次。然后比较两次复述之间的差别，看一看自己在第二次复述时补充了怎样的内容？这些内容其实暴露了你读书时的某种缺点，甚至是弱点，这不是坏事——起码这体现出你在阅读时的盲区，经过几次反复的训练，是可以弥补自己读书时的不细致、容易忽略的角落的。

一定要总结！我们的任何进步，都是在总结当中完成的！

其次，从故事开始练习复述，是因为故事比较有意思。故事比较有意思，是因为故事有很强的情节。这些情节对一个人来说，是更容易首先在敏感的人脑当中留下深刻印象的。读故事，任何人都能代替复原其基本面貌——这是人脑特有的机能。故事是随着情节走的。你要从一个情节进入到另一个情节，从一个阅读点跃迁到另一个阅读点，让自己的阅读过程在一种起伏中得到心灵的满足。当我们阅读路遥的中篇小说《人生》时，第一章中作者一再写到即将到来异常罕见的大暴雨，这就意味着某种重大事件的到来。而高加林沮丧的回到家中，在愤懑中带来一个令全家感到震惊的消息：自己不再是老师了！也就是说，作者路遥对这本书的情节设计，是从高加林被革除民办教师资格开始的。这意味着主人公高加林的人生陷入到一个低谷中来，他不再年轻的父母也遭遇这样的打击。后来的他会重新回到教师队伍吗？还是会有更好的选择？——路遥已经在第一章中置入了第一个情节，引发读者的关注，读者渴望继续读故事，想知道进一步的故事，读者的阅读欲望被有效地打开了。

你的眼睛看到的是静态的文字，而你的头脑必须形成曲折的故事线条（好的作者是安排了这条曲折的故事线条的，就看你能否领略到），你才能不觉得书是枯燥的、乏味的，才能感觉到真正的好书比看电影——那种流动的画面给你的滋味更美好。

但是，我们不能满足于人脑固有的机能。要想让自己的头脑更加的灵活，练就属于你的最强大脑，就必须运用一些科学的手段。除了反复阅读，更细致掌握原文之外，我们需要对所读文章有一种总的把握，这就是阅读经验的累积效果。

以故事而言，它往往是某个主要角色和其他人物之间的关系的呈现，比如在许多寓言故事当中，狼这个角色总是想吃掉白兔这样的弱小动物的；而狡猾的（或者说聪明的）小兔子总需要保护自己，从而想尽办法防止被吃掉。这就是两个角色之间的一种常见的人物关系。

即使在复杂的故事当中，比如在《西游记》当中，唐僧总是一本正经、一心求佛、一路向西的；猪八戒总是贪吃好色的代表，容易被各种妖怪给诱惑；而孙悟空则本领高强，充满正义，取经路上的大部分困难都是他解决的，等等。我们在阅读过程中，要对人物形象尽早生成我们的心灵印象，那么我们在复述故事时，我们会沿着人物的言行、人物之间的关系自然展开。换言之，我们是在理解故事、理解人物言行当中实现复述的。

此外，除了对故事的复述，随着年纪的增长，我们可以把任何文章作为复述的材料。故事只是开启复述能力的起点，当我们已经走过起点，便不要在意复述材料是否是故事。对一篇充满作者意见的议论文，一篇饱蘸情感的抒情文，一篇介绍事理的说明文，我们都应该在反复阅读的基础上尝试复述，复述的累积对形成良好的语感、感知全文的结构、触动我们在智力层面对写作的认知，都有极大的好处。

第 3 节　信息接收：四大层面令人进步

信息是一个神奇的字眼，尽管就狭义而言，它有着特定的含义，专门指通讯和消息，通讯系统传输和处理的对象。但如果我们延伸开来，以内容的高度来看问题的话，所有的内容都可以理解成信息。即使是一部电影，一部由大量流动的画面所构成的足以令人动容的经典影片，其实也不过各种信息流的聚合而已。所以对一篇文章而言，对一部小说而言，不过是各种信息在作者很适当的结构的安排下，以整体性的方式呈现出来而已，凝结在其中还是各种信息。

阅读的过程就是一个信息接收的过程。也因此，你能在多大程度上接收信息，并理解信息，意味着你在多大程度上读懂了文章、小说等内容。简单地说，一个读者阅读能力的大小，取决于他对书中信息的接收和处理能力。一般来说，和一个读者信息接收和处理的经验是成正比的。

如果我们简单、粗暴地把一篇文章、一部小说的所有信息看成 100 条，那么你第一次阅读的结果，所接收到的信息是多少？是否已经及格（60 条，自我估算）？当你读完了一篇文章，你能否流畅地告诉周围的人：这篇文章讲了什么样的一个人，做了怎样的一件事？他在做事的过程中陷入了怎样的困境，他是如何处理的？整件事的来龙去脉是什么，以及作者是如何叙述的？

读一部小说也是如此。小说中男主人公和女主人公是如何相识的，他们之间发生了怎样的故事？过程和结局如何？在这样的故事当中，体现出主人公怎样的性格，表达出作者怎样的思想感情？这些问题，当然既包括了你对信息的接收，也包括了你对信息的处理——理解。

严格地说，我们都很难对一本书、一篇文章的信息做到了百分之百的吸收，隐藏在字里行间的某些秘密总是难以发现的，所以对研究者而言，反复阅读文本，常常能挖掘出甚至作者都没有思考到的境界。对那些阅读经验丰富的研读者、研究者来说，通过挖掘文本中隐含的信息，不仅容易捕捉到作者全部的信息，还能在此基础上衍生出更多的信息——读懂字里行间的东西，所以对研究者而言，他们不仅能读出 100 条信息，甚至能读出 120 条来，多出来的东西是附带他们理解的新内容，而这就是研读文本的价值。青少年应该朝着这样的方向去努力，是可以早一天实现这一点的。

反复阅读并思考是接收更多信息的不二法门，你对文字内容越是稔熟，你越能从中分析出、思考出更多的内容来，直到触动你心灵的回响，引起精神的共鸣，阅读便会更好地发挥源源不断的影响。从这个角度看问题，各种文字信息和插图信息，是可以刺激一个人的头脑，进而生成画面、形成共鸣。

你和文章的作者——两颗从未谋面的心灵（当然也有参加作者签售会而见到作者的情况，但大部分图书的作者你是终生见不到的），因为一段文字便可能形成良好的对接。所以，当你开始一篇文章、一个故事、一部小说时，表面看在阅读文字，但其实你走在作者的心门周围，试图叩响这道心门，以便走进作者心灵的深处。作者头脑中的信息以文字的形式表现出来，你阅读它们的过程，其实是在找寻作者心灵中涌现的各种信息。

如果我们进一步思考，这些内容便能化成某种无形的力量，融入到我们的血液和思想当中，成为我们价值观的一部分。当你在日常生活中有所选择、有所取舍时，你曾经读过的故事、道理等，会悄然启动而影响你的选择。

为什么总有人觉得阅读是枯燥不堪的？较之电影和电视剧，文字是不会流动的，文字是静态存在的。绝不会像电影画面那样流动着、凭借着色彩和人物的各种演技进入观众的头脑。这是静态文字的一种局限——它的流动和精彩只能依靠读者用心去体会，深入字里行间才行，当你集中了全部的注意力进入文字世界的时候，你会发现文字胜过电影的地方：它带给你更多的意蕴、更无限的可能。静态的文字较之动态的画面似乎更指向永恒，而不是易逝。

从来没有一个人是靠着观看《红楼梦》电视剧而成为红学家的，他们依靠的是原著，以及探究历史上同行们的专著而探究出来的。任何影视和视频演义都难以超越原著的文字大厦，它们在原著面前总是相形见绌。电影和电视剧是以更"浅在"的方式去触动观众的，而优秀的文字作品常常不主张迎合读者。虽然世上罕有排斥读者的作家，但每个作家都在心灵深处追求作品的深意和新意，而不是一味追求读者的数量。

今天的一些读者，常常犯下美化阅读的毛病。他们可能借助阅读来得到某种温情和温暖，希望从中得到一股温馨的力量。这也许是励志美文大行其道的一个缘故。如果我们深深思索那些真正伟大作家的优秀作品，能透过文字表象去探寻作者的思想感情，即使在片纸之言当中也能体会到作者的苦涩、作者的深意。

以伟大的古典文学高峰《红楼梦》而言，作者在前面写的清清楚楚：满纸荒唐言，一把辛酸泪。然而不是每个读者都能切身体味到其中的酸辛的。如果不去了解曹雪芹本人的现实人生，我们很难体会到他"举家食粥酒常赊"的举步维艰，甚至不敢相信。我同样坚信：安徒生宁愿卖火柴的小女孩快乐地生活在父母的膝下，而不愿她成为自己笔下在大年夜悲惨死去的文学形象——尽管这样的文学形象会传之千古，影响代代读者。

阅读确实可以令人鼓起所未有的精神力量，这是阅读固有的一项功能。但单纯美化阅读，很显然会妨碍我们对作品深意的认识。尤其当你被某些华丽的句子所吸引的时候，不要认为优秀的作品就是华丽句子的组合——乃至于自己写作时也走上这样的道路。这样就很容易把阅读的功能局限在一个小小的角落当中，其实我们必须通过句子去思考其背后的意蕴，思考作者这样写的深意。

对一篇文章而言，我们要学会依次接收不同层面的信息，常见的有四大层面：事件、情感、意义和结构。

阅读过程伴随情节、情感认识，深度理解需要读懂结构和意义

　　第一、事件层面。作者在文章当中主要叙述了怎样的事件？也可理解成故事中发生了什么？

　　这是最基本的一个东西，是我们在读故事的过程中不知不觉中接受的，也常常是我们在阅读中最感兴趣的部分。当我们读到一个有趣的故事时，我们兴高采烈、眉飞色舞地讲出来。我们讲述的往往就是文中的故事，这就是一个事件或系列事件的过程。许多读者不喜欢纯理论的学术作品，喜欢各种各样的小说，常常是因为这个原因。小说能提供一系列的故事给读者，令读者的心灵随着故事情节的跌宕起伏而兴奋变化。比如《西游记》中，猪八戒吞食人参果，没有品尝到果子的滋味，只能看着师兄和师弟有滋有味地咀嚼果子时，我们会发出会心的微笑，并把这个有趣的情节眉飞色舞地讲给朋友听。这样的故事情节在《西游记》等小说中比比皆是。

第二、情感层面。作者对文中主要人物和主要事件的情感认识是怎样的？

读者随着书中主人公的情绪而发生变化，跟着作者设计好的各种情绪走，从而令自己心中的欢喜忧伤发生变化，这是书籍文章的一大功能。当我们读到卖火柴的小女孩不幸地冻死在大年夜的街道上时，许多读者和我一样，流出了悲痛的泪水。安徒生以伟大的文学艺术充分调动了读者的情感。其他作家也是一样。当我们见到朱自清的父亲蹒跚着爬过铁道边，拎着几个橘子回来的时候，作者的眼泪又来了——而读者何尝不是？一方面我们的情绪随着情节的变化而起伏，一方面感受到父子情深。而在《复活》这样的大部头作品中，读者开始投入其中，便容易对作者着力塑造的马斯洛娃的悲惨命运而感伤，而对涅赫柳多夫曾经伤害、辜负马斯洛娃感到愤怒，而在读到涅赫柳多夫的反省而欲赎罪时，又会持一种同情、赞同甚至赞赏的心理，自然希望看到故事的后续发展。

第三、意义层面。在事件发生和情感表达的背后，作者揭示了怎样的意义？

在阅读故事、理解人物和情感起伏的过程中，我们的心中会分娩出作品的意义。尽管读者和读者的认知未必相同，但心灵常常相通。"一千个读者便有一千个哈姆雷特"，但相通的是：我们对作品的意义会陷入深思，或者说作品的精彩、经典会令人我们陷入意义层次的思索。《复活》中的涅赫柳多夫为什么死气白咧、不顾一切的要拯救马斯洛娃？从大城市为她打官司到被判刑后一路陪着她前往西伯利亚？涅赫柳多夫在以自己的方式赎罪。而当我们了解到作者托尔斯泰在他现实人生中，曾在二三十年的时光被信仰问题折磨，我们便更能理解作者打造作品时注入的许多意义，引发我们对作品意义的思考。

第四、结构层面。这是一般的读者较少思考的话题，但其重要性被严重低估了。

我们在自己写作时，即使是一篇简单记叙文，都应该在动笔之前都不能不深入思考全文的结构问题。甚至说，你做任何一个产品、设计任何一个物件，比如常见的手工课中设计一个小灯笼、一个洋娃娃、一只风筝，只考虑材质是不行的，必须在思路方面首先解决结构问题。

一般的读者是不大关注作品结构的，不少语文老师也往往只在"总分总"的宏大层面，去言说学生作文的结构问题。而事实上，如果从作品的构成看问题，文章和作品是由形式和内容联合构成的，而其形式便是结构问题。可见结构对文章、作品的意义。

我们常说，世界上没有两片相同的树叶。其实，世界上也没有两部小说的结构完全是一样的，文章也是如此。结构是极其复杂的大问题。许多作家终其一生追求作品的结构变幻，而不是故事本身。对一个擅长结构的作家来说，普通的故事也能因结构的精巧设计而赢得读者的喝彩。2015年有一部叫做《心迷宫》的小成本电影，导演运用的就是一种极其复杂的结构叙事。电影中的三组故事因为一口棺材而串联起来，故事彼此独立有又互相牵连，巧合中展示出作者在结构设计上的才华。

前面我说，依次接收作品的信息，有上述四大方面。其实对一个有经验的读者来说，这些信息的接受未必是依次的，常常是融合在一起的。但对阅读经验单薄的人而言，我们可以从以上几个方面逐渐进入作品，从而更深入地读懂作品。

第 4 节　选择主次：读人物·读情节·读手法

　　有人擅长阅读，能从浩瀚的文字资源中很快找出作者的核心意见，或者从一篇故事中摘出核心情节。有人不擅长阅读，便容易被眼前的文字海洋所湮灭。造成这种差别的原因很多，其中的一个是：你是否具有选择主次，快速识别的能力。主次从不同的角度看，可以有不同的主次层面，常见的领略文章和作品主次的有如下几点。

主要手法 次要手法

主要情节 次要情节

主要人物 次要人物

读文章中的什么？常见的是人物、情节和手法

　　人物的主次。对记叙文、散文等叙事性见长的文章而言，人物的主次常常是一目了然的。学生写作中体现的人物也不多。当你读朱自清的《背影》时，父亲自然是全文的主要角色，是作者"我"着力书写的对象。文中当中的"我"也不容忽视，因为这提供了一个书写的视角，没有"我"的存在，观察的主体便不复存在。作者多次因父亲的举动而流泪，阅读时读者的眼角也是湿湿的，为什么？源自主要角色的言行带来的。他的言行举止体现出一个老父亲对儿子的关爱，同时对儿子的未来也丧失了一种掌控力，只能由孩子自己到社会上去行走。放在今天，一个强有力的父亲可以安排孩子的一生，但对朱自清的父亲而言，他的窘迫的生计问题等等其实不许他对儿子的未来担负更多的责任。所以这样的一个充满了无力感的父亲，在车站送别孩子的时候，他所流露出的言行举止，格外令读者生出同情来，眼泪便随之而来，因为这激发了读者的精神共鸣，能想起自己的父亲。

　　但对复杂作品如长篇小说而言，对其中的人物主次我们首先要有一个洞察。为什么许多人死活读不完《红楼梦》？我个人的意见是：曹雪芹在书中塑造的数百个人物及其复杂的关系，对我们一般的读者而言，确实是一种巨大的"障碍"，只有当我们对其中的人物和关系有了兴致并"门清"之后，我们对《红楼梦》的阅读才能更深，更能感觉到它的伟大。

　　情节的主次。一般表现为事件，这也是我们在后续指导写作当中的有详有略的一个体现。对一篇文章而言，次要的事件、铺垫性的情节，都是为主要事件和情节服务的，或者说为文章主要表现的内容服务的。比如在《钢琴之王的微笑》一文当中，作者主要写的是一件事：钢琴家李斯特造访冒充自己学生的住处，以澄清事实。李斯特自然是一个胸怀博大的钢琴家，他得知这个姑娘确实冒充是他的学生，而在得知她悲惨的遭遇后，欣然接受她作为自己的学生，并决定和她同台演奏。在这样的故事当中，作者对这个冒充李斯特学生的姑娘的不幸遭遇，是给予了一定的介绍的。作者用了一个段落来告诉读者这一点——但就全文而言，这是一个次要情节，主要是服务于全文的主要情节的，是李斯特造访她的宿舍而得来的真实故事。但放在全文的视角当中，它只能算一个相对次要的情节，因为全文的主要情节是围绕李斯特展开的，这个姑娘的身世遭遇是不得不交代的一部分情节，否则读者会疑惑：这个姑娘有什么难言之隐，而必须冒充李斯特的学生呢？次要情节的出现不仅令这一疑惑迎刃而解，还令全文的故事变得更为饱满。但作为次要情节，作者不可能也没有必要作为全文的重点来叙述，只要交代清楚就可以了。

而在《钱学森归国》一文当中，伟大的科学家归国的那一天，固然是他长期努力和期盼已久的一刻，固然是令人欢欣鼓舞的一刻，但这样的情节和他执意回国的各种努力（情节化体现），以及排除各种干扰坚定回国的情节相比，当然是次要的。

手段的主次。这涉及到的方面比较多，手段是行文当中的各种考虑，涉及到结构手法、艺术表现、语言修辞等各种情况，对一个有经验的读者而言，是常常关注这方面，进而能更快领略作者在全文上的特殊安排的。

（1）结构的安排。结构是对材料的战略性安排，凝结着作者背后的用意。为什么有的文章在素材安排上使用的是并列手法，而有的则采用递进的手法？为什么有些还需要做对比？在一些具体的结构手法上，有时作者巧妙地设置了悬念、安排了线索、使用伏笔和照应、在过渡上衔接的非常到位，首尾呼应、卒章显志，题记也在暗示读者许多内容……这些结构手段的运用，都有作者在构思层面的考量。作为一名读者，如果我们的经验是丰富的，我们对它们的存在势必会一目了然。如果暂时不能做到这一点，我们便需要细细思量一番，揣摩作者的特殊用意。进一步的做法：我们可以拆解它们、删除它们，看看是否影响全文的表达？

（2）行文手法的使用。文章是记叙文、抒情文还是议论文？散文、小品文还是应用文？不同的文体动用的行文手法是不一样的。看出文体不难，这是从宏观上便能识别的。青少年要有进一步细看的习惯，在一个段落当中，哪些是记叙、描写，哪些是议论、抒情？较之单纯的文体，这样的看便更进了一步，是谓"细看"甚至"探究"。更进一步是表现手法的使用。所谓的欲扬先抑，联想想象、烘托象征、虚实结合、借景抒情、托物言志、点面结合等等，能做到一目了然是最好的，至少我们要有这样的意识。

（3）各种修辞的使用。这是在语言层面，是青少年常常最关注的。比喻、拟人、夸张、设问、对比、对偶、反问、引用、排比等，都是非常常见的修辞手法。通过阅读，我们能轻松识别出常见的修辞手法，对我们深入了解文章的内在含义十分有帮助。

总的来说，当我们在阅读一篇文章、一部小说的时候，其实是需要一双特殊的"慧眼"的。这双眼睛等令我们透过文字表面，看到作者的构思用意，读懂作者的思想感情，识破作者的各种手段——唯有如此，我们才能真正读透一篇文章。当然，这需要一个过程，需要长年的累积，才能逐步完成。从一个一般性的读者，到一个专业的读者，除了大量的阅读、思考和积累，我们很少有其他的好办法。

我的阅读简史

书名：

_____

_____

书中主要的人物关系：

_____

_____

书中主人公的性格特点：

_____

_____

_____

概述整个故事：

_____

_____

_____

带给我的启示：

_____

_____

_____

第二章
理解智力开发

很多人喜欢说，阅读是一场发现之旅。这样的话语很美好，给人以温馨的励志滋味。但什么是发现之旅？如何在阅读中发现？这涉及到阅读时的"理解"问题，当然属于智力层面的问题。如果你读到一篇惊心的好文章、好作品，是因为你理解了文章和作品本身。而在反复阅读中可以发现更多有趣的信息。如果你发现了某个人的作品很好，你很喜欢，你要想有更大的收获，你的发现就在于：破解作品中隐含的密码，甚至通过几本书的阅读去破解这个作者的思想密码，这才称得上是发现之旅——否则，阅读是一场发现之旅就是一句空话。

第1节 人物言行：抓牢言行是关键

人脑是一台异常复杂的"机器"，全世界有许多科学家都在研究它，终生不渝。然而，我们对人脑的认识还十分有限，科学家也深感人脑的复杂。反映到文学作品当中，其中的人物面对纷繁的世界和复杂的人际，他到底是怎样想的，有时是难以把握的一件事。而对文章或小说来说，再蹩脚的作家也知道通过塑造人物的言行来刻画人物的形象和内心世界。

没有一个出色的作家会直接告诉读者：作品中的人是怎样想的。除了极少数作为交代性的文字之外，文学作品必须以外部的刻画来反映人物的内心。《红楼梦》中的凤姐一出场，是先闻其声，后见其人的，同时作者对正在喧闹中的众人听见凤姐到来做了具体的刻画，"个个敛声屏气，恭肃严整"，说明厉害角色即将登场。作者以凤姐的声音和周围人闻声而止的表现，来衬托出凤姐在这里的地位、影响和性格，所以透过人物的言行包括铺垫等手法来理解其人物的性格，是我们在阅读过程中无法绕开的一件事，不管你喜欢与否，都要面对人物的言谈举止，进而去读懂作品的含义。

人的喜怒哀乐、悲欢离合，都会反映在他的言行当中。想一想吧，当我们被父母强行安排一件事的时候，我们心中的不情愿是怎样流露的？一脸的无奈，愤懑而痛苦的表情，还是暴跳起来反对这种安排？不管哪一种，你的行为在暴露你的内心。自然，当我们对一件事感到满意的时候，我们的脸上会露出会心的微笑。

人物在文中的表现，其实是有两个方面的：一种是显在的，比如他的相貌、他的言行举止，一种是内在的，就是人物的性格底色（心理），他存在的价值。对文学阅读而言，我们着力要抓住的其实是文中人物的表现、他的遭遇，他的从一出场直到全书结束的全部言行，进而去洞悉人物的内在心理。这种由外而内的阅读，才能成就我们对文学作品的"发现之旅"。

（1）人物是怎样说的。这是文中的人物用语言表达自己的观点，彰显自己的存在。所以留意人物的言谈是必须的。在《三国演义》当中，曹操和刘备煮酒论英雄时，曹操先生的话不少，这里面曹操的言谈是主动的，而刘备的言谈是被动的。当曹操问：使君知龙之变化否？刘备的回答是：未知其详。可见其被动，有洗耳恭听的意思。于是曹操有了一番自己的言论，如"龙能大能小，能升能隐……"这番只是铺垫，意在询问刘备：玄德历久四方，必知当世英雄，请试指言之。刘备被动地回答：备肉眼安识英雄？他始终不肯接过话题，而把谈论的主导权放在曹操的手中，以至于曹操说：休得过谦。可即使如此，刘备依然心有顾忌，坚称：天下英雄，实有未知啊！在曹操执意要他说的情况才，才推出袁术、袁绍、刘表、孙策、刘璋、张绣、张鲁、韩遂这些人来，却都被曹操逐一否定。在这样的过程当中，我们仔细品味两者的言谈，便不能知道两者此时的地位差别、心理活动、个人性格等差别，曹操处在强势的主动地位，为人本身也强势，而刘备寄人篱下，始终处在一种被动难耐当中，心里始终不好受，是一种备受煎熬的滋味。否则，如果换成另一种场景，刘备对天下英雄的观点便不会这样遮遮掩掩，而可能滔滔不绝。

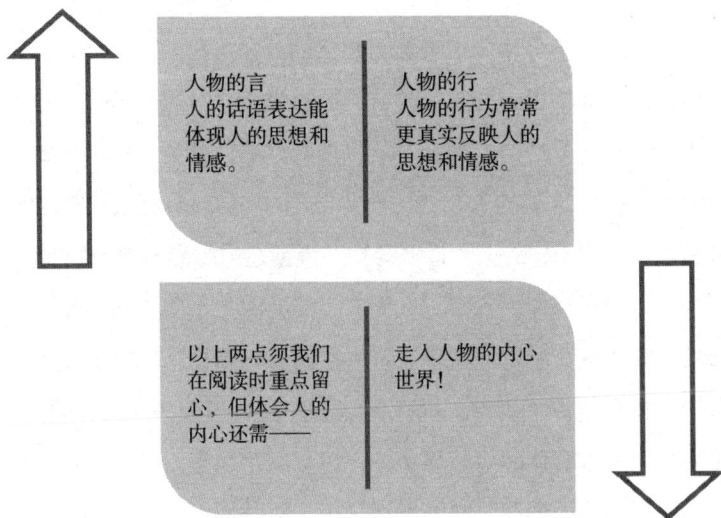

人物的言
人的话语表达能体现人的思想和情感。

人物的行
人物的行为常常更真实反映人的思想和情感。

以上两点须我们在阅读时重点留心，但体会人的内心还需——

走入人物的内心世界！

（2）人物是怎样做的。这是文中的人物以自己的行为表达自己的内心，体现自己的价值。说和做是否言行一致？在现实的道德层面自然应该如此，言行合一是一个智者、一个老实人应有的人生追求。但在文学作品当中，做出来的和说出来则未必是高度一致的，就以上面说的曹操煮酒论英雄为例，面对曹操一一否定自己提出的英雄名单，刘备内心的惶恐其实也在增加，而当曹操说出"天下英雄，唯使君与操耳"时，刘备是怎样做的？"玄德闻言，吃了一惊，手中所执匙箸，不觉落于地下"。刘备真的被曹操吓坏了吗？其实未必，这是演戏给曹操看以保命的，不这样做，承认了曹操说的"天下英雄，唯使君与操耳"，固然可以一时心头欢喜，然而寄人篱下的他，也许会迎来新的危机。这是显而易见的。所以刘备以这样的举止来掩饰，表达出自己不配做曹操口中的英雄——哪有英雄连打雷都害怕的啊，这才得以掩饰过去。

在文学作品当中，作者着力塑造的就是人物的言谈举止，各种情节、事件都因人而起，没有人的言谈举止，哪有情节、事件的生发、激荡、冲突、融合？所以理解作品，其关键在于理解人物的言行——这里的人物在虚构作品当中自然是角色意义上的，未必是和我们一样的人，许多动物乃至创造出的形象都是如此。

对青少年写作而言，记人作文当然要着力刻画人物形象，不管是写实还是在想象作文中安排人物的言行举止，都需要我们对人物言行有细致的观察。而在阅读当中，重点关注人物的言行，尤其在大部头的作品如长篇小说、传记文学当中，人物的言行举止当牢记于心，随着时间的发展变化，对我们全面认识一个人物很有必要。

在文学史上，伟大的作家常常打磨出令人终生不忘的人物角色，比如中国四大名著当中的各种人物形象，如曹雪芹笔下的林黛玉、贾宝玉、薛宝钗、王熙凤，施耐庵笔下的一百单八将，吴承恩笔下的师徒四人甚至白骨精等妖魔鬼怪，更不要说《三国演义》当中的各路豪杰。而在鲁迅先生的笔下，阿 Q 是令人永远难忘的；萧红笔下的小团圆媳妇、有二伯、冯歪嘴子，老舍笔下的祥子，钱钟书笔下的方鸿渐、苏文纨、赵辛楣，莫泊桑笔下的羊脂球，奥斯特洛夫斯基笔下的保尔·柯察金等等，实在是数不胜数。他们在我们的阅读史当中，始终会占据十分重要的位置。

即使是非虚构作品，许多人物形象也是令人难以忘怀的，《名人传》当中的贝多芬、米开朗琪罗、托尔斯泰;《人类群星闪耀时》当中的革命导师列宁、导致拿破仑兵败滑铁卢的平庸将军格鲁希、罗马人文学者西赛罗等;再如朱自清先生《背影》当中的父亲……当我们读到这些优秀的作品时，人物的言行举止始终给人留下难以磨灭的印象。

从某种意义上说，正因为我们在阅读中接触、认识了大量的人物，我们会在自觉不自觉当中受到这些人的潜在的影响，我们曾陪伴他们的喜怒哀乐，他们则陪伴我们走过很久的时光，甚至会参与我们自我人格的塑造过程——我们对他们的认同和反对，会以价值判断的方式输入心中，成为我们言谈举止的内在范式。而这就是文学的伟大功效之一：塑造读者的心灵。

第 2 节　环境作用：环境的存在与妙哉

　　理解文章的全部，就不能不对其中的环境和人物做切实的思考。这两者放在一起，主要是考虑到：人是环境的产物，人和环境之间有着一种相互的关系，这种关系既表现为一种依存关系，也表现为一种紧张关系——在文学作品当中，作者更多的要表现人和环境的紧张关系。只有一些自然主义的作品如《瓦尔登湖》当中，作者更强调人与自然环境的依存和谐。而在另外的自然主义作品如《寂静的春天》当中，作者意识到人对自然的破坏已达十分严重的地步，故而强调这种紧张。人在特定的环境当中，既要生活在环境之中，也有挣脱环境的欲望，尤其是在环境处在一种紧张关系时。同时，环境成就了人自己，令他生成了独特的、迥异与人的个性特点；而环境脱离了人，又有什么意义呢？

　　一、文学作品中的环境时常扮演人物的"心相"——暗示、衬托、象征着人物的真实心理和品格。

　　不少青少年在阅读作品时，有意无意地忽略其中的环境描写，在有些人眼中环境的刻画就像人身上的赘肉一样无用。原因也许是一旦作者着墨对环境的刻画，整体的行文节奏往往下降，刻画令一贯的叙述节奏变慢了，贪快的读者往往受不了。尤其面对一些古典文学中冗长的大段刻画，时常略过。其实，文学作品中的环境刻画，时常扮演的是人物的"心相"——它往往能暗示、象征、衬托着作品中人物的特定心理，这对我们深入人物的心理有十分重要的价值。在散文和小说当中，这种环境的刻画，往往有着相似的一面。

在《走一步，再走一步》①一文当中有两段写环境的句子：时间一分一秒的过去，暮色开始四合。在一片寂静中，（我伏在岩石上，恐惧和疲乏使我全身麻木，不能动弹）。（另一段）暮色苍茫，天空出现了星星，悬崖下面的大地越来越暗。（这时……）。在这样的对暮色、天空、悬崖的刻画当中，我们不难理解作者当时的心情——紧张的、胆怯的、焦虑不安的，你看：作者意识到"暮色四合"的环境变化，就给人以一种周围的环境在收紧的感觉，其实在收紧的是作者紧张的心。

在散文《散步》②当中，一家三代四口人去散步，作者的笔触很快写到了"南方初春的田野"，见到了"大块小块的新绿随意地铺着，有的浓，有的淡；树上的嫩芽也密了；田里的冬水也咕咕地起着水泡。"这样的景色令作者感受到"一样东西——生命"。作者上有老母亲，下有小孩子，这个阶段的人最容易涌起对生命意识、责任的感受，而散步中的春天环境给人以生机勃勃

①选自七年级语文上册，人民教育出版社。作者莫顿·亨特。
②选自七年级语文上册，人民教育出版社。作者莫怀戚。

的气息，完全契合作者心中对美好生命的珍惜，对幸福的小心翼翼的守护。

而在托尔斯泰的《穷人》③一文当中，作者对渔夫的妻子桑娜坐在火炉旁补一张破帆时，对以她为中心的家庭和窗外的大海等做了细致的刻画：屋外寒风呼啸，汹涌澎湃的海浪拍击着海岸，溅起一阵阵浪花。海上正起着风暴，外面又黑又冷，这间渔家的小屋里却温暖而舒适。地扫得干干净净，炉子里的火还没有熄，食具在搁板上闪闪发亮……等等。这样的环境所表达的首先是他的妻子桑娜勤劳、安贫的品格。

二、文学作品中的环境时常预示着情节的未来走向，代表着人物的命运前景。

人物和他生活的环境关联密切，作者从环境着手的刻画，是为人物的命运服务的——这里的命运不单单是生死这样的极端命运，也有人物的心情、情绪等思想意识的状态。在孙犁的《芦花荡》一文中，作者在第一段中说：到这样的深夜，苇塘里才有水鸟飞动和唱歌的声音，白天它们是紧紧藏到窝里躲避炮火去了。这样的话语体现出当时斗争环境的残酷，生存其间的人的命运可想而知，注定是异常危险的。

当然环境也有社会（人文）环境的刻画。比如毕飞宇老师在分析蒲松龄的《促织》一文时，对文章的开头"宣德间，宫中尚促织之戏，岁征民间"，有着十分精彩的分析。他说：作者一起

---

③ 选自六年级语文上册，人民教育出版社。作者托尔斯泰。

手就是一个大全景：大明帝国的皇宫之中，崇尚促织之戏。而岁征民间则把小说从天上拽进了人间。的确，这样的开篇，对文中人物悲惨的命运几乎是决定性的，没有这样的人文环境，人们不会生活的那样苦。

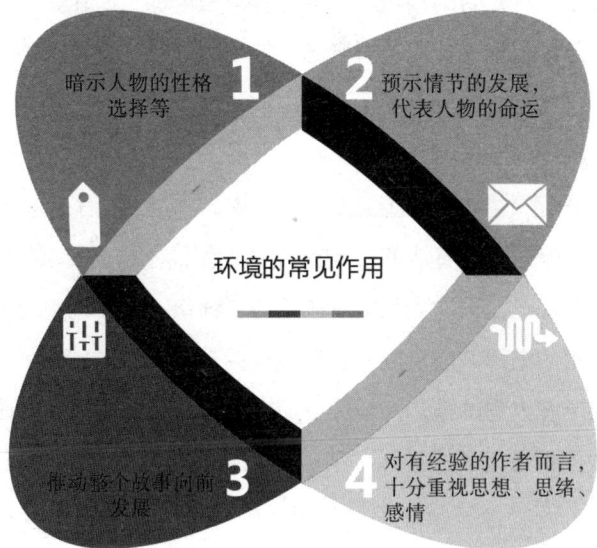

环境在文章当中的作用、效果

3.环境描写对推动故事的整体发展，具有很强的普适效果。

当我们跟人聊天时，一个话题的告一段落，而在另一个话题尚未出现之际，我们经常四目对视，眼中露出笑意，说："今天的天气真不错哈。"听话的人会意，常常附和一番，也说："是啊！天气确实很好，难得的好天气。"两人在两个话题之间谈几句环境，在这种日常对话中看似废话一般，但并非没有意义。不同的语境下，它的意义甚至是很不同的。有时是打破话题中的尴尬，以较为得体的方式结束一个话题，而很快又进入一个新的话题；有时，是谈话愉快而自然延伸出的一种过渡，从而为另一个话题的出现做一种短暂的停留。这都是容易理解的。而在文章和小说当中，环境的这一作用也得到悉心的使用，或过渡或推动旧话题的延伸、跳跃，或为新的情节的出现实现一种过渡。总之是在推动情节的向前发展。

在鲁迅先生的《孔乙己》一文中，"中秋过后，秋风是一天凉比一天。"很简洁的一句环境的交代，便对后续情节的展开——孔乙己的再次光临咸亨酒店做了铺垫，或者说实现了孔乙己的故事的继续向前发展——当然这拥有我上面说到的第二个作用，暗示着人物的命运，但你要知道：孔乙己在故事中的命运须以后续的情节发展来展示，所以这也是在推动情节的向前发展。要知道：在许多文章、小说当中，两段情节之间不是直接衔接的，不是一种简单的因果关系，而是作者安排的一种延续关系。然而在两段情节之间要想有一个好的衔接，时常需要环境的过渡，这种过渡性的存在，对整体情节的衔接起到很好的作用。

总的来说，作为一名读者，我们必须意识到一个根本的要点：文章、作品中的环境的存在，主要是为人物角色服务的。当然，不排除有些环境的刻画，是出于对故事发生背景的交代，以令读者清楚知道当时的整体环境。

第3节　作者观点：思想的影子无处不在

所有文章中都包含或隐藏着作者的观点——准确的说，是作者的价值观。如果你已经接触议论文写作，对观点在文章中的位置、价值自当有所了解。但议论文只是文章的一种形式，作者的观点是可以、也是应该鲜明亮出的。受到文章特定属性的限制，一篇以发表个人看法的议论文必须这样做。

一、议论文中的观点表达。

在青少年常见的议论文当中，观点是必须集中而鲜明的。两者同时具备，才是写好一篇议论文的前提。有青少年不理解这一点，故而在议论文中大量融入情节化的叙述、细致的新闻事件做素材，而在提出鲜明而集中的见解方面却不那么干脆。这是导致青少年议论文走向失败的一大原因。殊不知，我们写议论文的目的，就是鲜明的亮出自己的看法，并给予恰当的论证过程，即使在你的文章当中有新闻事件、故事情节做素材（论据），也必须完全服务于你的观点，但常常是点到即止的。一旦你沉浸到细致事件的陈述当中，便会令你的议论文面貌模糊，不易令读者识别你的意见。

　　我所说的"集中"要集中到什么程度？很简单，你的观点必须集中在一条线上，而不是两条或更多。但在这条线上，你的观点可以多次细分，就像一棵大树向上生长可以分出多个树枝一样，再以你精心安排的枝叶"点缀"其间，从而令整篇文章"枝繁叶茂"。或者说，你的观点要像一棵树一样，核心的观点和细分的观点交织在一起。

　　二、非议论文中的作者观点。

　　很显然，议论文中的观点并非我要说明的重点，因为议论文中的观点是明显的、容易被读者感知和捕捉的。在其他类型的文章当中，作者的观点也是存在的。包括记叙文、应用文（书信等）以及想象作文，能让全文得以存在的，注定有作者的见解存在。比如在老舍的著名散文《想北平》当中，作者就通过比较北平和伦敦、巴黎等城市的不同，而得出了北平的城市建设"处处有空儿"这样的思想和观点。他说：北平在人为之中显出自然，几乎是什么地方既不挤得慌，又不太僻静，最小的胡同里的房子也有院子与树，最空旷的地方也离买卖街与住宅区不远。北平的好处不在处处设备得完全，而在于处处有空儿。这样的意见令散文言之有物，不是单纯的文字上的美好。

　　而老舍在《北京的春节》这种记录民俗的散文当中，也会提出自己的观点，比如他对腊八粥的看法，他说："这种特制的粥是为祭祖祭神的。可是细一想，它倒是农业社会的一种自傲的表现。"为什么老舍说这是农业社会自傲的一种表现呢？他立即证明这一观点，说："这种粥是用所有的各种的米，各种的豆，与各种的干果熬成的。这不是粥，而是小型的农业展览会！"你看，作者在一种风趣当中便证明了自己的观点，令散文中荡漾着思想的精华。而对北京民俗中人们在除夕就把未来初一到初五该切的东西都切出来，老舍先生说："这含有迷信的意思。不过它也表现了我们确是爱和平的人，在一岁之首连切菜刀都不愿意动一动。"这也是作者的见解、思想的表现。

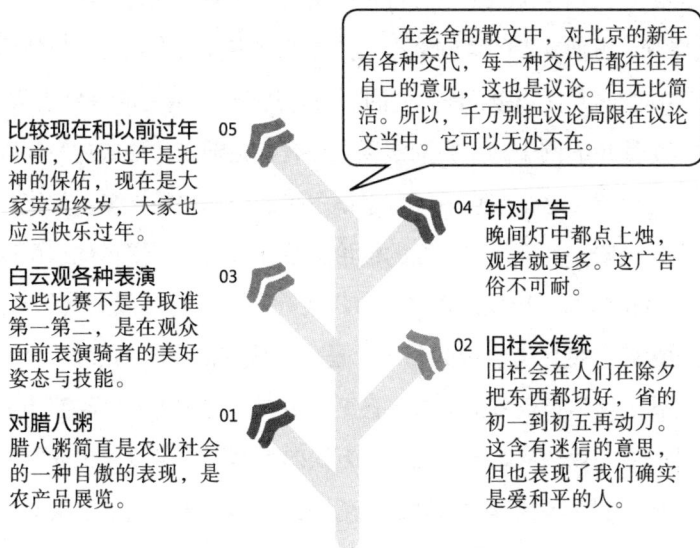

在老舍的散文中，对北京的新年有各种交代，每一种交代后往往有自己的意见，这也是议论。但无比简洁。所以，千万别把议论局限在议论文当中。它可以无处不在。

比较现在和以前过年 05
以前，人们过年是托神的保佑，现在是大家劳动终岁，大家也应当快乐过年。

白云观各种表演 03
这些比赛不是争取谁第一第二，是在观众面前表演骑者的美好姿态与技能。

对腊八粥 01
腊八粥简直是农业社会的一种自傲的表现，是农产品展览。

04 **针对广告**
晚间灯中都点上烛，观者就更多。这广告俗不可耐。

02 **旧社会传统**
旧社会在人们在除夕把东西都切好，省的初一到初五再动刀。这含有迷信的意思，但也表现了我们确实是爱和平的人。

老舍的《北京的春节》一文中的"见解"

而在青少年热衷的哲理散文当中，观点的存在是必须的。并且其中的观点常常有新意，且与人生息息相关。想来，一个人之所以变成熟，一个重要的指标就是能从日常生活、自然现象、社会现象中提炼出生命感悟，并形成自己的看法。即使一片飘落的叶子，我们不仅能感知秋的到来，还能就秋的意味写出自己的某种意见。即使是一滴普通的水滴，我们既能推测出大海的存在，还能就这滴水洞察生命的意蕴。如果概括一下的话，便是具备了把各种现象升华为文化哲理的能力，而体现在你的文章当中。这样一来，你的文章便有了深意，有了新意，有了哲理，从而向你的读者传递你的思想、意见和价值观。

在这样的文章当中，青少年易犯的错误、出现的写作问题是：过早、过快地得出一个十分寻常的结论，作者以先行的结论来切入文章，再把重点的案例拿出来，文章结束前再点题。这是典型的"作文思路"，但不是典型的"写作思路"，两者的区别很大。举一个简单的例子，一名同学以《没有人会随随便便成功》为题目，扼要给出这个观点后，写了博尔特的成功是在许多次起跑训练后造成的，从而得出上面的结论。我在批改当中提示他：可以从博尔特的例子出发，以"一万次的起跑"为行文线索（"一万次的起跑"是作者文中的句子，是作者认同的一个细节），一方面他代表博尔特反复的训练，甚至导致自己的脚步发生局部的生理性改变，以适应奔跑。而"一万次的起跑"也可以泛化成所有追求成功的人不厌其烦的训练和努力——谁都要经过一万次的起跑，才能最终成为所在领域的"王者"，成为战胜自己的一种有效方式。这样一来，博尔特的案例中给人的启发，和作者文章当中的意见便融合起来，而不是独立的、分割出来的东西，前者的写作是"教育"人的，后者的写作则是"感染"人的——这是两者的主要差别。同时，我们在案例当中得出结论、给出自己的观点绝不要过快，仿佛你的案例就是拉过来充当临时服务员的角色的，实际上你可以从抽丝剥茧一般的叙述中逐渐给出你的看法。前者的思路是这样的：告诉你们！谁要成功都得努力！你看，连世界大赛的冠军博尔特都不是天生的，他也要"一万次起跑"这样的努力才行！而后者的思路则有效控制文章的节奏，是这样的：对博尔特这样的大师级运动员来说，其实也需要一万次的起跑才行啊！其实，对任何人想在专注的领域内创造成绩的话，都需要经过"一万次的起跑"，你说呢？

　　在哲理散文中有自己的观点，是青少年容易理解的。而同时青少年似乎容易有一种思想误区，觉得在写人、记事的记叙文当中，只有情感的存在，尤其是记人作文。其实，在这样文章当中也可以有思想的存在，主要体现为观点。比如一作者写亲情的文章，固然可以催人泪下，但从中我们不能看出作者对亲情的独特认知——作者即使不说，我们不能不知。

第4节 深层含义：转化思维很关键

　　我们读文章、读故事、读小说，读各种各样的材料，也许每个人的目的是不一样的。有的人为学习，有的人为消遣，有的人为兴趣，但不管哪一种出发点，从文本中得到意义，其阅读才有价值。尤其是随着年纪的增长，人们不再满足于单纯的得到情节——这固然是一大看点，然而成熟的读者总是渴望得到故事背后的东西——深刻的寓意、内在的哲理、无穷的意味，等等。这些东西都可称之为深层含义。对深层含义的思考、追问和探寻，是我们摆脱浅阅读、摆脱消遣性读书的一种更高的追求。

　　一篇故事、一篇文章就像枝繁叶茂的古树一样令人着迷，而

形象背后
好文章是以生动形象的文字来表达抽象的主题的，洞察深层含义需要转化思维。

象征
象征在文中是常见的。象征本身就是以物示意。

结构方面
结构的作用很多，和内容结合起来，容易领略到文字背后的内容。

体会深层含义才能更好读懂原文

小说等大部头作品更像一片森林。大树的枝繁叶茂不是一天造成的，它们是在丰富的养料、阳光、雨水等条件下逐渐生长、逐渐繁殖的一个结果。我们要探寻其内在的奥秘，必须透过枝枝叶叶，去认识它的虬枝；同时去探究它扎在底下深处的根。

一篇文章、一部作品最大的深层含义是它的主题。即使如《小红帽》这样的童话故事，也蕴含着十分深刻的主题思想。小红帽作为一个还不具备善恶等分辨意识的小女孩，大灰狼在他的眼中也没有邪恶的一面，她甚至会平静地和它交谈，混然不觉它心中渴望吃掉她和奶奶的恶意。然而故事的情节是作者安排的，猎人的及时出现不仅令大灰狼的企图最终化作泡影，还让它丧失了生命。作者的用意是深远的，富含启示、意味和智慧的，令读者在教育孩子时会说：决不能跟陌生人说话。并在他成长的过程中反复叮咛，促使他逐渐形成了辨别的意识和能力。在这样的阅读过程中，我们不仅得到许多的启示，还能明白如何以善制恶，从而保护自己的安全。

一篇散文常常寄寓着作者某种思想感情，体现出特定的主题。朱自清的《背影》给人留下父子情深的感触；杨绛的《老王》一文，通过对在底层生活中的老王的日常生活的叙述，表达出一个普通劳动者待人忠厚、任劳任怨、舍己为人的思想品格，体现出作者对普通劳动者的充分关注、同情和敬佩。不管是《背影》还是《老王》，我们能在文章的字里行间感受到作者独特的思想感情，并深入到文本创造的语境当中，深深体味到和作者一样的思想感情——即使有时我们在概括这种感情时不能脱口而出。

任何文章，不必是优秀的文章、传世的佳作，在文字的背后都有作者的内在含义，这是文本本身特有的属性，即使作者的手段不甚高明，也是可以被分析者分析出来的。一个初学写作的儿童，当他写道：我们蹦着、跳着时，我们也能看出他内心的快乐，而"快乐"便是他们蹦着、跳着的内在含义；当一个作者写到自己泪流满面、潸然泪下时，我们能体会到作者的悲伤、无助、无力等精神状态，而这也是表面文字的内在含义。

充分理解作者的行文技巧、表现方式等，有助于我们读懂文字背后的作者的思想感情，在常见的技巧方面，有几个较为特殊的手法是值得我们高度重视的。

一、形象化表达背后的抽象内涵。

青少年写作当然也应在文学的范畴之内，我们每天所学的"语文"，其中的"语"是语言，"文"便是文学。不论是文言文、古诗词还是各种白话文章，其实都在文学范围内。如果我们留意语文书的目录，你会发现，他们的作者不论中外、不论古今，大部分都有一个共同的身份——作家。鲁迅、老舍、萧红、托尔斯泰以及中国古代的诗人们，当然都是作家，他们一生的主要成就是在文学作品中体现的。

而在文学的范畴内，其主要的语言表达都是形象化的表达，抽象的东西到了文学家的手中，都会以形象的语言写出来。但作为读者，我们须读懂其背后的抽象内涵。海明威的《老人与海》写的是一个形象而生动的故事，一个老人坚持出海 80 多天，在长久的一无所获的情况下依然坚持，最后终于带回一条大鱼——只不过在和它搏斗的过程中，这条大鱼最终成了一堆鱼骨，然而在这形象的故事背后，老人圣地亚哥不能被打败的硬汉精神却得以深入人心。如果海明威不是一个作家，不具备创作故事的才华，那么这样的故事便只能以一句话说出来——然而抽象。

所以，当我们在读文学作品时，我们的收获来自于透过形象化写作背后的东西，就是我们在字里行间中读到的抽象内涵。故而，阅读过程中需要我们进行一番思维的转化，海明威不肯直接告诉读者：我们要坚强地面对人生——虽然他说了"一个人可以被打倒，但不能被打败"这样的话，但这也是非常形象的话，不是抽象的语言。同时，更主要的是：他会把这样的内涵体现在老人出海的整个故事当中，融入作品人物的心理和行为——情节当中，从而创造出令人沉思的主题和意义。

二、象征。

好的文学作品，自然伴随着好的写作手法。作者在写作时未必是首先想到作品中的故事、句子、段落的内在含义再动笔的，作者会在一个整体构思的基础上，施展文学的魔法，有意无意地把很多东西融入都故事中。而其中的几种常见的手法是值得我们格外认识和学习的，这就是象征、隐喻、暗示等等，意识到它们的存在，对我们领略全文、整个故事有非凡的价值。

象征是以物示意，隐喻是以一事物暗喻另一事物，暗示是含蓄而不明说，需要读者的参悟。这些手法的存在和使用，既有含蓄行文的考量，也有不便直说的情况，但归根结底它们都是文学技巧的高扬。过于直白的东西，其分量会显得轻薄，难以给读者"言有尽意无穷"的韵味。一块手表可以成为时间的象征，一颗红豆可以作为友谊的象征，一棵白杨可以成为北方农民挺拔不屈的精神象征，一颗松柏矗立在严冬中可以成为精神不倒的象征——时间、友谊、精神都是抽象的东西，直接刻画它们会令文章浅白无深度，无妨拿具体的东西来赋予其中。

三、结构中的深层含义

读懂文章的一大关键，是摸清各种结构范式的作用。当你明白了一种结构手法的基本作用时，便能结合着具体内容而找出其内在的含义。这意味着：结构中的深层含义，须联系到具体的内容才可以。比如一条题记的存在，作者有什么深层次的思考？首先，题记是非常简单的一种结构手法，它出现在文章正文之前，其作用常常能引发读者的思考。它不仅可以创设情境，给读者强烈的代入感，还能令读者明白文章何以缘起；然而有时，它因为和正文内容的高度呼应，而在暗示点什么，唯有当我们读过全文，才能对题记的存在得出确定性的认识。

再者，承上启下的过渡句子。有些段落之间说的不是同一话题，就像运动员在弯道出现的急速转弯一样，这时需要一个平滑一点的转弯，对文章而言造成段落之间的很好连接。倘若不这样做，一篇文章便不像一个完整的整体，而是两段、多段不同的内容拼合，给人的感觉是割裂的。——当你意识到承上启下的句子的存在时，对你理解上下文之间的转换，具有很强的阅读价值，你懂得了作者的思路在这里发生了"弯道超车"，他的话题转到了另一个上去，或者对原有话题的纵向延伸，而在这种过渡当中作者的思想也时常进入另一重境界。

铺垫性文字也是如此，是作者在结构上的一种考量，往往能令作者在后文当中更好地发力。文章的线索、伏笔和照应等都是常见的结构手法，在我们阅读过程中，这些典型的结构标志，随着我们阅读经验的增加，我们会变得一目了然，以更轻松地读懂作者的用意。

关于结构，下一节我们将细说。

第5节 文章结构：学到作品的内在形式

著名作家王鼎钧先生说，凡是大部头的作品，必暗合建筑学上的原理。这是有道理的，他说的是作品的结构问题。并且不止大部头的作品，所有的文章和作品都有内在的结构，都因内在的结构而得以构建。如果说内容是树叶花朵的话，那么结构便是主干和树枝。当我们朝窗外望去时，看到的常常是花团锦簇的美丽，却时常忘却了这些纷繁的花朵和耀眼的绿叶，支撑它们的是横竖有序丛生的枝干。枝干并不耀眼，甚至隐藏起来，然而它们的价值却是极大的。延伸来说，即使寒冬来临，美丽的树叶花朵不再，然而树干和树枝会依然挺拔在寒风当中，这是它们独特的价值。

结构是青少年学作文时最容易忽略的大问题。这跟一般性的老师辅导也有关系，有的老师对结构的忽略，导致传递给学生时造成一种粗糙的印象。每当提到文章的结构时，一般性的意见是：总分总。然而，这是一个再粗糙不过的结构认识。文章当然是总分总的，就像一个人是有躯干、有四肢、有大脑的，但这样的一个结构放在猴子身上、猩猩身上也是成立的。如果进一步细分，许多青少年能将这种结构细分成：总分、分总和总分总三种。其实，即使这样的细分，也遗漏了一种——"分"，单纯的分，而没有总的成分。在小学课本中就有这样的文章，写一年四季，只有四个段落，没有首尾的两个"总"。

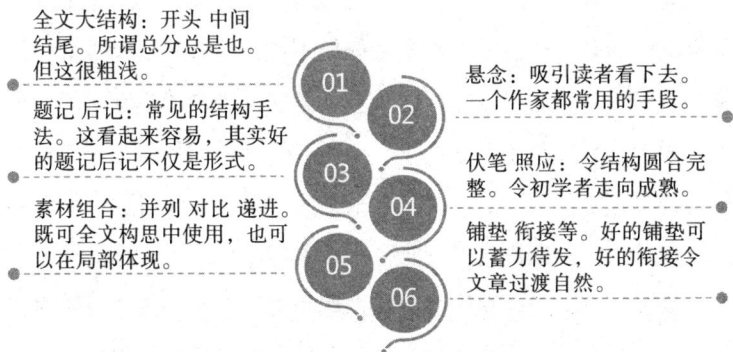

全文大结构：开头 中间 结尾。所谓总分总是也。但这很粗浅。

题记 后记：常见的结构手法。这看起来容易，其实好的题记后记不仅是形式。

素材组合：并列 对比 递进。既可全文构思中使用，也可以在局部体现。

悬念：吸引读者看下去。一个作家都常用的手段。

伏笔 照应：令结构圆合完整。令初学者走向成熟。

铺垫 衔接等。好的铺垫可以蓄力待发，好的衔接令文章过渡自然。

尽早对文章结构有深层认识，对阅读和写作均有极大帮助

总之，仅以"总分总"来认知文章是粗浅的，是难以给写作者的结构意识打下扎实基础的。如果你已经明白一篇文章常常是由开头、中间和结尾构成的，或者说文章的大结构是"总 - 分 - 总"的话，就不要在这上面浪费时间了，你该深入到文章的内里，去探究更有价值的结构方式。

文章的结构是作者的内在行文思路，一步一步如何写出来的。在具体的细分技巧方面，有一些常见的结构手法，如下：

一、悬念。悬而未决的东西吊足读者的胃口。

所谓悬念就是悬而未决的事情。暂时放在那里没有揭示出其真相的一种存在，包括某种表象事实（未揭示其内在）和主观想法（如善意的谎言）等等。悬念的存在是容易吊起读者胃口的有效方法。如果你喜欢读一些侦探、悬疑或推理的故事和小说，那么对悬念这件事儿一定不陌生。造成一件命案的真凶到底是谁？故事的作者是心知肚明的，但他偏偏不说。如果开篇或很快在行文中直接告诉读者，或者很容易被读者所识破真凶是谁，读者自然早早放下这个故事，去寻求一个新的更有趣的故事去了。对这样的作品而言，悬念的设计是全书的关键手法，作者会用尽各种手段遮蔽读者，掩盖真相，推迟那个真凶的出现。

　　当然悬念不是侦探、悬疑和推理小说的专利。在一般性的文章当中，悬念甚至悬念迭起也是所有优秀作者所追求的。就其原则而言，就是推迟时间去揭示事件的真相、推迟时间去告诉读者某种真实想法的存在——作者甚至不惜写一点虚假的事实（表象事实），或者给出善意的谎言。写文章有时是需要一点故作玄虚的精神的，这样的方式可以有效留住读者的心思，从而让读者在一种渴求——渴求真相、渴求信息中完成对全文的阅读。

　　我们知道：一个作者在写文章的时候，他是掌握全部信息的，即使他在经历这件事的过程中，自己也曾经受到悬念的诱惑，被蒙在鼓里，然而在写文章去"还原"事件过程的时候，悬念的存在也是必要的。著名作家萧乾有一篇叫做《枣核》的文章，说的是他在动身赴美之前，一个朋友请求他带几个枣核过来——一个悬念就此诞生。干嘛用呢？连当时的萧乾都不知道，因为他的朋友也神秘兮兮的，说：你来了就知道了。所以当萧乾到了美国时，也会迫不及待地询问这几颗枣核的用途，然而他的朋友是一个故作神秘、制造悬念的好手，愣是没有立刻说，而是把自己退休后的生活现状告诉老友：我自己退休了，儿女成家了，老伴在一家研究所里做营养实验。直到这时，老友才揭示枣核的真正用途：想在自己的花园里种上枣核，看看能否复原在北京北海故乡时的那种枣树——说白了，老友的思乡之情，全都寄托在这几颗枣核上。行文到此，我们作为读者才明白：萧乾先生是一个文章高手，不过是几颗枣核，一方面给了读者以很大的悬念，一方面又承载着老友的思乡之情。不过，几个枣核这样的小物件，却在文中担负着如此"重大使命"。其实，当萧乾写这篇文章时，他当然早已知道了枣核的用途，早已对老友的思乡有了明确的认识，但写文章必须退回去——还原整个过程，所以不适合早早交代枣核的用途，而适合设计成一个悬念。

　　再看一个案例。著名作家林海音女士的《窃读记》一文的开头，她说：转过街角，看见三阳春的冲天招牌，闻见炒菜的香味，听见锅勺敲打的声音，我松了一口气，放慢了脚步。下课从学校急急赶到这里，身上已经汗涔涔的，总算到达目的地——目的地可不是三阳春，而是紧邻它的一家书店。读了第一段，我们的心中不禁要问：林老师小时候这一幕是要干什么？这就是悬念，悬而未决的东西出现在我们的眼前。她急匆匆、汗涔涔地跑了一路，甚至可见其慌里慌张的样子，闻到了炒菜的味道，却又不是去吃饭——去书店我们是明白了的，可以去书店需要这样的慌张、赶赴？后文中我们才明白其原因：担心正在看的那本书被人买走了，等等。这样的悬念开篇，首先便营造了一种不寻常的紧张气氛，读者的心也随着起伏，想一探究竟，较之寻常的概括性全交代就有更大的优势，况且作者以紧张的情节切入全文，对延续后文的故事是一种很好的铺垫。

其实，悬念是无处不在的，是可以在文章中随时设计一个的。标题可以有悬念，如《谁是最可爱的人》《这是一片神奇的土地》《这才是我最想要的》《这是合理的吗》等等。其实容易看出，当有代词出现的时候，代词背后的具体所指是什么，便是一个自然的悬念，或者某个疑问句作为标题时，也容易出现悬念。

开头可有悬念，许多名著的开头都蕴含着悬念的成分，从而给人留下异常深刻的印象。如：

（1）有钱的单身汉总要娶位太太，这是一条举世公认的真理。（简·奥斯丁《傲慢与偏见》）

读了这样的开头，读者很想知道：面对这样一条"举世公认"的"真理"，哪位有钱的单身汉，将和怎样一个女孩结婚呢？故事到底是怎样的呢？

（2）祁老太爷什么也不怕，只怕庆不了八十大寿。（老舍《四世同堂》）

老舍先生在《四世同堂》的开篇也同样吸引读者。祁老太爷这样想的原因是什么？他的这种惧怕因什么而来？尽管老舍很快围绕祁老太爷的经历讲出了他内心担忧的缘故，但至少这样的开篇足以吸引读者进入整个故事——对一个大部头作品而言，时不时设置点悬念，然后再给出真相，是步步引领读者的好方法。而在一些常见的悬疑、推理小说当中，终极悬念往往只有在最后才揭示，但在长达十几万、二十几万字的小说当中，多次出现各种小悬念，以令读者享受未知并通过阅读而探索未知的过程，是十分有趣的。

对长篇小说而言，作者以"极简"的话语把读者引入自己的故事中来，绝非易事。一方面读者对开头有着简约的追求，一方面又要浓缩整个故事的味道。托马斯·福斯特在《如何阅读一本小说》中，对小说第一页需要呈现的东西有很细致的言说，比如文体、格调、情绪、措辞、视角等等，其实好的小说家可以在第一行当中呈现出许多内在的信息。当读者进入故事中后，再回头看全文的开头，会觉得异常的绝妙。——当然，悬念是造成这种绝妙的一种常见的有效的手法。

理解悬念并不难，悬念无非向你的读者控制关键信息出现的时间，让它们延迟一点出现在读者的眼前而已。

二、铺垫。蓄力待发，厚积薄发。

铺垫是进入核心情节、核心观点之前的东西，常常是暗示给读者的某些预感，一个有点经验的读者能在作者的铺垫性文字中领略到即将到来的故事的味道、观点的倾向。就像一个有经验的人对今天的天气有某种预判一样，他可以"看云识天气"，发现气象的某种奥妙。

铺垫需要控制在一定的程度之内，过分的铺垫是不好的，令人有卖弄之感。如果你的语文老师找你到办公室谈话，没进入核心话题之前绕来绕去的说一些看似无关的东西，其实他就是在铺垫。也许他想告诫你这段时间在学习上有所松懈，否则你的成绩已经下滑，被其他同学远远的甩掉了，你可以在他"饶"的口吻当中感受到某种气息，猜想到接下去他想说什么。

　　我们学过一篇课文，叫做《一面》，作者阿累。文章讲述的是 1932 年的秋天，作者在上海内山书店见到鲁迅先生的故事。作者要等早班车回来，为了避雨，而到内山书店当中去避雨，作者先写出了内山先生的热情接待和作者买书缺钱的困窘，这些就是在为鲁迅先生在文中的出场做铺垫。想一想，如果他进入书店看到一本好书，掏出钱来立刻买单，鲁迅先生就没有出现的必要了。当然这也不符合当时的事实，而如果他在文章中忽略上述铺垫，三言两语便推出鲁迅先生来，文章的味道也要逊色太多。

　　当我们看电影时，如果看到一条幽深的走廊，听到角门被风吹的吱吱响，讨厌的老鼠从眼前溜过，破败的光景出现在观众眼前，这意味着一个恐怖的场景就要出现。而前面这些场景的出现，其实也是导演的一种铺垫，对恐怖气息的一种预先展示。

　　三、伏笔和照应。一对令内部结构圆合的手段。

　　这一对结构的方式，可以让你的文章在结构上十分完整，我们请记住：前面有伏笔，后面必须有照应。如果你的前文中设置了伏笔，而在后文中没有照应，那么你的结构就是不完整的。俄国著名短篇小说家契诃夫在谈创作时曾经这样说：如果你在头一章里提到墙上挂着枪，那么在第二章或第三章这枪就得响。否则，如果不开，那枪就不必出现在那里。这个意思是明显的，虽然契诃夫说的小说的创作，但青少年在限字作文当中也该如此，前面留下的某个伏笔，后面一定要有所照应才行。比较典型的伏笔和照应是在文章的开头和结尾，这样一来，中间的大篇幅的内容，可以为伏笔和照应拉开很大的一个距离，从而最终让全文的结构浑然一体——这也造成另一种常见的效果，就是首尾呼应，这是特殊情况。

在《水浒传》第十六回"杨志押送金银担，吴用智取生辰纲"一章当中，作者先是总的叙述了一段杨志押送生辰纲的情况，是介绍性的，他说：自离了这北京五七日……杨志赶着催促要行，如若停住，轻则痛骂，重则藤条便打……这里出现的藤条一词，读者读到这里，后续看到故事的详情，不仅心中要问：杨志用了这藤条没有啊？所以你看我们的作者在整个故事的叙述过程中，多次说到藤条的用处：比如①杨志提了朴刀，拿着藤条，自去赶那担子。②老都管和当兵的议论时，也对藤条印象深刻，说：动不动老大藤条打来，都是一般父母皮肉，我们直恁地苦！③其中有个军士不满，抱怨起来说：提辖，我们挑着百十斤担子，须不比你空手走的，你端的不把人当人！便是留守相公自来监押时，也容我们说一说。你好不知疼痒，只顾逞辩。结果呢？杨志骂道：这畜生不呕死俺，只是打便了。拿起藤条，劈脸便打去。等等。

此外在这一章当中，出现的"椰瓢"这个物件也得到了运用。不仅可以用来饮酒，还在整个智取生辰纲当中起到了必要的作用，用它来把蒙汗药放在了酒水当中。前面交代了椰瓢的存在，后面就要用到这个物件。这就是伏笔和照应的关系，否则作者写椰瓢干什么呢？

再举一个电影的例子。由开心麻花团队制作的电影《羞羞的铁拳》，相信很多人看过，十分搞笑而励志的一部喜剧电影。剧中靠打假拳度日的艾迪生这个人，为了彻底打败对手拿到金腰带，在武林一派叫做"卷帘门"的副掌门张茱萸手下学了几个月。这是为他最终打败敌人积蓄力量的一个过程，他从这个不靠谱的副掌门这里学到了什么呢？每一招看似都很无厘头，但他训练出了速度、耐力，在拳击的决赛现场，当他要彻底失败的时候，这些曾经训练过的看似无厘头的招法全部发挥了作用，结果彻底打败了对手。这是一部喜剧电影，我们不论它在喜剧背后蕴含的一些深刻的寓意，但就这些镜头和它们最终对主角所起到的作用就能得到一些写作上的启发：当你在前面设置了伏笔的时候，在文章结束前必须重新用到它们，否则你提到它们有什么用呢？

　　四、过渡。衔接上下文的必须，自然、无痕是境界。

　　过渡是两个结构单元之间的一种衔接，时常需要作者以一两句简短的话打通这种衔接。这是为了保障全文的整体性，而在不同表达单元之间出现的、以连接两个单元之间的文字——常常是简短的，简短到一个句子，甚至只是一个词汇。比如在刘心武的《错过》一文中，上一段作者说：人生的路啊，为什么，为什么总是充满了这样多的错过？下一段作者说：然而细想，可有"万无一失"的人生？其中的"然而细想"其实就是一种过渡。其中"然而"以及在很多文章当中出现的"但是……""而"等都是表达过渡的标志性词语。再如，在泰戈特的《窗》一文当中，作者先说了一名病人的情况，他说："其中一位病人经允许，可以分别在每天上午和下午扶起身来坐上一个小时。这位病人的病床靠近窗口。"下一段作者说："而另一位病人则不得不日夜躺卧在病床上……"。这样的过渡就令作者的言说从一个病人身上自然地转移到另一个病人身上，实现了自然的文字过渡。

须注意的是，过渡在文章当中经常出现，除了常见的句子之间体现出的过渡之外，尤其要在两个叙述单元的转换时出现，而不是两个自然段之间必须有这种标志性的过渡。在一个故事延续的过程中，作者按着某种线索向前叙述，是在一个范畴内叙述，不存在过渡的问题。只有当你的笔锋需要转换时，才有过渡的必要。过渡在议论文当中更常见，因为需要思想见解的逻辑化叙述，以确保观点论证中的严密性。

五、抑扬——我很丑，但是我很温柔。

抑扬也是一种典型的结构手法，当然也有不少人将之归为表现手法。从写作的思路的角度看，作者先贬低，然后再褒扬，从而体现出文章结构前后的差别，所以也可理解成结构手法。

我们常常有这样的经验认识：当我们去商店买东西时，比如说买一个电脑的鼠标，我们在内心里觉得、甚至已经选定了一种，但我们会对老板说："老板，你这个鼠标啊，你看手感一般，只是看起来样子还行，用久了的话估计对手不好啊。"老板会解释说，哪里哪里，这款鼠标卖的最好，大家都喜欢啊。这时候你才能可能说：要是便宜点，我就买一个算了，不看别的了。其实，你这样说、这样贬低这只鼠标的目的只是杀价而已！这就是抑，抑制本来很好的东西，自己心里是喜欢的，想买的，但嘴上却说不好，找缺点，甚至是鸡蛋里挑骨头出来。

茅盾先生的《白杨礼赞》这篇文章当中，将这个手法用的十分灵活，给人印象深刻。他说："它没有婆娑的姿态，没有弯曲盘旋的虬枝。也许你要说它不美。如果美是专指婆娑和旁逸之类而言，它不算树中的好女子。但是它伟岸、正直、朴质、严肃，也不缺乏温和，更不用提它的坚强与挺拔，它是树中的伟丈夫。"作者文章的名字就是《白杨礼赞》，然而却说了那么多白杨树的"不是"——它没有婆娑的姿态、没有弯曲盘旋的虬枝之类的话，其实就是一种欲扬先抑的手法。这样做是在后文中，在礼赞白杨树的时候，表达得更加肆意汪洋，更让人没话说啊！就更加突出了白杨树的美好。

有一篇文章叫做《小气的父亲》，作者刘清山。作者在头几段中这样说：父亲的小气，在我曾经度过童年、少年时光的村庄是小有名气的。一枚咸鸭蛋，就是他最好的菜了。他一大早把咸鸭蛋磕开个口后，早晨吃，中午吃，晚上还吃，一根筷子在鸭蛋里轻盈地拨拉着。吃完后，他又举起手中的空蛋壳，对着阳光仔细地看，确定里面空空如也后，才恋恋不舍地扔掉。但作者结尾是怎么说的呢？父亲是这样说也是这样做的，该小气时小气，该大方时大方。他把小气留给了自己，把大方给予了孩子，他用小气支撑起了这个曾经一贫如洗的家，却大方无私地把父爱雨露般洒到我的身上。你看，这样的方式，本来很小气的父亲，给人的却是光辉的高大形象。其实，在写人记叙文当中，很多同学都不知不觉地采用了先抑后扬的写作手法，在思路上说，就是首先表达对某人某个行为的不满，当故事结束的时候我们才发现：嘿，其实这个人物很值得我们学习啊！

所以你看，这些案例对我们写作文来说，都可以有很好的借鉴作用。当我们要写一个人的时候，如果你想采用欲扬先抑的手法，那么就先写这个人的各种缺点，可以从几个角度、几件小事来写，然后笔锋一转，转到能突出这个人的光辉形象上去。两者之间只需要一两句话的过渡就可以。

在《水浒传》当中有一章是写"林冲棒打洪教头"，这一段故事是小说中十分有名的抑扬手法。作者为了突出林冲的武功高强，而洪教头的不堪一击，并没有上来就写两人的巨大差别。作者首先写洪教头的各种傲慢、无理，对林冲的不敬。其中还有一个柴进。其实在柴进心里，林冲的本事他是很清楚的，在他心里也想通过林冲来杀一杀洪教头的傲慢和锐气，所以他也没有揭破这一点。并且还拿出银子来，谁赢了谁得到。作者先是写林冲拜见洪教头，洪教头傲慢不理。洪教头却说林冲是假冒教头，诱讨酒食，林冲呢他不作声。洪教头提出比武，林冲却称不敢，洪教头气势汹汹，来攻林冲，林冲退避，接着开枷，拿二十五两银子为利物，最后才写到林冲一棒打翻洪教头。这种欲擒故纵的抑扬手法扣人心弦，令读者在读到洪教头的傲慢、无礼时很气，而在林冲打败洪教头的那一刻顿时觉得解气、痛快、过瘾！

抑扬的手法能令整个故事情节产生很大的前后反差，从而更好的突出文章的主旨。为了实现这一点，需要我们在设计情节的时候，对情节前后之间设计一种反差，相当于欲扬先抑那样，不是直接赞扬、不是直接的揭示，而是通过外围的故事情节、线索人物的存在、通过环境来烘托气氛等，来实现一种抑制的效果，从而在揭开"锅盖"也就是真实的、更核心的内容之时，读者看到具有反差效果的真实，从而更好地揭示出文章的主旨。

如果你反复阅读一篇文章，当你意识到故事所以精彩，是因为作者有着某种内在的精心安排，先说的、后说的，以及先说如何带动后说的，良好的铺垫、精彩的转折时，你才算发现了一点结构的妙处。

经常有家长和学生问我一个问题：这篇作文的开头怎么写？这是我最不喜欢的一个问题，因为如果我给他们一个具体的回答，便会局限孩子对开头的认知，觉得这篇作文好像只能这样开头；如果我给出一个具有普遍意义的回答，又难以令她们感到满意。实际上，当你的思考文章如何开头的时候，你可以牢牢记住一点：从一个圆心出发，可以有无数条半径抵达圆周。我的意思无非是：一篇文章怎么样开头都是可以的。如果是一个故事，你可以按照故事发展的时间讲起，也可以先说结果再倒叙整个故事，还可以从故事中拈出一段情节出来，吸引读者的眼睛，从而达到"聚众"的效果——读者总是难以摆脱"看客"的心理的，你的开头越是精彩、越是独特，越是能吸引着他仔细看下去。

我常在网上看到一些所谓文章开头的十法、八法之类的技巧性辅导，这些技巧对学写文章也有好处，但如果你不善于总结和领会，便难以对开头的方式有一个原则性的认识。一旦你不能形成原则性的认识并灵活采用，所谓的"套路"便出现了，每次当你动笔作文时，那些所谓的技巧就会你头脑的天空里闪烁不已，让你"欲罢不能"。很快，你会成为技巧的俘虏。

　　一个人一旦成为技巧的俘虏，一次次轻松地写出固化的开头而不知，便如温水煮青蛙那样，逐渐丧失了创新学艺的劲头。时间一长，你的文章想要摆脱各种技巧的套路，便十分困难。所以，我们在学写文章的过程中，要追求更高层次的东西，这就是写作的原理和方法，要逐步令自己掌握一整套的方法论，并在写作都实践中反复操练，你便能在写作的天空中游刃有余的飞翔。

第三章

观察智力开发

人们常说一句话：只可意会，不可言传。其实，这样的观点是片面的，是在特定的语境下才成立的。比如涉及到人的隐私时，涉及到两人意会而不方便吐露的时刻，才成立的。但我们人在观察整个世界、包括人自身的时候，其实都是因意会而言传、因意会而言说的。写作也是这样，当你意会到大自然中的景物和人物本身的某些特点时，你动笔写的时候才有话说。为什么有的同学写出来的文章给人的感觉总有隔阂，不能传神地表达？就是没有真正意会。而对一个作家来说，没有什么是不能说的，全看怎么说。

第1节　体验自然：各种体验利器的运用

大自然是人类赖以生存的基础，不管你在多大程度上理解自然，或者对大自然的存在不以为意，都不能改变这一事实。在中国古诗词当中，涌现出多少讴歌自然的伟大诗篇？所谓山水田园诗更是歌唱大自然的独特派别。"白日依山尽，黄河入海流""两岸青山相对出，孤帆一片日边来""青山不老，绿水长存""山高月小，水落石出"……这些耳熟能详的句子，无不是诗人意会到大自然的曼妙，而从心中流淌出的千古佳句。要说在古诗当中，有多少这样的句子？可以说浩如烟海。大自然赋予人类的灵感，自古以来成全了多少文人墨客？

时至今日，当我们徜徉在大自然当中，也会被其清新秀美、鬼斧神工的特质而吸引，走在大自然的怀抱当中，一个人的心胸往往得以展开，郁结在心中的烦闷会一扫而空。这恰是大自然的伟力造成的。从这个角度来看，大自然也可称之为人类的保护神，亦或是我们心中的"上帝"。美国作家梭罗的《瓦尔登湖》许多人看过，被梭罗先生在两年多的时间里独自生活在瓦尔登湖畔的生活所吸引，心向往之。与其说他在观察大自然，不如说他在全身心地投入大自然、拥抱大自然、融入大自然。作为自然主义的杰出代表，梭罗的方式固然难以普及，然而他对大自然的这种态度着实令人钦敬不已。

　　大自然以无私的精神向每个人舒展着它的怀抱，任何时候都会接纳每一个前来的人。然而我想：大自然也需要人的观察、需要人的理解。环保不是我们这本书要讨论的主题，尽管青少年写作中也时常接触这样的话题。包括环保与科技、与人类发展之间的关系等，其实无非是人如何理解大自然、保护和回馈大自然这种母题的一个分支。

一、从几首浅显的诗歌说起

　　在古诗词当中，便有大量的对自然景致的刻画，这是我国古诗当中的一个重要类别。在传统的农业社会当中，人们跟大自然的关系似乎更密切。诗人也喜欢放眼大自然。

　　我们以小学一年级的一首《风》[①] 来说，这是一名初唐诗人的诗作。这首《风》只有四句：解落三秋叶，能开二月花。过江千尺浪，入竹万竿斜。诗的含义也是浅显的，作者通过对大自然中风的观察，从四个画面来写风的存在、风的能力——能让秋天的叶子飘落，能令二月的花儿绽放；经过江面可掀起千尺浪，进入竹林可令万条竹竿倾斜。这都是作者眼中见到的画面，具体地展示了风的能量、实力。要知道：风是看不见的，然而可以感受得到；在风的肆虐下，自然中的万物都会摇动起来。如它吹落树叶、过江掀起的浪和进入竹林时的场景，等等。这首诗本身浅显，也未见寄托作者怎

① 作者李峤·部编版语文教材。

样的思想感情，不能算是上乘佳作，但作者刻画自然中风的样子给人的印象是深刻的，对我们的写作是深有启发的。

而另一篇《咏柳》的古诗，在诗歌造诣上自然更高，就是我们青少年熟悉的"碧玉妆成一树高，万条垂下绿丝绦。不知细叶谁裁出，二月春风似剪刀"。这里有作者精妙的比喻和想象，作者把春天想象成一名灵巧的女子，而二月的春风便是它手中的剪刀一样。作者的联想、想象是十分新奇的，这就比李桥的《风》在艺术上更高超，诗歌的意境也更为深邃。

再举一个诗歌的例子。唐代著名诗人王维的《画》：远看山有色，近听水无声。春去花还在，人来鸟不惊。这是一首诗意浅显的绝唱，在中国自然是家喻户晓。然而分析作者对"大自然"的观察——虽然画系人的创作，但景致是自然风景无疑——作者在创作过程中动用还是视觉、听觉和联想的手段：远看山有色，这是视觉效果；近听水无声——这是听觉效果；春去花还在，人来鸟不惊，则是作者的联想了。

可见，在诗歌等创作当中，除了细致认真的刻画之外，好的想象、联想等可以令文章更有深意，意境更深刻。这提醒我们：在我们观察自然的过程中，不仅要写实，还要借助联想、想象来实现一种超越，以提升文章的境界。这就是"咏物抒情"诗歌、散文的内在规律。

二、视觉与听觉的合一，是观察大自然的第一利器

杜牧在《江南春》一诗中的第一句：千里莺啼绿映红。仔细

看：这是视觉和听觉联合而观察江南春色的典范。作者的视野很大——"千里"，莺啼和绿映红写出了"有声有色"的江南全景图。这个句子反映出一个重要的写作规律；视觉和听觉的综合，是我们观察大自然的一大利器。

如果我们仔细品味"观察"一词，你会发现：如此重要的词汇、手段，几乎是为视觉本身而准备的。观是大的方面去看，察是从细小的方面去看。在百科当中有一句说：记者采访时观察的意思是，记者对客观事物进行的一种查看体验体验活动，简单的讲就是用眼睛采访。这个句子很直接的说明了观察和视觉之间的关系。

当我们置身大自然的怀抱当中，固然可以运用各种感官去感知它，我们的鼻子会嗅到花草的香味，我们的耳朵会听到鸟儿的鸣叫，我们的嘴巴会呼吸到清新的空气，然而大自然的丰富多姿、五颜六色、诸种变化更多要依赖眼睛的察看。著名作家海伦凯勒在她的名作《假如给我三天光明》当中，我们读到了她对光明的强烈渴望，她细致而生动的讲述了如果有了这三天的光明时间，她会把所有见到的场景吸入到眼中，永远牢记在脑海当中。

除了一些特殊的如海伦凯勒这样不幸的失去了视觉的人，人们都有视觉来目睹眼前的景致，但何以写出来的东西却千差万别？人人有视觉，不等于人人会用自己的视觉。视觉的官能是人的本能，大自然中的一切景致都客观的进入人眼，但另一方面，我们须将这些景致诉诸我们的心灵，同时学习用眼。

用眼观察是一门学问。颜色的辨别、规格的大小、材质的构成、形状的各异、动态的变化、静态的呈现，以及由此触动的人的联想、想象等，都综合地作用在我们的头脑当中。能准确地形容面前的景致，是需要练就的一项本领。因为在对现象、景致的刻画当中，你的观察越是准确，你的用词越是准确，文章就会格外的生动——准确能激发人们心灵经验的某种共鸣，从而为你的文章喝彩。

在观察自然面前，视觉和听觉是第一利器。对大自然中各种信息的采集，首先依靠的就是视觉和听觉。大自然的千姿百态、丰富色彩会毫不保留地出现在我们的眼中。但不同的人，因自身的视角、认知等问题，即使见到的是一样的青山绿水，心中的感受也不一样。在童年时凌淑华的眼中，她在广东见过的山不仅高大巍峨，还被朵朵白云点缀着；而在 20 年后，同样的青山在她眼中变得平淡无奇。而在福克纳的笔下，在《山》一文中，他说：首先进入眼帘的是对面的山谷，在午后和暖的阳光下，显得青翠欲滴。一座白色教堂的尖顶依山耸立，犹如梦境一般，红色的、浅绿色的和橄榄色的屋顶，掩映在开花的橡树和榆树丛中。作者不仅见到了青翠欲滴的山的宏大，还见到了耸立的依山而建的教堂，以及它的色彩。

可见，在我们的观察当中，对自然界景致的宽阔、壮丽的宏大一面需要留意，还要留意其间的具体建筑——如果存在的话，而同时写出来的还有你的一份感受。如果考虑到时间的变化，因阳光的变化而出现的变化也自然可以出现在我们的眼中，正如福克纳在《山》的结尾时说的：太阳静静的西沉，山谷突然处于暗影之中……在黄昏中，这儿的林间女神和农牧神可能在冰冷的星星下，尖声吹奏风笛……。

　　而在日本作家宫城道雄的笔下，曾经些过对四季的聆听，比如在盛夏时节，他说："我走到房后，侧耳聆听着鸟鸣之声。有的长鸣，有的声声短啼，有的宛似人类嘲笑别人时的笑声，而有的声音低而悠长，犹如在召唤别人。"这样的声音让作者联想到："鸟类的世界也有语言。"他的聆听是仔细的，说："在山上，茅蜩这种蝉叫的很起劲……茅蜩的叫声，据我的观察，声音高低只有只有两类，是固定不移的。这就是相差半个音来鸣叫……听着听着，似乎被吸进了奇妙的音的世界。"

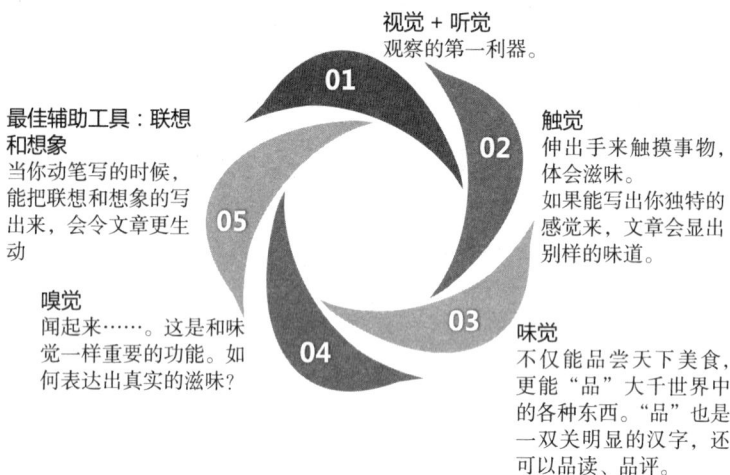

视觉 + 听觉
观察的第一利器。

01

最佳辅助工具：联想和想象
当你动笔写的时候，能把联想和想象的写出来，会令文章更生动

触觉
伸出手来触摸事物，体会滋味。
如果能写出你独特的感觉来，文章会显出别样的味道。

02

05

嗅觉
闻起来……。这是和味觉一样重要的功能。如何表达出真实的滋味？

04

03

味觉
不仅能品尝天下美食，更能"品"大千世界中的各种东西。"品"也是一双关明显的汉字，还可以品读、品评。

　　运用人自身的观察利器——视觉和听觉，只要我们有耐心，耐心去看，耐心去聆听大自然展示出的神奇色彩和曼妙的声响，我们便能因意会它们而书写出来。这种耐心细致的观察，是人本身所特有的能力，我们无需套用某些经验性的句子，就能独创出自己对自然的真实感受。

　　当然，想象也是重要的。在面对一个脚印般大小的坑面前，作为一个成年人：我认定这是某个人的脚印造成的，并且是在某个雨天造成的。然而我四岁的女儿却大声的告诉我：这是大野狼的脚印。你看，同样的一个东西，成年人和儿童的看法完全不同。而在猜想某个橡皮泥制作的东西时，小孩子的看法常常令大人感到吃惊和不解。我们不能武断地说：小孩子的看法是不准确的，孩子的联想往往更有趣。

三、品味自然，不能少了触觉、味觉和嗅觉

视觉在感知大自然的色彩方面不可或缺，听觉在聆听大自然的声响中必不可少。然而仅有这两者还是不够的。我们对自然的感受其实是全方面的，这就涉及到另外几种重要的机能：触觉、味觉和嗅觉。

以春夏秋冬来说，给人的感觉是迥然分明的。春风的柔和、夏风的热烈、秋风的萧瑟、冬风的凛冽，都是我们的触觉可以明确感知到的。进而我们可以更具体的感受它们的差别，那种因真实的接触而造成的差别，可以源源不断地反映到我们的心灵中来。《呼兰河传》中的马车夫一进大店，便对掌柜的说："好厉害的天啊！小刀子一样。"我们也常常以刀割一般来形容寒风的凛冽。而在朱自清的眼中，春天像刚落地的娃娃，从头到脚都是新的，他生长着；春天像小姑娘，花枝招展的，笑着，走着；春天像健壮的青年，有铁一般的胳膊和腰脚——而这样的感觉我们也不陌生，春天固有的生机勃勃的力量，确实令人涌起无限的希望之感。

　　我们必须承认，随着我们对视觉和听觉的过度依赖，在我们体验自然的时候，我们的触觉似乎变得迟钝了不少。想要恢复触觉的敏感，一方面我们可以伸出手来，把它放入冷水中、细沙中、树皮上、石块上，来切实感知它们带给我们的凉滑、细滑、粗糙、粗劣等各种感觉。另一方面，我们可以暂时"告别"视觉，而直接用手脚或身体的其他部位来感触自然物体，从而细细地感受触觉的美好滋味。当你在山路上疾走时，如果不小心被柳叶划到，你的感受是什么？仔细回味这种感受，体验它的"触摸"带给你的真实滋味；如果不慎撞到了一棵树上，不要懊恼，你甚至可以把自己的面颊贴到树皮上，或者熊抱它一番，真实感受一下它带给你的滋味。这些方法都对我们"恢复"触觉、练就触觉的敏感有直接的好处。

　　嗅觉和味觉的训练是相似的。在美好的春夏时节，人们的户外互动比较多，接触大自然的机会多。你不妨在这样的活动凑到一朵花跟前，可以蹲下来凑上去，仔细嗅一嗅淡淡花香带给你的滋味。当你全身心置身在大自然当中，闭上眼睛，反复深呼吸，感受自然的芬芳，仔细体会进入你鼻腔的空气中，都有什么花香？土壤的土腥、小草的清新、大树的浓郁……你都有过尝试去嗅一嗅吗？

　　味觉也是如此，你当然不能"品尝"树叶的滋味——毕竟它们不是水果啊！但日常生活中的各种水果的滋味，以及放置不同时间的各种水果，其滋味是迥异的。当然，如果很幸运，你也可以尝试在自然当中品尝某些果子的滋味，其实现也不难，至少在秋日里的各种采摘活动中，我们是可以实现这一点的。

在各种滋味的感受当中，一个人是最容易引起各种联想的。我们人的一种特殊本能便是，以某种其他的经验来描述一种陌生的经验，从而令联想、比喻等方法在写作中变得十分常见。联想是自然的，联想到的东西因人而异；比喻也是如此。

四、比喻和拟人是最常用于刻画自然的修辞手法

观察之后，如何言传？在后面我会专章讲述多种常见的修辞，但放在这里的比喻、拟人，是简要地提醒青少年：两种基于联想而造成的语言效果：比喻和拟人，在观察并书写大自然时，运用得最频繁。即使是名家作品，也常常因富有新意的比喻和灵巧动人的拟人而将你熟悉的自然风光写出新意。后面的专章讲述中会举一定的案例，这里只做强调。

比喻和拟人的关键不是学会它们的概念，而是在运用时写出新意。大自然中的大部分景致亘古未变：青山绿水、山川河流、日月星辰固然其实没有质的变化，正所谓"今人曾见古时月，今月曾经照古人"，说的就是这个意思。然而在历代文人的笔下，即使是同一座青山、同一轮明月，它们写出的也不一样，每个人都有自己的新意。这才是我们追求的一种文章效果。如果你笔下的明月和其他同学笔下一样，那往往是失败的。能写出景致新意的，往往要依赖我上面说的比喻、拟人，它们是在你的联想当中完成新意的，可以说：所有的风光因你而不同。

第2节　描绘动物：观察并总结才能制胜

　　当我们的笔触放在小动物身上的时刻，一方面需要我们细致的观察，它们活灵活现的各种动作，它们讨好人的各种表现，时常带给我们无尽的乐趣，从而引发我们完成一篇佳作。

　　人们常常用"可爱"来形容身边的小动物，比如这只小狗好可爱呀！然而"可爱"虽然是一个明了的词汇，对写作而言却是一个抽象的词汇，我们必须把笔触落实在它如何可爱上。著名作家老舍先生在《猫》一文中，对猫的可爱就有十分生动的刻画，他说：

　　　　满月的小猫更可爱。腿脚还不稳，可是已经学会淘气。一根鸡毛，一个线团，都是它们的好玩具，耍个没完没了。一玩起来，它们不知要摔多少跟头，但是跌倒了马上起来，再跑再跌。它们的头撞在门上，桌腿上，彼此的头上，撞疼了也不哭。它们的胆子越来越大，逐渐开辟新的游戏场所。

　　你看，老舍先生在段首说小猫很可爱，然后立刻把他的观察切实地写出来，他是从小猫还站不稳的时候却学会淘气这一角度来写它的可爱的。没完没了的玩各种玩具，即使摔跟头也在所不惜。这样的刻画自然是具体的，可见老舍先生观察之细致。但如果分析老舍先生的这个段落，我们可以见到两个方面的内容，一种是来自观察，一种是来自思考（总结）。来自观察的内容是满月的小猫的各种姿态，即使一根鸡毛、一个线头也能玩的没完没了，以及跌跤、撞到门上和桌腿上等。但此外的"他们的胆子越来越大，逐渐开辟新的游戏场所"就不仅是观察，更体现出作者在观察基础上的思考和总结。

老舍写了满月的小猫的可爱，而鲁迅先生则刻画过白兔（《兔和猫》一文），他说：这一对白兔似乎离娘不久，虽然是异类，也可以看出他们的天真烂漫来。但也竖直了小小的通红的耳朵，动着鼻子，眼睛里颇现些惊疑的神色，大约究竟人生地疏，没有在老家时候的安心了。——鲁迅先生并未全面刻画白兔的样子，却传神地刻画出了它们天真烂漫的特点，尤其眼中现出惊疑神色，非常精准。

当我们在观察小动物的时候，也要注意。一方面是仔细观察它的一举一动，从而精确写出各种连贯的动作；另一方面则要在观察基础上写出总结性的句子，体现出作者的思考。只有你观察到了，观察得细致，你对动物才不会没话可说，才不会只说可爱极了等常见的话语。老舍也说满月的小猫很可爱，可他有自己的观察，就是告诉了读者：满月的小猫为什么可爱，可爱的表现是什么。单纯界定性的话语，如可爱，只是人的一种抽象认识，然而常见。对写作而言必须具体以生动的句子描出来才行。

然而在刻画动物的过程中，如果你想更深切的展示它的某种特质，触摸动物是必不可少的。为了让自己能更好的描出动物的特点、个性等，我觉得除了近距离细致观察它的动作、举止之外，我们可以伸出手来，却用带着温度的手感受身边的小动物。你有过触摸动物的经验吗？比如家中的一只宠物犬、一只可爱的猫咪，或者养在鱼缸中的金鱼、可爱的小乌龟？生活在农村的青少年，在生活中接触家养的猫狗和各种家禽的机会更多，时间上甚至可能更早。

首先，你可以触摸小动物的皮毛，感受它的皮毛是否光滑，同时观察它的色泽，在触摸它的同时我们思考这些动作、姿态反映了它怎样的性情？而它的皮毛有怎样的特质，它的色泽何以如此？我们的思考未必是科学的证明，有时只是一己之见，甚至只是一种感性的认识，但又如何呢？有时，感性的认识常常更加动人。

赵兰振的《我的小田鼠》一文中，作者对可爱的小田鼠是这样刻画的：那只小田鼠真的是太小了（其规格大小），身子缩成一团时，就像一枚法国梧桐的球果（特定状态下的联想）。冷风吹开它短短的细毛，吹出一朵朵细细小小的涡旋（特定状态下），它外层的毛色黄灰，而里层有点发白（颜色）。当我握着它的小身子时，能感觉出它身子里像是有一群蚂蚁在爬——它在颤抖（触摸及感受）。它实在太害怕了。——我在括号当中写出了作者刻画的内在思路，其实无非是透过它的规格大小、在特定状态下的情况以及作者的联想，包括它的颜色，并写出在触摸时的独特感受。

每种动物都有其本性。在人们经验的范围内，猪是谈吃贪睡、好吃懒做的，狗是忠诚于主人而又勇敢的；猫则是一个天生

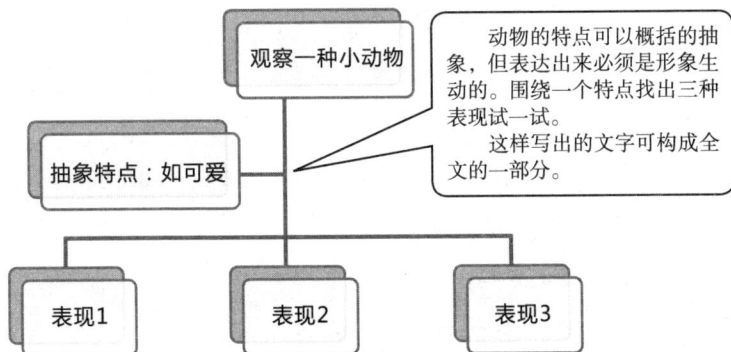

动物的特点可以概括的抽象，但表达出来必须是形象生动的。围绕一个特点找出三种表现试一试。

这样写出的文字可构成全文的一部分。

观察一种小动物

抽象特点：如可爱

表现1　　表现2　　表现3

对动物的描绘建立在观察和总结的基础上，缺一不可

的利己主义者，喜欢安静地享受周围的环境；驴子是倔强的，鸟儿是勤劳而欢快的。这些界定当中，有些未必是其本性，但融入了我们经验性的认识。关键的是：当你要写一只特定的猪狗猫时，它们的表现必须建立在你真实观察的基础上。你在观察和写作时，难免动用以往的经验性认识，但有时你的观察得来的又会打破这种认识，令你感到意外。

　　观察始终是青少年写作中的一个难点，有时甚至是障碍。我想说：其实不是因为你不具备观察的能力，这种能力所高度依赖的视觉、听觉我们都具备，往往是我们缺少耐心和方法。耐心，一方面要你付出一定的时间，一方面要你有周全的思考意识。而在方法上，除了动用上述的感官之外，我们必须明白：观察一只身边的动物，就是在一个有限的圈内——它生活的特定范围内，却留意、留心它的各种表现。

　　在刻画它们各种样态的时候，须以准确的动词来形容——这是异常关键的一点。从某种意义上说，这是生动刻画动物的关

键。许多青少年在行文中喜欢大量使用形容词，这是需要逐渐克服的一点。形容词带有较强的人的主观性，令语言朝着华丽的方向走，但华丽往往又会对生动和准确构成妨碍。在文学理论当中的一个共识是：一流的作家绝不会靠形容词活着，而是动词。动词的意义就在于它的准确性。

在观察动物的过程中，还须留意的一个技巧是：注意你的视角。当你试着把自己的视角随着动物的动作而游走时，你更容易捕捉到它的动作、它的意图，并感受到它触摸周围的各种东西时表现出的性情，并更好地理解它的各种动作的意义。和人一样，动物也生活在特定的环境当中，它的所有动作都是对周围环境和各种物件的反映。想一想在老舍先生的笔下，那只满月的小猫愉快的和线球一起玩的愉快，它一次次在跌倒和爬起中的感受，我们便会加深对这些举动的理解。

第3节　欣赏植物：写生命的自由与惊奇

　　大千世界中，各种植物给世界带来了盎然的生机，不难想象，如果没有各种植物的存在，整个世界就会是一片荒漠。多么的可怕！我们生活在一片充满生机的世界当中，各种植物功不可没。

　　面对各种各样的植物，我们应当培养自己的审美眼光，发现其生长过程中的诸般美好，这种观察是自我养成的结果。萧红在《呼兰河传》当中对祖父的后园有精彩的刻画，她的眼光从小敏锐，她说：这榆树，在园子的西北角上，来了风，这榆树先啸，来了雨，大榆树就先冒烟了。太阳一出来，大榆树的叶子就发光了，它们闪烁得和沙滩上的蚌壳一样了。又说：都有无限的本领，要做什么，就做什么，要怎么样，就怎么样。都是自由的。倭瓜愿意爬上架就爬上架，愿意爬上房就爬上房。黄瓜愿意开一个谎花，就开一个谎花，愿意结一个黄瓜就结一个黄瓜。等等。我所以引用部分萧红的文字在这里，不是说明萧红这种刻画是无人能及的，不是这个意思，更不是说她的句子里有怎样的修辞，而是说，萧红从对各种植物的观察当中得到了一种独特的视角，这就是这些植物的生长是自由的。当作者因自身的敏锐而找到这个视角时，作者笔下的各种植物的自由便淋漓地展示出来。

我发现，许多青少年在写作中，对各种植物的刻画常常处在一种静态当中，就像初学绘画的人对植物做素描一样。素描固然是好的，但刻画它的静态的像的程度绝不是最高境界，而是一种较低层次的刻画。更高层次的"描"能体现出植物内在的精神和意蕴来，比如萧红看见了植物生长的自由。

然而，植物生长的自由与否，与观察者的心灵是相关的。一个常年陷入劳作的苦楚，而在生存线上挣扎的如童年的萧红所见的许多大人，是没有这样的心性的。他们的自由的心性早已"隐退"，而丧失了这种视角。

其实，青少年的心性当中有一种天然的自由，也许是来自一份好奇心。就像在《苏菲的世界》当中，苏菲一旦在罗伯特老师的启发下进入哲学课程，她观察周围世界的眼光也在变化，而她的妈妈却始终无法认识到这份好奇心的可贵。她的妈妈早已滑向了俗世的深处，好奇心这种东西早已在心灵当中封闭起来。故而，我们当珍惜自己心中的好奇，更长久的保持对世界的好奇，用这份好奇观察你周围的世界，尤其是植物的世界。

一盆花从何时开始开放的？你有留意吗？而在老师布置的家庭作业当中，你是否对观察各种花的开放过程？亦或是豆芽的发芽过程？从丝毫未见其变化，到忽然开始萌发出嫩嫩的、细小的芽苞出来，你的心中是否涌起了一丝好奇、一份欢喜？我们的心中是否出现这样一个问题：它们何以生长？

我们不难领略到的一个层面是：在美丽的阳光、丰腴的土壤和适当的水分条件下，一颗种子就会突破静默，开始一条顽强向上的道路。它在我们的眼前悄然变化着，在我们一觉醒来时，你也许发现它有了某种惊人的变化——它好像趁着你睡着时拼命的、不知疲倦地长大了。迷惑不解的你开始翻阅有关资料，查阅网络百科，也许你对生物内部的生长奥秘发生了浓厚的兴趣，开始认真对待生活中的每一株花草。这种查询可以较快的得到关于植物学的知识，但是绝不能替代我们对自然环境中各色植物的自主观察。

前一日还暗自不动，次日起来，却发现园子中的几种花已经悄然绽放！在迎接黎明到来的伟大时刻，它们以傲人的姿态迎风招展，其开放的速度令人吃惊，我们不仅暗叹大自然的伟力，创造了如此惊人的一幕。风和日丽的条件下，百花园中的景致异常美好。各种花竞相开放，给人以精神的振奋。而在风雨到来时，有的花朵经不住风吹雨淋，兀自掉落；有的则"百毒不侵"，愣是和风雨做着种种对抗。你有过这样的体验吗？

观察植物有许多种场景，其中的一个是在家中，这是十分便利的一种场景。比如在家中观察一盆花，在这样稳便的观察之中，你可以在时间这条线上有规律地洞察它的成长过程。给自己定下一个观察的计划，在两周的时间里每天在固定时间察看。察看的着眼点在于它的变化。如果可能，可以从幼苗开始，从它"嫩嫩的、绿绿的、弱不禁风"的时刻开始，体会它的成长和变化。准备好写观察日记的条件，让自己形成一个习惯。这样做，不必观察多种花，只要仔细盯住其中的一盆，进行一次专项的训练，尽量客观的记录它的变化，相信你对观察植物会有一次深刻的变化，你对观察的理解会有一次质的提升。

观察一棵树

树根　树干　树枝
树皮　树叶

观察时需留心其本身的构成、颜色等，表达时能延伸出自己的联想和想象更好

另一种观察是在自然界中，或者是在植物园、登山过程中，或者把自己放到田野当中，即使是生机盎然的小区当中也行，只要植物的种类足够多就行。当我们置身这样的环境当中，观察除了仔细这个要求之外，还须增加一条：比较式观察。观察一株树的树干、树皮、树枝、树叶的明显差别，用你的话写出来；观察不同的树木、不同的花朵之间的差别，用你的文字记录下来。自然，你也可以用手机拍照，把每一张照片发到微博、微信上，尝试着用一两句话来表达自己的想法，激发自己对它们的认识。

当然，所有的观察都是为了最终的写作服务的——对写作而言，有目的的观察是一种手段，而在成文的过程中，除了客观记录它们的模样、成长之外，我们也可以、也需要以欣赏的态度来表达对它们、对自然的赞叹！你不觉得大自然果真是神奇无比的吗？有阳光、有土壤、有水分、有适宜的温度等条件，它们便会义无反顾地生长，以它们多少年来形成的普遍规律，准时出现在我们的生活当中，出现在人类世界面前，带给我们盎然的绿意与生机——这岂不是很神奇的事情？

开花的各种植物，舒展叶子的各种绿树，覆盖地面的株株小草，它们的展示固然并非给人看的，然而在我们的眼中，它们的舒展、开放和存在，似乎是有了某种意义的。这是生命的意义，这是人独特的视角所领悟到的意义。

第 4 节　体察人物：从外到内的透彻展示

　　和上述的几个思考对象相比，我认为对人物的体察是最复杂的。因为人性是复杂的，往往不是单纯的好和坏这样简单。在中国古典小说当中，对人物性格塑造最成功的要属《红楼梦》，它写贾府当中的日常生活，这就把人物在日常中的表现揭示的很到位。而不像在《三国演义》《水浒传》当中，其中的人物都是生活在"大历史环境"当中的，而不是在家庭等日常生活当中的。这样说是因为在大部分的古典文学当中，人物只是作为角色而存在

让人开口说话
用对话展示人物的思想性格。什么人说什么话的。生活中有人一句话便能激励你一阵子，有人一句话令人记恨一辈子，可见说话是何等的重要！话中体现着人物的性格，话中可以有话。

连串的动作写出人物的行为
在事件当中用连串的动作写人，可令人物鲜活起来。人在事件中、在压力下会露出性格底色。把自己放入到小说环境中，进行换位思考。如果你是《骆驼祥子》中的祥子，遭遇孙侦探敲诈时，你怎么想、怎么说？

外部刻画
抓住人物主要特点塑造形象。无须面面俱到。要逐步克服无效刻画。

次要的人物
文中如果安排次要人物，不能忽略他的存在，

塑造人物的基本手法

的，不是作为其本身而存在的。文章中的人物可以有两种，一种是突出表现其角色性格的人物，一种是为情节服务的人物。前者是不可替代的，后者是可以替代的。

侧重对人的刻画。文学作品尤其小说的一大功能就是塑造别具特色的人物形象。想想看，我国四大名著当中的人物何其多，《三国演义》中以诸葛亮、司马懿为代表的足智多谋的谋士，以关羽、张飞、赵云等为代表的武将，以曹操、刘备、孙权为代表的君主，以及为祢衡、孔融等为代表的知识分子都很深入人心。而在《西游记》和《水浒传》当中的众多人物，同样给人印象深刻，更不要说古典文学的最高峰《红楼梦》当中的男男女女。而在现当代文学当中，鲁迅笔下的阿Q、祥林嫂、闰土、华小栓，钱钟书笔下的方鸿渐、赵辛楣、苏文纨、唐晓芙以及许多知识分子，沈从文笔下的翠翠等，都给人印象深刻。外国文学中的人物同样如此，雨果笔下的冉阿让、奥斯特洛夫斯基笔下的保尔·柯察金、托尔斯泰笔下的涅赫柳多夫、马斯洛娃等等众多的人物形象。某种意义上，文学史也是人物形象的集合。

青少年写作是以写实为主的，侧重的是对日常生活中的人物的刻画，如父母等亲人、老师同学等师生友人、生活中遇见的某印象深刻的人，这些并非虚构的人物，虽不是我们创造出来的，但当我们写他们进入作文时，必然伴随着精心的刻画，从而让他们在现实中的形象，以活生生的、鲜活的样子出现在平面静态的文字当中。对人物刻画的最高境界，我觉得四个字可以概括：跃然纸上。要达到这样的大效果，我们要狠下功夫才行。

　　一、用心体验、走进人物的内心世界，思考他（她）的思想、感情和价值观。

　　如果你花点时间，用心去思考一个人（无论熟人还是陌生人），你便有机会走进其内心世界。这种换位思考的方法有助于你把人物的真实想法写出来。想想看，如果你所写的人物是怎样想的你都不甚清楚，你如何向你的读者展示他（她），读者又怎能明白你文章的用意？如果鲁迅先生没有用心体会过阿Q的各种心理，他如何向读者刻画这样一个人物出来？当然，小说塑造的人物常常是多个特征拼接在一起而创造出来的。

　　我们不能说文章和小说作品当中的主人公就是作者的另一个自己，也许有时是这样的。但对文章和小说而言，其中的所有人物都必须是作者所稔熟的——不是熟人的概念，而是了解他的言行举止，对他的心理有深刻的洞察。杨绛先生对她笔下的"老王"有着深刻的认识，知道他过着怎样的艰难的生活，有着怎样善良的心灵，明白他走过的心路历程。毕竟作者和老王在生活中有许多的交集，虽然他们的身份和社会地位完全不同。一个是高级知识分子，一个是普通的体力劳动者。同样的道理，在胡适、老舍、季羡林的笔下，他们能写出令无数人感动的《我的母亲》，都源于他们对母亲有着十分深刻的体察，了解母亲走过的艰苦道路，懂得母亲的善良和伟大，才能写出那样动人的文章。

二、呈现出人物的样子，方能让文章成为上乘。

　　一般而言，刻画人物的文章当中，不能缺少对人物肖像的描写。这是作者给读者建立人物形象感的必须。一个人物只有在其感性的、立体的形象得以建立起来的时候，他才能更好地在读者的脑海中占有一席之地。如果作者只是抽象地把人物讲给读者听，读者的脑海中堆积其大量的关于人物的事件和言行，却不知道这个人长什么样，这实在是令人感到遗憾的一件事。

　　要想令你的人物跃然纸上，必须进行生动的肖像描写。然而在不细致观察者的眼中，人都是大同小异的啊，大家的眉眼相似、身高体重相差不算悬殊，但其实如果我们细致观察，人人都是他自己，他所有拥有的五官、身高、气质等，绝非别人所能有。所以我们须细致观察一个人和他人的不同，找出他与别人不同的几个特点出来。但作家在文中的肖像刻画和一个画家对人物的塑造有一定的差别。作家可以不说这个人的鼻子什么样，眼睛什么样，而只是呈现人物的一部分突出特征，就能令读者的眼前浮现出一个人的样子来。

　　人物的语言。我们常说，什么人说什么话。也就是说，一个人内在的思想感情是以他特定的说话特点反映出来的。而我们在阅读过程中，是不需要细致识别哪里是人物的语言的，因为这是一目了然的。关键的是如何理解他的话语。这常常需要一种"翻译"的能力，这不是英汉译和汉译英的那种翻译，而是通过人物说出的话来"翻译"他没说出的内心语言。所有说出的话往往都不是内心语言，人是一种奇怪的动物，心中想的和口中说的即使是一回事儿，表现在外部语言方面，往往也是不一样的。体现在文学等作品当中，人物的语言往往是活泼的、生动的，然而其内在语言则是另一番景象。

比如，藤野先生在目睹到他的学生周树人不按科学的实际来画血管，他没有直接说：学术是严谨的、实事求是的！而是温和地说："你看，你将这条血管移了一点位置了。——自然，这样一移，的确比较的好看些，然而解剖图不是美术，实物是那么样的，我们没法改换它。"藤野先生以春风化雨的语言来改正学生的错误，体现出他温和的一面，对学术严谨的一面——这说明藤野老师恰是这样的人，而不是一个言语粗鲁、脾气暴躁，对学术马马虎虎的人。

人物的行为。除了语言，我们更要看人物的行为。一个人可以用语言欺人，但他的行为则往往暴露他内心真实的想法。在魏巍的《我的老师》一文当中，蔡芸芝老师好像要用教鞭打人的样子，然而她接下来的行为却暴露她真实的想法——教鞭只是轻轻敲在石板边上而已。"大伙笑了，她也笑了。"师生之间的情谊体现的很清楚。而当作者因父亲在军阀部队长年没回家，生死未卜时，作者受到周围一些不谙世事的小朋友的嘲弄时，蔡芸芝老师采取的行动，一方面是批评那些坏小子们，一方面还给作者写了一封信，两种行为的支持，给了作者多少的鼓励啊。——这就是常年不忘、终生不忘的原因，老师的行为给他的触动、印象非常深刻。而作者对老师的感情的深，不仅体现在语言上，还体现在行为上，真正做到了言行如一：他甚至将梦中的事情当做事实，迷迷糊糊地往外走去找蔡老师，并说："找蔡老师……"

　　对阅读而言，我们不仅要留意文中的主要人物，还要对文中的次要人物留心，这样才能全面理解作品的实质。比如在老舍先生的名著《骆驼祥子》当中，除了祥子和虎妞这样的主要人物之外，如果我们以次第划分，还可以有两个层次的人物在其中，一种是相对主要的，在作品中的分量更重一些的，以及处在最次要位置的人物。前者如曹先生，后者如曹先生家的高妈；前者说小福子（也可以说她在作品后面扮演了很重要的角色），后者如小福子的爸爸二强子等人。留意次要的角色，他们相对主要人物是次要的，但它们也是作品中不可缺少的角色。

　　对一个读者来说，但有一天你对主要人物的次要行为、各种细节十分留心时，当你对次要角色的特殊言行有所留意，并意识到它在作品中的意义时，你的阅读经验就有了某种超越。——和全面留意的研究性的读书比较，这种留意对我们处理一般性的作品已经足够。

　　在写作当中，也要留意次要角色。这样的角色一般集中在想象作文当中。训练青少年想象力，有专门的想象作文一途。从最初的童话、寓言故事到后来的科幻性质、假想性质的想象作文，其中的角色主要是为情节服务的。以童话、寓言故事来说，你可以借助《龟兔赛跑》这样的故事进行全新的改编，甚至不用创造新的形象——不管是乌龟还是白兔都是民间深入人心的形象。一个因骄傲自满而输掉了比赛，一个因坚持不懈而意外获胜。当你借助这样的寓言故事创造一个新的寓言故事时，你只需要借助它们固有的形象，进行一番全新的改写，以适应你的情节就可以。所以这里的角色是相对次要的，重要的是情节！

　　这样的寓言故事，你甚至可以使用任何的动物形象，至于特定形象之间给读者造成的某种心理上的差异，你在文中进行一番微调就可以了。谁说参加比赛的只能是乌龟和白兔呢？难道不能是白兔和笨熊？自然，很多时候这样的替换是不必要的，因为你有了新的情节，恰好借助两个古老的深入人心的形象，一旦你的情节为它们注入了新的活力，那种颠覆的滋味会给读者留下更深刻的印象。

第四章
构思智力开发

构思是写文章最关键的一件事。原则上，构思须触及到文章的立意、素材和结构三大层面，有时，作者的心理、思想和感情也在其中，但一般来说，语言不属于构思的范畴——除非你的写作经验可以用不同的语言风格（格调、腔调）来诠释不同的故事。所以我常说：语言的入门是可以专项训练的，随着你在写作上得以入门，自然需要把语言尽早地融合到构思的极大要素中来。

在正式进入构思之前，我们有必要对"概括"这种能力做一个交代。

第1节 概括：化繁为简能力的养成

概括是一种能力，是一种将复杂的事物简单化的方法，是一种化繁为简的能力。从思维的形象认知看，我觉得概括是这样的一件事：它是你对各种关键信息的一种提取和组织，在思维上表现为"收"；而构思过后的动笔阶段，其实是思维上的"放"，把确定性的框架以你的语言表达出来，其结果可能是五百字或八百字的文章。

对一个作家而言，再复杂的故事（小说）都是有起点的，这个起点一旦经作者的深入挖掘，就可能形成全书的立意，进而像一粒种子投入土壤那样，开始一个繁殖的过程。最终，这颗种子长成了植物，开花结果，大展生机，给世界增添荣耀。以《西游记》来说，孙悟空的由来是作者构思上的一种创举。孙悟空没有父母，而是来自一块顽石的孕育，乃天地灵气之造化，终有一天他会来到人间，从而创造属于他的故事。这个构思的神奇之处很多，但其中的一点令人深思，这便是"无中生有"——这恰好印证了写作的一种特质。

所以，概括就是把各种有效信息集中在一颗种子身上，让它携带各种信息进入土壤去生长，从而长大。对一篇文章、一部作品而言，任何人都可以用自己的概括力来实现对文本的浓缩，而从写作的角度看，你的概括同样重要：可以令你在未动笔前形成良好的框架，后续的文章都可以在这个高度浓缩的框架下展开。

某种意义上，你在考场上圈划材料作文中的某个句子，并导出你的写作方向，然后列的写作小提纲，再把小提纲的框架性文字延展成一篇五百字的作文的过程，就是概括力的展现与写作力的配合过程。在日常的训练当中，要想提高你的概括智力水平，把一本书概括成一页纸的篇幅，或者简化成三两句话的地步，是需要我们不断训练的一种能力。

把一本书概括成一张纸。拿出一张 A4 白纸，把你读过的一部小说，以简洁的笔触提炼出来，围绕着什么人、在什么地方、发生了怎样的故事这个思路，将全书当中的故事化繁为简。比如我们读了鲁迅先生的《在酒楼上》一文，可以尝试做下面这样的概括：作者描写的是某次会家乡小住时遇见的人与事。有一天，"我"到附近的酒楼去喝酒、吃饭，恰巧遇见了一个多年未见的老友。他是"我"多年的老友吕纬甫，看起来落魄不堪。在作者的眼中，当年意气风发的年轻人，如今有了极大的变化，仿佛不是一个人似的。目前他做教书先生，他给我讲了一点他的故事。这次回故乡，他是带着母命而来的。他 3 岁便夭折的弟弟的坟头浸了水，母亲要求他迁走弟弟的坟。吕纬甫还给一个船户的女儿买了两朵剪绒花，他心中惦记着她，然而不幸的是她已经死了。作者对吕纬甫的改变心中黯然，十分的同情，请老友吃饭、喝酒，他们这次是一次短暂的巧合，这次见面给了"我"很大的精神触动。——在这样的一种概括当中，你化身成了作者，以作者的视角去简化整个故事的大意、梗概。

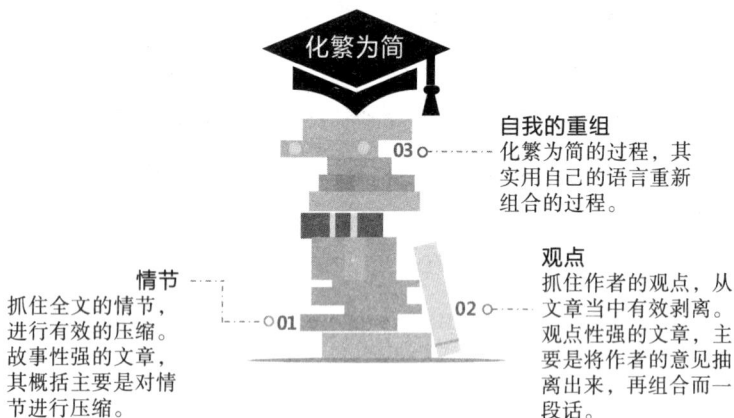

化繁为简

自我的重组
03 化繁为简的过程，其实用自己的语言重新组合的过程。

观点
抓住作者的观点，从文章当中有效剥离。观点性强的文章，主要是将作者的意见抽离出来，再组合而一段话。
02

情节
抓住全文的情节，进行有效的压缩。故事性强的文章，其概括主要是对情节进行压缩。
01

化繁为简是一种基本能力

以上的概括侧重对故事情节的化繁为简，至少对我们浓缩整部小说的情节有一定的意义。我们自然也可以概括成两三句话，比如，作者通过和一位老友的偶遇，两人在显得沉闷的谈话中，体现出作者对当时社会的一种认识。——这种认识是辛亥革命不彻底造成的，并未能在实际上改变传统社会中的诸多沉疴痼疾。

概括的结果可能因人而异，但如果考虑到：这种概括是用来支援、支撑自己的一种学习，以做到化繁为简的效果，以便在日后写文章、研究当中加以引入，以及对我们的思想构成某种影响，我们对概括到何种程度，就需要根据实际的需要，有时概括成一句话，有时概括成一段文字。

1. 对散文、记叙文的概括。概括这种类型的文章，其着眼点有两个，一是文章的内容、情节（完整的或主要情节），二是体现出作者的思想感情。这不是简单的技巧，而是本着散文、记叙文的写作规律出发而得出的——两者都是以某种实写的片段、情节来体现作者内在的心情、思想，前者是手段，后者是目的。比如许地山的《落花生》一文，作者通过一家人对"落花生"的认识，经过种植和收获而体现出做人也要像落花生那样，要做有用的人，不要做伟大、只讲体面的人。

其实，大部分短篇小说的概括和对记叙文的概括是一样的。小说因丰富的情节的存在，而向人们揭示某种人生道理，体现作者的思想感情。只是对一部小说而言，其情节更丰富，就像一棵充满了枝杈的大树一样。但，凡是以故事性、情节性见长的文章如写人记叙文、记事记叙文，各种小说以及各种故事，对它们的概括都是着眼于情节的，通过压缩而实现的。

2. 对观点性文章的概括。比如议论文，事理说明文、杂文、时评等以见解见长的文章，其概括常常更容易。一方面我们着眼于对观点的提取，一方面我们对其中的材料稍作概括，便能将数百乃至上千字的文章进行简化。在这种类型的文章当中，抓住体现观点的中心句子是概括的主要技巧。从行文上，议论性的话语是重点，而叙述性的、刻画细节的文字则常常不是重点。

3. 重组语言的能力。概括的结果是以简短的语言体现的，故而体现为以自己的语言进行重组，并常常是以简短的话语来完成。不知道你发现没有？当你以自己的语言来组织时，其实也是一种创作一样的"工作"，这也是我在第一章当中强调的"复述比背诵对写作更有价值"的意思。

概括是以自我的认知，将复杂的内容简化，以自己的语言重新组织，其标准是简洁而完整。概括是把庞大的内容最小化，是郑板桥所说的"删繁就简三秋树"。

第2节 构思：目标有且只有一个

在构思的各个要件当中，目标是最关键的。不夸张的说，目标是全部构思的核心，是整篇文章的灵魂。对一篇典型佳作而言，没有一个句子不是围绕整个目标展开的。而我们在日常的写作当中，为了"凑足"字数而展开的技巧行文，对文章的灵魂是何等的亵渎啊！

一名小学生要写童年趣事，他在意识当中会首先确立一个目标：所写的内容要有意思、好笑、有趣味性，这样才不会辜负一个"趣"字。这样一种质朴的想法，转化成写作目标，就是：我要通过这篇文章，把童年中最欢乐、最有趣的一件事呈现在读者眼前，用350个汉字完成它。为了实现这一点，我重点要写的是那件趣事的整个过程，其中涉及到两名同学……。

对一个圆来说，围绕圆心而在圆周上存在的每一个点才是有价值的。其他所有游离于圆周内外的点，对这个圆来说都是没有意义的，它们不构成这个圆的一部分——文章也是如此。当你动笔的时刻，你要保证自己的每个句子都在围绕目标展开。故而，当你在修改文章时，发现哪个句子——即便是生动美丽的金句，如果不能改造成围绕目标而存在，就必须果断的删掉它。

3 有结构
结构是对材料的战略性安排。先后、详略、侧重、贯穿、穿插、衔接是基础。悬念、铺垫、伏笔、照应、题记后记等是常见的技巧性手法。

构思流程

1 有目标
主题是全文的唯一目标。一篇文章有且只有一个目标。完成它就完成了全文的终极目标。

2 有材料
材料是主题的仆人，服务于全文主题。小材料会服务于局部，大材料服务于全局。但所有材料都指向全文的主题。

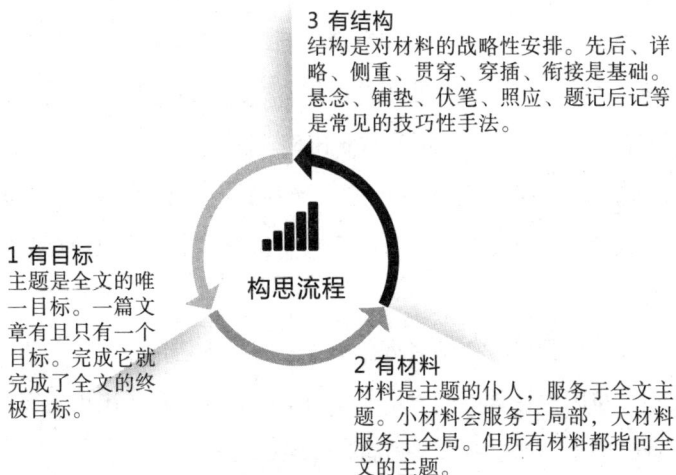

脱离目标不仅容易偏题，还容易出现跳跃性主题

我曾经读到这样一篇作文，小作者写自己童年的一件趣事，花了两页纸的规模。按说读者见了这样的题目，势必要让趣事本身尽早分享出来，我们有必要让有趣的故事和怀着期待的读者尽早见面——最好是在简单的开篇后，立刻进入到故事中来。但不知什么原因，小作者对当时发生趣事那一天的天气做了细致的交代，又花了大量的文字在介绍自己穿衣、穿鞋的经过，就连系鞋带这样的细节都没有放过……就这样，一页纸已经填满了。而我们读者却没见到一点点趣事的影子，当第二页终于写了一半时，作者的故事才浮出水面——然而作者却不把故事最有趣的一面加以扩大，反而以"化繁为简"的三言两句交代完毕，于是便迎来了结尾的段落。

作为一名读者，我们的期待落空了。我们想见到的趣事有一个长长的达到一页半的"铺垫"——这是一种无效的、处在"圆周"之外的句子，不能不令读者感到：作者的童年也许是在一种无趣当中度过的。然而我相信：作者只是没能很好地表达出那件趣事而已，同时在文章的结构上出现了严重问题。

请你仔细看一看上面的圆，包括圆心、圆周，以及无数条可以想象出的半径，去思考一番它们和写作中的常见要点之间的关系。

我所以强调写作的目标，不仅是因为这包含着写作中的规律问题，也因为在常见的考场作文当中，无数的孩子出现了偏题和跑题的现象。这是令人感到痛心的现象之一。

请你记住：不管做什么事情，如果你的行为偏离了目标本身，那么你做的越多，你错的就越多。写作中常见的偏题和跑题现象就是这样。当你已经偏离了文章既定的目标时，你多写出的每一行字，都像是站在"圆周"之外的一个个点一样，徒唤奈何。它们不构成这个圆，不属于这个范围，何苦拉它们过来呢？

对一个圆而言，其定义是围绕圆心展开的——在一个平面上，到定点的距离等于定长的点的集合。而对文章来说，我们甚至可以套用这样的概念，来重复一次什么是一篇文章。在一个形式内（文体如记叙文、议论文、应用文），围绕一个特定目标展开的句子组合，就是一篇文章。

所以在我们构思作文的时候，首先需要把目标也就是主题这个点找出来，最好能概括出来，其概括的句式常常也是固定的：作者通过××等，表现出怎样的思想感情。就我们常写的一些文章来说，无非是通过对校园的刻画，写出了校园的美丽——展示校园的美丽就是你的目标；通过家庭中的一起风波，写出了母爱的伟大——表达母爱的无私和伟大是目标。前者，你在写校园的时候，你的笔触不能越出校园的范围，只要是校园内的景致，都可以呈现在你的笔下。后者，你的故事不能脱离家庭而存在——当然，联想和想象的部分内容不受这样规定的局限。也许在你刻画校园中一株大榕树的时候，你的思绪从眼前这棵在寒风中摇摆而满是枯枝中，跳入到了夏天时它的枝繁叶茂；而在这一次的家庭风波当中，你的思绪逆着时间的河流，穿梭到了三年前的另一件事。这些合理的联想都是可以的，我们在写作中也十分提倡，但它们同样不是溢出圆周的点，而是和圆心保持着半径的距离。

对一篇文章的写作目标而言，有且只能有一个！这是青少年写作当中必须牢记的法则。

在我批改作文的过程中，许多次见到多主题表达、跳跃性主题的表达，从而令读者一头雾水。比如在一篇关于清明节的文章当中，作者以《清明有感》为题写作，文中运用了两个素材，一个是清明节背后的故事——介子推和重耳的故事（内容很细致，占一页篇幅），另一个故事是关于某名人珍惜时间的故事（相对细致）。两个故事道完，作者便引出自己的"清明有感"：一个人当珍惜时间，在这方面该名人的珍惜时间是值得我们学习的。

读了这篇文章，我给出的意见便是：文章的主题应该是一个，文中不能出现这种跳跃性，从一个主题跳入另一个主题。作者以介子推的故事仿佛想告诉人们一个忠君孝母的故事，也有生命是宝贵的含义（但作者未提炼，没点出）。而另一名人的故事则在说：时间的宝贵的。那么两个素材放在一篇文章便给人一种"鸡兔同笼"的感觉。这样的文章修改起来很不容易，唯一可行的方向是：生命即时间，生命是宝贵的，故而时间是宝贵的。但对一个中学生而言，从两则素材中分别挖掘，再过渡、衔接，并在结尾处做出深刻的阐述并不容易。

所以，我们千万在立意环节就确定一个写作目标。以上面的《清明有感》而言，你的"感"固然可以是多样的，但须有内在的一致性，它们在内容上须体现一个共通的主题才行。

第3节　素材：弱水三千只取一瓢饮

如果说目标是全文的灵魂，那么素材便是主题的仆人。

对一个成熟的作家而言，他不缺少对主题的深入挖掘，他不缺少对作品结构的设计能力，更不缺少语言表达的才能。一般而言，作家更需要一个好的素材，而主题、结构、语言往往在他们长年写作当中早已锻炼出来了——当然，有了好素材，有追求的作家会在结构上狠下功夫，把一个故事讲的更好。

素材则不同。对一个作家而言，他全年一个字没动，很大的一个可能是没有找到好的素材。所以像严歌苓这样的当代名作家，如果你给她一条故事的线索，哪怕只有几句话的故事线索，她的敏锐足以写成一部长篇小说。我不止一次读到过作家从朋友处偶然得到故事线索，进而挖掘出好故事、写出好小说的文坛轶事。我相信：每一个作家都有独特的取材之道，都有自己严格的选材标准。

对青少年而言，学习写作的过程不可回避地关乎取材。当我眼见许多孩子大量背诵古诗文、各种历史故事，搜罗热点素材的时候，我心中时常会涌起深深的忧虑。要知道，所谓的格言和名人轶事在你的记叙文当中作用是很有限的，读者读记叙文，要听的是你的故事，而不是你对格言和名人轶事的再整合。所以，上述材料固然可以成为文章中的部分材料，但对它们的引用、化用其实是不能取代我们从生活中取材的。

如果我观察和分析的不错，我发现一个孩子从小学经初中到高中的三个阶段当中，对广袤生活中的素材呈现出一种逐步萎缩的状态——越来越难以从日常生活中取材。

选材和使用需要流程化：素材常常来自于生活

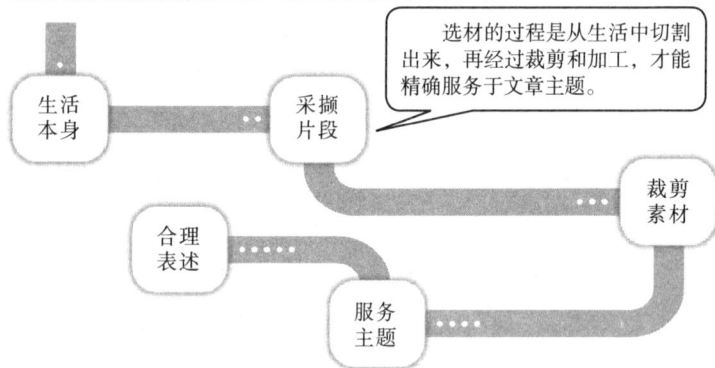

选材的过程是从生活中切割出来，再经过裁剪和加工，才能精确服务于文章主题。

生活本身　采撷片段　裁剪素材　合理表述　服务主题

选材这门学问，包括了选择和裁剪两方面

小学生常常喜欢从生活中就地取材，昨天甚至刚刚发生的一件事，他们会在作文时迫不及待地写出来。这个阶段的孩子，抒情意识和辩证思维的意识相对薄弱，写作文主要是写一个真实故事，想象作文也有奇思妙想、天马行空的一面。在少年眼中，素材和日常生活息息相关，他们似乎更听老师的意见，踏实地去留意生活中的故事素材。

到了初中，抒情意识大爆发！许多初中生见了作文题，只要没有特殊的文体要求，便会下意识地运用抒情来写作，全文随处可见的是翻飞的思绪和大量的抒情，故事材料点点滴滴的服务于抒情，呈现出一种碎片化的状态——往昔生活的几个片段，像挤出的牙膏一样点缀在文章的几个角落，彼此之间有很强的跳跃性，在结构上往往是三段式、片段式。每当读到这样的文章，我的心情常常有点难过——为那几个被冷落在角落里充当"看客"一样的素材，每一个碎片都只是故事的一部分，而非全部，往往是为抒情服务的——虽说素材是主题的仆人，但做这样卑微的仆人，实在令人有点看不下去。仔细分析这些碎片，其实在它们的背后有非常精彩、详实的故事，却被作者一刀斩断。——只有少数的文章，因为作者弱化了情感部分，对多个片段做了相对细致的刻画，从而给人以电影化的感觉，就是从一个场景过渡到另一个场景。

高中时，议论思维大爆炸！如果不做特别的文体要求，许多学生会"疯狂地""不由自主地"陷入到议论文、哲理散文（未必是严格的有清晰文体意识的哲理文）的写作当中，以发表对周围世界的广泛意见——这既有日常客观要求造成的原因，也有主观思想上懒惰的一面，因为议论和塑造人物、环境的记叙文相比更简单。

纵向分析一番，小学记叙，初中抒情，高中议论。这种总体上的写作趋势，造成了青少年对日常生活素材的运用呈现出一种逐年减弱乃至消亡的现象。对一些孩子而言，随着年纪的增长，故事在他的写作中永远消失了，剩下的只是空泛的议论和肆意的煽情。故而，我在辅导孩子写作过程中，一旦发现一个精彩的故事，便会赞不绝口。即使这个故事的看点还没有充分展示出来，但我对一个初中、高中的青少年仍然保留着故事思维，仍然在生活中取材的做法表示赞赏。

当然，保留故事素材的写作方向，并不意味着就能写好一个故事，完成一篇像样的记叙文。这涉及到一个如何剪裁的问题。

我曾经专门写过一篇文章，大体的意思是：对写作而言，如果生活是一头猪，那么一篇文章只是一片肉而已。你所写的文章，只是从生活这头猪身上割下的一片肉，你不能用一篇文章、一个故事承载一整头猪，那是不需要的。同样的道理，如果成文如一件成衣，那么生活便是布料本身。我们必须经过合理的裁剪，加上巧妙的缝制过程，才能把一件成衣摆在顾客的面前。

如果你了解一点拍摄影视剧的过程，你便会明白一个道理：所有最终播出的影视剧，都必须经过一个合理的剪辑过程。以一部需要对情节保密的电影来说，参演的演员甚至不知道故事的全部情节，他们参与其中的是部分情节，第一个完整见到最终影片的，一定是导演和剪辑师。这个裁剪的过程已经进入到素材处理的环节，也就是对素材的战略性安排——结构处理上，后面我们会细说。

由上面的意见我们不难知道一个道理，对选材而言，重点是"裁"——裁剪。以青少年常写的母爱来说，我们的母亲再伟大，以至于让我们每天生活在她的百般呵护当中，我们也不能把母亲所有的关爱都写入一篇文章，我们必须从洋溢着母爱的生活中剪裁出重点，让它成为整个故事的看点。否则，整个文章会显得十分凌乱，只是材料的简单堆砌而已。

所以，我偶尔会对学生说：选"cai"其实有两个，一是选材，二是选裁。第一个含义单纯，只有一个动作，第二个要复杂一点，含有两个动作，包括了对材料的选择和裁剪，我以为更确切。选材就选最好的，要有"弱水三千只取一瓢饮"的信念，而要拒绝豪饮的气概。比如你写《美好的星期天》这样一篇作文，你不能把星期天24小时发生的一切都记录下来，那样便是生活的流水账，而不是一篇好的文章。选择还是首要的问题，你必须把24小时内发生的值得写的某件事剪裁出来，变成全文的主要材料。从另一个角度看，即使这一天你都很愉快，造成你有了美好滋味的事件、原因可以有不少，但你必须精心选择最能突出、最能表达出这一天如此美好的材料，而不是通盘记录。

一个时间的跨度是重要的，它就像盛放事件和人物的容器。但在这个存在跨度的时间当中，某一个、某几个时间点更重要，它和它们才能集中展示故事的人物和情节，成为作者集中笔力去抒写的关键。如果让我写童年的一件往事，我会在整个童年时间段（6-12岁）进行检索，然而某件事不过是发生在8岁那年的一个夏天的午后。这个节点因为发生了一件令我难忘的事情，而永远的留在我的记忆当中。我们写作，我们找寻生活的素材，就是返回到这样的时间节点去，把最有价值的素材找出来，然后进入剪裁的环节。

1. 一件事贯穿全文。这个原则对写作很重要，当你不能写好一件事贯穿全文的作文时，我觉得你需要狠下功夫，而不是跳入到片段式的写作中去。而现实情况是：小学生更多遵守这个原则，即使文章是稚嫩的，他们中的大部分仍旧倾向于写好一件事。然而到了初中，不少同学发生了跳跃。随着写作字数的提高，似乎写一件事难以达到写作的要求，于是在选材方面便以两三件事来填充文章，这样做的结果常常是：一件事都没有写透彻，整个文章给人的感觉是：拼接感较强。

在写作训练的初级阶段，遵守"一件事贯穿全文"的原则，其实可以令你对写作的理解更深入。在你对一件事的叙述过程中，是可以 N 个角度去挖掘的，整个事情的过程，除了何人在什么时间里发生了怎样的故事——这个基本问题之外，我们可以透过对人物的刻画、对细节的把握、对环境的描摹、对心理的展示等进行综合补充，从而令文章变得丰富和饱满，让一篇文章不再给人留下单薄的印象。

2. 以电影的手法剪辑自我经历时的注意事项。"拼接画面"是不少学生惯用的写作"伎俩"，每当见到这样的文章时，我一方面不以为然，一方面又被确实拼接得好的有着电影剪辑手法的文章而喝彩。这种手法看似简单，似乎就是几剪刀下去，裁剪出一篇完整的文章。其实不是，良好的剪辑术有着内在的高要求的。各个片段之间绝非表面上的关联很弱，好的剪辑都有内在的联系，生生撕裂它们是会令读者感到疼痛的。其实，剪辑可以一门大学问！即使一部很烂的影视剧，经过伟大剪辑师的投入工作，是可以化腐朽为神奇的。这提醒我们：写作当中也须这样的结构手法，其关键是：令作者呈现的各种画面能衔接的天衣无缝，而绝不是简单的拼接——简单的拼接很容易，后果很严重。

3. 运用公共素材的注意事项。不知什么时候开始，青少年热衷于各种公共素材的积累，觉得只有积累了大量的历史素材、新闻热点素材、格言语录等才能写好作文。的确，在有些文章当中，尤其是议论文当中是需要一点公共素材的，但这些素材的使用，第一、要以服务文章主题进行有效裁剪，绝不是细致地重复一个历史故事，加上首尾的个人意见就可以的；第二、严格控制它们在文章当中的比例，在某些时候可以穿插使用一点，但绝不要过渡采用为好。第三、良好的重新表达，而非把背诵中的故事情节直接搬入文中，能更好地体现出你的写作功底。

第4节 段落：段落的自我追求

青少年在初学写作的时候，常常是从段落开始的。这符合我们学习时遵循的由浅入深、逐步进阶的原则。所以对小学一二年级的孩子而言，作文不过是写最简单的句子而已，他们反映出来的往往就是一个小的段落。即使到了三四年级，青少年在写作中逐渐建立起段落的意识，逐步了解到文章是由段落构成，我们便不能忽略段落在初学过程中的意义和价值。所以，我们聚焦段落

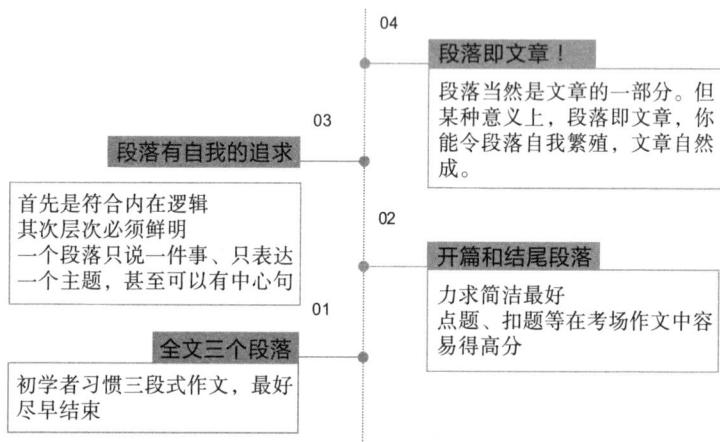

04

段落即文章！

段落当然是文章的一部分。但某种意义上，段落即文章，你能令段落自我繁殖，文章自然成。

03

段落有自我的追求

首先是符合内在逻辑
其次层次必须鲜明
一个段落只说一件事、只表达一个主题，甚至可以有中心句

02

开篇和结尾段落

力求简洁最好
点题、扣题等在考场作文中容易得高分

01

全文三个段落

初学者习惯三段式作文，最好尽早结束

你能写一段，就必能写全篇

本身，从一个微观的视角来审视一个段落的整体构成。

首先，段落宜小不宜大。这是对青少年写作而言，随着你年纪的增长，有了很清晰的层次意识，段落是可以逐步壮大的。而对初学者来说，过于庞大的段落容易给人以一种臃肿的外在感觉，以及内部层次不够清晰的印象。这样的段落对读者的阅读而言是一件痛苦的事情，与其这样不如分段处理，让整个段落的规模小一点，简单一点，自然其层次也就清晰一点。

其次，用小段落追求大张力。好的作者能以最小的段落、最简洁的语言，打造出最大的语言张力。阿基米德说：给我一个支点，我能翘起地球。在写作当中，我们也该努力追求这样的"支点"，从而翘起"全文"，这样的话就能形成更大的语言张力。假如说一段话啰嗦不堪，令人不明就里、不知所云，不仅没有良好的语言效果，更令读者感到一头雾水，这样定会搞砸全文。

伽利略在《我们的知识是有限的》一文的开篇是这样的：基于长期的经验，我似乎发现：人们在认识事物时处于这样境地：知识愈浅薄的人，愈想夸夸其谈；相反，学识丰富倒使人在判断某些新事物时，变得非常优柔寡断。——其实，作者的开篇就是提出了文章的立论，所谓议论文的中心论点，别的一概没有。其观点如此明确、其行文如此简洁。我们用心体察一番不难发现：这样明确给出的观点，无疑就是全文的支点，我相信：伽利略全文的内容都集中在了这样简洁的一个段落当中。

所以，一段文字最好只说一个见解、只叙述一件事或一件事的一个方面、只叙述一段情节，而不宜将各种错综复杂的内容放在一个段落之内。

第三、对开篇段落而言，追求简洁永远没有错，不要说一篇简单的记叙文应有这样的追求，即使是大部分的文学作品，也常常把简洁当做全书的第一个追求。一个总括式的、高屋建瓴的句子常常能给人带给人的阅读效果，常常能造成一针见血的效果，甚至触动人的灵魂。就像我们认识一个人，第一次见面的那一刻，他的话语如果是啰嗦不堪的，那么给你的印象往往不佳，这些话语在人的脑海中会留下一团模糊的印记，不如一句简洁的话语来的干脆。这也是简洁的美、简洁的力量。比如，《红岩》的开篇就很简洁：抗战胜利的纪念碑，隐没在灰蒙蒙的雾海里，长江、嘉陵江汇合处的山城，被浓云迷雾笼罩着。这个阴沉沉的早晨，把人们带进了动荡年代里的又一个年头。——这样的开篇有对自然环境的交代，也有对社会环境的暗示，营造出一种庄重严肃的氛围，对读者深入小说内容有很强的吸引力。

在莫怀戚的《散文》一文中，作者的开篇只有一句话：我们在田野上散步：我，我的母亲，我的妻子和儿子。只有这一句话，却不仅交代出文章中即将出场的人物，以及他们之间的关系，还交代了故事发生的地点：田野上；故事背景：散步。同时，给读者一种很强的画面感：三代四口人在田野上悠然散步的幸福、和谐之感。在如此简洁的一个小段落当中，作者却能给读者带来丰富的信息，这是每个作者都该追求的。反之，不少青少年须花三四倍的文字量，来给出上述信息，文章显得啰嗦。

第四、开篇的段落追求简洁，结尾的段落又何尝不是如此？

郭枫的《空山鸟语》一文的结尾：我想做一只鸟，在山中。宗璞的《紫藤萝瀑布》一文的结尾：在这浅紫色的光辉和浅紫色的芳香中，我不觉加快了脚步。高尔基的《海燕》一文的结尾：——让暴风雨来得更猛烈些吧！贾祖璋的《花儿为什么这样红》的结尾：花儿这样红，是大自然的杰作，更是人工培育的成果。鲁迅先生的《孔乙己》一文的结尾：我到现在终于没有见——大约孔乙己的确死了。泰格特的短篇小说《窗》的结尾：他看到的只是光秃秃的一堵墙。[①]

以上文章的结尾都只有一句话，可以说是简洁到了极致，不能再短小和精悍了吧？当然，这不意味着所有的结尾都必须如此。同时请牢记：简洁和简短不能划等号。简短的结尾固然往往是简洁的，但规模稍大的结尾，只要层次清晰、收束有力，同样是优秀的结尾。举一个例子，莫怀戚的《散步》在结尾时文字不少，是这样的：这样，我们在阳光下，想着那菜花、桑树和鱼塘走去。到了一处，我蹲下来，背起了母亲，妻子也蹲下来，背起了儿子。我的母亲虽然高大，然而很瘦，自然不算重；儿子虽然很胖，毕竟年幼，自然也轻。但我和妻子都是慢慢地，稳稳地，走得很仔细，好像我背上的和她背上的加起来，就是整个世界。——作者的结尾文字不少，却营造出一种十分温馨、动人的画面，文中出现的"矛盾"得到了圆满的解决。

第五、关于文章的中心句问题。许多文章的结构是凭借着明显的段落中心句子展开的。这样的文章可以理解成"概括＋叙述"，中心句就是概括性句子，其他的句子往往就是叙述和描写。

中心句子是鲜明的矗立在一段当中的"擎天巨柱"，其他的句子都围绕着它才聚集起来，形成意义的。这不仅是文章的一种

—————————

① 以上开头的引用均来自语文教材 - 江苏凤凰教育出版社八年级下册。

内在要求，说到底是人的表述思维的一种内在规律。在贾祖璋的《花儿为什么这样红》一文中，作者有六个段落的第一句都是"花儿为什么这样红？"然后每一句之后都给出一个原因，比如首先有它的物质基础，还需要物理学原理来解释，还有它生理上的需要，等等。当你表达一个见解、刻画某种植物时，人们有一种习惯，先总述，即概括性的叙述，然后再说更具体的意见和过程中的点点滴滴。比如你喜欢读书，认为开卷有益，所以提出一个观点：读书令人拥有深邃的心灵。这是一个总的观点，即使作为文中一个分论点，接下去你要表述的就应该是：何以如此？读书是怎样令一个人的心灵变得丰富而深邃的？

当然，并非你的写作必须打造中心句！真的未必！在很多记叙为主的文章当中，作者的行文是沿着特定的思路向前走的，未必非要提出一个中心的句子出来。比如文章有内在的情感线索，作者不过是以自己情感的变化来叙事而已；又或者作者是以时间的发展，把故事讲完而已。老舍先生在《骆驼祥子》的开篇便体现出这样的意思，他说：我们所要介绍的是祥子，不是骆驼，因为"骆驼"只是个外号。那么，我们就先说祥子，随手儿把骆驼和祥子的那点关系说过去，也就算了。

第六、复杂段落的内部构成。对一个复杂的段落而言，其内在的构成和全文的构成在有一个共通的要求，这就是层次清晰。对全文而言，每一个段落间的接续、衔接是重要的，体现出作者全文思路的内在逻辑，越清晰越令读者明白；反映到一个段落之内，也是一样的，尤其是在复杂段落里，无论是叙述还是议论，层次感都应是鲜明的。

就我在批改过程中观察到的现象而言，一个比较普遍的问题出现在小学生写作当中，这就是呆板的段落构成——全文只分三个段落，首尾是相对简单、简短的段落，而中间的段落则集中在一起，十分的臃肿不堪——这样的文章给人的感觉往往不妙。按说，段落层次是一个很自然的现象。当一个话题、一个小的主题、一段相对完整的叙述结束时，就可以进入新的自然段落。段落层次可以避免过度集中的文字给读者带来的某种视觉压抑感。我们在分段时重点要处理的臃肿的中间部分，把它们自然地分开，而不要始终"拥抱"在一起。所以这里我们以"段落层次"为核心，用日常少用的"放大镜思维"来对整个段落做一番探究。

最后再次强调一句：一个段落最好只说一件事，或者一件事的一部分，如果出现两件事、或者一件事说完，应该立即另起一行，本段宣告结束。一段内容是一个相对独立的文字单元，所以其承载的东西应该是有限的，不适合承载多重意义的、多个故事情节的东西。段落是文章的一种"缩小"，也是聚焦段落而了解文章内在构成的一种方法。所以我把段落独立出来，专门探究一番，我想：对学写作的青少年而言，了解了段落的一些特质，对全文的认识是很有好处的。

第 五 章

谋 篇 智 力 开 发

谋篇是对全篇的谋划，很考验人。如以战争比喻，谋篇
是对全局的细致考量，是战略层面的思考，在这个思考
过程中，不计较一城一池的得失，而对整个战争的结果
负总责。所以当你在谋篇的时候，你应该大将的风度和
风采。这时的你不要计较一两个词的准确与否，不是搭
积木时用哪一块的问题，二是如何综合使用来完成最终
最终的结果，尤其是全文的结构性安排。

第 1 节　文章线索：一条思路的蛇

　　虽然线索是文章的构成要件之一，线索也常常出现在各种文本分析当中，但我发现：青少年在学习过程中，对线索的认识和运用，常常难以提高到结构思维的高度来认识，甚至有某种忽略的、意识不到的时候。其实，对写一篇作文而言，越早领略到线索的实际好处，越能对写出精彩的结构、优秀的文章有切实的帮助。它是最容易被感知的一个要素。

　　线索是文章结构的一个要件，它是这样的一种存在：作为一名普通的读者在阅读过程中，内在地被一条或两条若隐若现、若有若无的东西所牵引——越是成熟的读者，对文中各条线索的认识越发清楚。而在我们写文章的时候，有时我们是不自觉的在它的牵引中完成写作，越是成熟的作者，越能时刻在意线索的存在，甚至能巧妙安排两条线索的存在和交织。

　　任何文章都有线索可言，没有线索贯穿全文的文章，几乎是不存在的。只是在不同的文章当中，充当线索的要素是一样的。对线索单一的文章而言，一个人本身、一件事本身、一个事物本身，一种情感本身，都可以成为文章的线索。如果我写一篇《骆驼祥子》的读后感，这本书的内容本身可以成为全文的线索，祥子的命运变化可以成为线索，我对祥子或其他人物的思想感情可以成为文章的线索——你着眼的角度并"延长"这个角度，就可以成为全文的线索。这里的"延长"可以理解成牢牢地抓住它，使之成为全文的一条线。

　　无论是一篇文章，还是一部小说，其实都是特定内容的聚集，与文章和作品意义无关的文字，最好一个都不要体现。而作者在写作过程中，牢牢抓住一条线索，就能让所有的文字内容符合全文主旨。

　　我发现，青少年在作文时，未必能透彻理解线索的意义，但几乎人人都对线索无师自通。你没有意识到自己在游记当中，其实已经在运用"以游览的顺序"为线索；在记录一件事的过程中，已经"以时间为线索"；而在讴歌父爱的文章当中，早"以自己的情感"为线索，诸如此类。在复杂一点的文章当中，也会

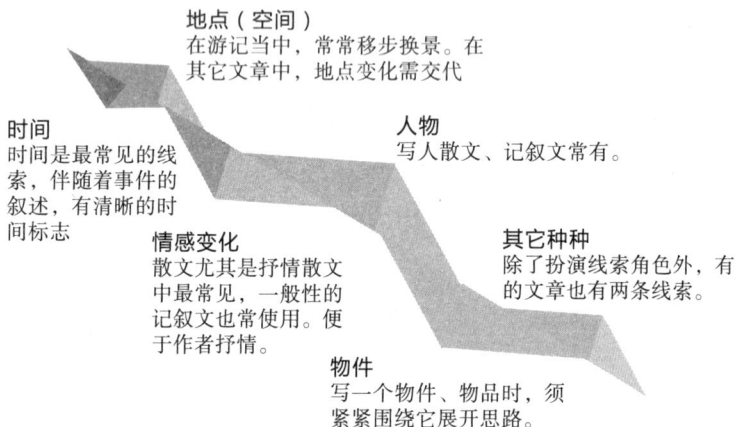

地点（空间）
在游记当中，常常移步换景。在其它文章中，地点变化需交代

时间
时间是最常见的线索，伴随着事件的叙述，有清晰的时间标志

人物
写人散文、记叙文常有。

情感变化
散文尤其是抒情散文中最常见，一般性的记叙文也常使用。便于作者抒情。

其它种种
除了扮演线索角色外，有的文章也有两条线索。

物件
写一个物件、物品时，须紧紧围绕它展开思路。

线索对初写者是一根拐棍，时间久了则不再主动需要

有明线和暗线两条线索。充当暗线的往往以情感或情感的波动、变化为线索。

情感是某些类型文章的天然线索。尤其在以怀人散文、抒情散文、叙事散文等十分常见。我们为什么要写文章？终究是要表达点什么，而在这"表达点什么"当中，表达我们真实的情感是最常见的一种。许多时候，文章的缘起全赖作者的情感。正是在某种情感的支配下，比如思念、感恩、感动等，我们才不由自主地拿起了写作的笔。而在一个字一个字写的过程中，一行行的文字得以出现，在它们的背后，其实涌动着作者真实的感情。纵向去看这条情感线，它常常是起伏波动的。从这个意义上说，文章的"分娩"是"感情"这个母亲造成的。

时间是某些以叙述为主体的文章的天然线索。事件总是时间当中的事件，再伟大的作家也无法创作出没有时间存在的事件，即使他有意模糊、遮蔽时间的存在，也不能忽略这一点。故事随着时间的绵延而出现变化，随着时间的流逝而终会结束。所以，当你在写一般性的记叙文时，紧紧抓住时间这条线，不仅能令人写出事件的完整过程，还能令整件事的过程是有条不紊的。读者的思绪只要不从时间这条线上走脱，你的故事便能顺利被读者所全部接收。

地点往往是游记的天然线索，也是记叙文当中需要考量的重要线索。地点就是位置、就是环境，地点的变化给读者造成阅读上的空间变化。如果不能及时告知读者这种变化，是容易给读者早晨阅读上的障碍的。所以地点的变化，需作者及时告知。这样便形成了一种以"地点"为标识的线索特征。

各种物件都可以构成文章的线索。当你在写对一本书的认识如读后感，这本书本身就可以是文章的线索；当你的注意力关注在花园中的一株树时，这株树或它的某种特点便可以成为你行文的线索。线索是重要的，有如下几个方面值得我们细致思考：

第一、是否在构思时便考虑线索的存在，并依据线索行文？

一般来说，早一天形成线索意识，并牢牢抓住线索写文章，那么你的写作便早一天变得轻松。我们绝不能小看线索的存在！在一篇记叙文、散文当中，在构思时便确立一条线索，是保障全文顺畅的关键。比如，当你写一篇记人作文时，对这个人的感情变化完全可以成为行文的线索，也许最初你们是陌生的，偶然的机会令你们相识，相互欣赏，成为知己，然而中间也有过怎样的误会，导致两人的友谊有过危机。这种思想感情的起伏变化，反映到文章当中，完全符合"文似看山不喜平"的规律。如果你能紧紧抓住对"他"的思想感情的变化，就能以不同的情感带出不同的故事情节，这样便容易写出这篇记人作文。

第二、不同的文章考虑不同的线索。

对记事文章而言，其关键是写出整件事的来龙去脉，包括事件中的小细节都要考虑。而事件是在时间上发生、延展的，那么最基本的考虑：可以把时间作为文章的线索，只要能写出关键时间节点中的故事，确保整件事在情节上的完整性，那么文章成功的概率便高。

而对记人作文来说，一个人所以值得你花时间写出来，势必因他的故事、他的思想、他的某些方面的事迹，以及他和你之间的特殊关系而造成的，那么两人的情感（因两者关系密切造成）或你对他的情感（单边的情感，如暗自敬佩等），或这种情感曾发生惊人逆转（如最初很讨厌一个人到后来因了解而敬佩），都可以成为文章的线索——情感作为线索。

而对写景状物的文章来说，从特定角度切入来认识特定的景物，是作者必须面对的一件事。当你把眼前的一株花呈现给读者时，你从哪几个方面来说？这就涉及到一个写作的顺序问题。同时，我们怀着怎样的思想来谈这株花？这种思想感情也可以做行文的线索。写景的文章较为特别，一般来说按照作者的脚步来换景，导致游记者的视角随时发生变化，这种变化也就成了天然的线索。

第三、选择线索的自我训练

也许你未必喜欢线索这种东西，因为它的存在在有些文章中是鲜明的，在有些文章当中则是隐性的——就像一个潜伏在你身边的密探，你知道他的存在，但你不知道他是谁——这多令人烦躁啊。但要想写好文章，线索意识不可少。在你动笔之前的酝酿过程中，如果你能拿出一分钟时间思考，如何安排一条线索，那么你的文章也许会是另一番天地。

如果我们写一个人，以我们的情感来安排全文线索，读者是可以清晰看到你对这个人的感情变化的；如果选择时间作为线索，叙述"我"和他之间的故事，读者是可以清楚看到两人关系的变化过程的；如果以这个人的成长为线索，则读者势必清楚看到他的成长轨迹。所谓线索，一方面可以是作者行文借以发力的抓手，以令文章的演进更有序；一方面可以令读者清晰看到作者的行文思路，从而在阅读过程中跟作者的思路合拍。就像一首音乐一样，当我们捕捉到创作者的思绪变化，感受到其内在的节奏，便能更容易聆听作者的心声。

尝试着在动笔之前，选定一条清晰的线索，让自己的文章层次更清楚；也可以尝试对同一篇文章，以不同的线索来写上第二遍。我想，只需要一次历练，你就可以体会到线索的意义和价值的。当然，对线索而言没有固定，非如此不可。以上的方式可以灵活运用，以促使作者的文章变化多姿。

第 2 节 并列与对比：材料的城堡

如果我们较为宏观的看文章，其中的素材之间可以呈现出多种关系，最常见的就是并列和对比的关系。递进也很常见，我觉得比这两种关系相对复杂一点，所以后面单说。

一、材料在宏观层面的并列和对比

并列是容易理解的。当我们到超市买东西的时候，不同购物架上的商品就是一种并列关系。各种饮料之间、各种食品之间，以及在饮料和食品之间，并不存在谁隶属于谁的问题。它们以陈列的方式出现在消费者的眼中。商家当然会根据消费者购买的频率、喜好、品牌等把更畅销的商品放在突出的位置，但这种人为的干预并不影响各种商品之间的并列关系。文章中常见的一种素材组合也是如此，几条材料之间不存在隶属关系，理论上它们的位置是可以互换的。但在实际写作中，也有先后的考虑——这也是人为干预。如果硬要互换，也需要考虑两条素材之间的衔接和过渡等问题。

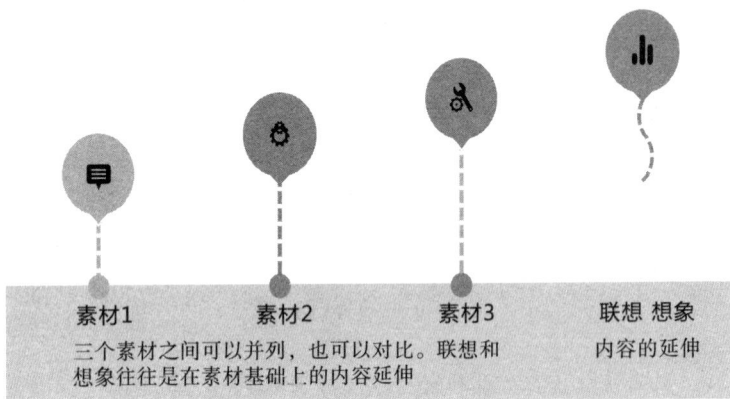

并列和对比是常见的素材组合方式

在青少年的写作中，常见的并列式甚至可以理解成铺排关系的一种。以读书的话题来说，同学们认同并赞美读书这个行为本身，并常常以生动的譬喻来构建全文结构。比如有同学说：读书是成长的必须；读书是心灵的净化；读书是人生的修炼。上述三句话所引领的段落就能构成全文的核心内容，而三者之间就彼此并列，给人以一种结构上的均衡美感。也有的同学写的更具体，比如：读《红楼梦》……；读《平凡的世界》……；读《简爱》……。以这样的方式构建全文，道理同上。

并列具有一种广泛的意义，一个人的不同特点可以并列出现，一个事物的不同特点也是如此。作者以不同的事件来塑造人物形象，事件只是发生在不同的时间点，它们也属于一种并列关系。我们要注意：并列这种关系以及后面讲的对比关系，是作者处理素材的一种方式，属于文章的形式——即文章在结构上的手法。

1.并列的另一种说法叫做横式思维、横向思维。这是人的一种常见的思考方式，是一种横向展示、轮流展示的思考方式。比如写一个人，你准备了两三件事儿来体现这个人的性格特点，这三件事只能一件一件的说，决不能同时展开。在中国古典的长篇小说和评书当中，我们会见到、听到这样的句子：花开两朵，各表一枝。一个作者、一个说书人，不可以同时展开对两件事的叙述，只能有先有后地告诉读者。所以这种先后的言说便造成了两者（或多者）在关系上的并列关系。这是一种无可奈何的选择，因为文章是在一个平面内的展示，而不是在立体空间的展示。

2.并列呈现的关系、事件、场景、片段、情节等，放在写作当中，是可以有一个权重的不同的。就是说，它们在关系上是并列的，呈现上有的先、有的后，但分量可以是不一样的，对行文而言，往往应该不一样，这就是所谓的"有详有略"。如果两件事作者给予一样的权重，就容易造成一种平分笔墨的现象，就容易在有限的字数内，两件事都没有细节可言，都给人以粗枝大叶的感觉，这样便难以突出人物的性格特点。所以，即使是并列关系的两件事、两个情节片段，能更好地展示人物性格、更好地突出文章的主题的事件，必须不惜笔墨，而作为铺垫性的、相对次要的事件，我们可以几笔带过。著名作家格非曾经说过一句话，他说："写作从根本上来说就是省略的艺术。凡写作必有省略。换句话说，没有省略的写作是完全无法想象的。"他进而对小学生作文中的流水账问题发表看法，他说："这一类的流水账，通常是省略技巧最弱化的写作。但即使小学生把每个小时都经历的事全部记下来，省略依然存在。"这是非常有见地的看法，值得我们深思。

并列思维是相对简单的一种思维，并列呈现的是均衡上的美感。而另一种关系——两者间的对比、衬托等，则是作者有意呈现一种不均衡的美——通过两者的比较来反映作者的观点。在并列关系当中，有详有略不是对比关系，只是权重不同；而在对比关系当中，两者不是并列的，一方的存在是为着服务另一方的。

1. 对比关系的存在，是作者的观点站在甲方，而使用乙方来实现一种衬托价值的。世界上的万事万物，有大便有小，有轻便有重，有正便有反，有善便有恶，这就是所谓的辩证思维的体现。当我们强调"读书有益于我们的身心"时，"读书无用"的论调便只能显出其没有价值、没有意义的一面，从而突出前者的意见。

2. 辩证思考是人特有的一种思维方式，当我们说一个人诚信的时候，我们可能会想起经历过的不诚信的人与事，当我们在文章当中提及曾经遭遇的不诚信时，不过是通过材料和感受上的比较，来突出强调"诚信对一个人有更大的价值"——诚信的人是令人尊敬的，诚信的人才能有更大的胸怀，才能造就伟大的事业等等；而那些不讲究诚信的人，不仅得不到人们的尊敬，也不会有大的格局，更因看重眼前的一点点私利而输掉整个未来。

二、在文章局部形成的并列和对比

除了我们在全文视角下组织材料关系时会考虑并列和对比，在文章的局部地带，也时常出现这两种关系。在作家梁晓声的散文《我的小学》一文中，作者所怀想并讴歌的是他的语文老师，那是一个处处爱护、关心他的真正的教育工作者；而当年的班主任对他随意呵斥、不尊重孩子的种种表现，则给人同样深刻的印象。造成这种现象的就是作者在文中使用对比造成的效果。

局部的并列和对比几乎可以随时出现、随时结束，究其根本，这是我们人所特有的然而常见的思维方式。作家季羡林在他的《我的童年》一文中，第一个小标题便是"最穷的村中最穷的家"，这里含有的就是鲜明的对比。文中，作者说：当时全中国的经济形势是南方富而山东（包括北方其他省份）穷。专就山东而论，是东部富而西部穷。我们县在山东西部又是最穷的县，我们村在穷县中是最穷的村，而我们家在全村中又是最穷的家。——这样比较下来，他童年的生活条件、环境，读者自是心知肚明。

即使在议论文当中，这种局部对比也是常见的。伽利略论证"我们的知识是有限的"这一观点时，开篇就说：人们在认识事物时处于这种境地：知识愈浅薄的人，愈想夸夸其谈；相反，学识丰富倒使人在判断某些新事物时，变得非常优柔寡断。

在青少年写作当中，开头和结尾这种局部地带常使用的排比手法，往往是并列呈现的特有方式，是一种一学就会的方法。某种意义上，并列思维是可以让句子自我繁殖的，如一学生在《身边的感动》一文中，开篇即说：生活就像一杯咖啡，感动是屡屡醇香；生活就像一壶热茶，感动是丝丝温暖；生活就像一簇鲜花，感动是片片绚丽。——且不论这样的写法如何，至少体现出作者对并列思维运用起来是熟练的。作者以"生活是……，感动是……"的并列句式，完成了一种句式上的"自我繁殖"，从而打开了写作的思路。

当我们在刻画一个人的时候，我们采取的也往往是局部并列和对比的思路（手段），因为你要想把一个人在你脑海中的模样文字化，就难免从他最有特点的五官、服饰、举止等写起，而有时甚至会以对比的方式来体现人物的鲜明。比如在冯骥才先生的《俗世奇人·泥人张》当中，泥人张捏的海张五长什么样？作者说：这泥人真捏绝了！就赛把海张五的脑袋割下来放在桌子上一般。瓢似的脑袋，小鼓眼，一脸狂气，比海张五还像海张五。——这里的刻画就是并列和对比的艺术手法的综合，也有夸张的成分。这就是文中局部的并列——如果我们不从"文章局部"的角度看问题，而说"段落的构成"的话，意思也是一样。在形容海张五长什么样的问题上，冯骥才先生给出的几句话所构成的段落中，用的就是并列和对比的方式。

综合看来，并列关系和对比关系是在行文思路当中常见的两种思维方式，这些方式的存在，对我们在全文结构的意义上展示内容，具有很强的意义。

第3节　递进向前：有节奏的向前推进

递进是一个容易理解的东西，我们有时也说层层递进。就像剥洋葱一样，你需要一层层地剥开，直到露出洋葱的最核心。叙述一件事，沿着时间的向前发展，把故事的进展说给你的读者；沿着因果的变化呈现出来；沿着条件或程度发展而写出来的文章，都是一种递进关系的呈现。这是一种常见的叙事结构的手法。青少年在记叙文当中，最常使用的就是沿着时间的线条，把发生在时间这条线上的各种情节，逐一地写出其中的要点（有详有略），把没有必要交代的保留起来，不必要事无巨细。

递进是一个理解起来简单，但在实际写作过程中却存在诸多技巧的东西。一味的递进容易给人平铺直叙、流水账的毛病，所以在递进的过程中，我们需要制造一点起伏才好。起伏就是要让情节在一路向前的过程中不是笔直的，不是一条笔直的直线，而是起伏不断的曲线。人们说烂的那句话：文似看山不喜平。其道理亘古不变。

你想，一个喜欢青山、喜欢登山的人，当你放眼眼前的群山时，那种连绵不绝的起起伏伏，一定会在你的心中留下某种深刻的印象。这种印象甚至对你读懂人生也有益处，因为它们可以象征人一生中的起起伏伏。想一想，如果面前的山的高度是整齐划一的，不过落错不平的，那给人的滋味将是何等的乏味。所以袁枚说的"文似看山不喜平"非常贴切，这个出自《随园诗话》中的句子，也许正是袁枚在登山过程中偶得的。

如果问一个故事是如何完成的，一篇游记是如何出炉的？这样的以叙述为主要手段的行文，其内在的要求便是递进。否则你是无法完成对整件事过程的讲述的。

当然，递进不是走直线。在几何学当中，我们知道一个定理：两点之间线段最短。然而这条定理对写作来说是一种障碍。在叙述的起点和终点之间，如果一个作者走直线的话，将给人一种呆板的滋味，读者不喜欢。所以，为了避免一路向前叙述时的呆板，增加起伏的效果，我们可以穿插一点倒叙、插叙和补叙的手段，同时有意地制造一些冲突，从而令文章更好看，让读者见到一种"群山连绵"的滋味。读者在这种阅读中会更有强烈的满足感。

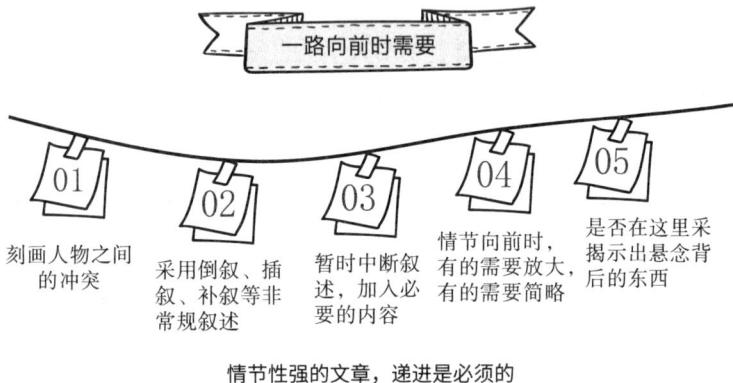

一路向前时需要

01	02	03	04	05
刻画人物之间的冲突	采用倒叙、插叙、补叙等非常规叙述	暂时中断叙述，加入必要的内容	情节向前时，有的需要放大，有的需要简略	是否在这里采揭示出悬念背后的东西

情节性强的文章，递进是必须的

一、刻画冲突，让人际的冲突成为全文一大看点。

对青少年写作而言，记叙文中有冲突的存在，可以保证文章具有很强的看点。然而这种冲突往往不能和经典小说的冲突相比，对你而言，能把在家庭、学校当中，在和父母之间、老师同学之间的那种小冲突、小抱怨、小烦恼流畅的写出来，对一次写作训练而言往往就够了。

两个朋友一向和睦相处，享受学习的愉快，然而某一天，他和你因某事而心生不快，让你们持续很久的友谊面临一场危机。挽回冲突还会恶化冲突？想来，对重视友谊的人来说，总是以化解它为上策。所以，我们经常看到一段濒临破灭的友谊，因一方或双方的挽救而重归于好；因彼此的一段言语或双方某种心灵的默契、暗示而重归于好。——这就是记叙文当中的情节，冲突的内容是制造起伏的关键，化解它让你们的生活再次回到既往的和谐道路上来。

再比如，在家庭当中，你对父母百般的呵护有点腻了，他们的言谈举止在你的心中甚至变成一种难以忍受的东西——这自然是生在福中不知福。某一天，你心情不爽，父母的呵护反而如火上浇油一般，让你的心燃起熊熊大火，你甚至因一时的冲动破门而出。——这也是故事情节，并且是一种常见的结构叙事方式，其具体的内容因人而异，但内在的思路却如出一辙。当你走温暖的家中走出，耳根是清净了，但另一种烦恼也随之而来。这就是一个人思想发生转折的关键，你的反思令你想到日常生活中的种种幸福，父母百般呵护你的影像就像电影一样在脑海中闪过。反思或者某种触动令你回心转意，你的愤怒消失了，惭愧升上了心头。最终，你选择回家，此时的你恨不能扑倒母亲的怀抱当中大哭一场。

故事在起落之中体现出人的成长，一个作者的文章就是在这样的起落当中，升华了文章的主旨的。

二、倒叙、插叙和补叙的手法。

所有的故事都是在一个时间起点上开始，经过一段时间的发展变化而进入尾声，走到故事的终点的。所以，记叙文、故事、小说等，都是时间变化的艺术。一个作家在构思的时候，不能摆脱时间而叙事。一般来说，故事情节的整体走向是直叙的，只是为了叙述的巧妙、生动甚至离奇，倒叙、插叙和补叙才有了闪亮登场的必要。

一个事件有起因、经过和结果这样的变化过程，但叙述者可未必按照这样的变化去叙述，有时我们的叙述是从结果开始的，这就是倒叙。当然，从中间的某个部分、某个重要的环节开始，然后步入到直叙的轨道上来也是可以的。在《羚羊木雕》一文当中，作者开篇就是一句："那只羚羊哪儿去啦？"母亲突然问我。这样的一问令情境中的作者惊愕，也令读文章的读者有一种猝不及防的滋味——我们的心底会自然生出一种疑问：发生了什么事儿？

然后在第二段作者立刻交代：妈妈说的羚羊是一件用黑色硬木雕成的工艺品，那是爸爸从非洲给我带回来的……。作者这样的写作便是插叙，令读者意识到这个物件价值不菲，并有很强的纪念意义，还是父亲送给他的专属礼物。就写作的顺序而言，如果按照故事的时间发展来写而不倒叙，则应该是母亲首先发现那只珍贵的羚羊木雕不见了，她首先会满房间查找，直到找不到才问自己的孩子：那只羚羊哪儿去啦？作者以这几句话开篇，令读者意识到事件的严重性，而作者自己当然也意识到这句问话的严重性，故而将它从时间的线条上提出来，放在文章的最前面，以引起读者的高度注意——也许这样的口吻还能博得读者的一丝同情呢。至少我读了，顿感一个孩子被母亲质问时内心的惶恐，进而生出一丝同情来。

此外，当父母的逼问令事件"水落石出"时，他们知道"我"把宝贵的羚羊木雕送给了最好的朋友，这时作者插叙了一段两人的友谊，这是需要交代给读者的。作者说：上幼儿园的时候我们就在一起。她学习很好，人一点儿也不自私。我们俩形影不离，语文老师管我们俩叫"合二而一"。可见，这份友谊在作者的心中是何等的持久而宝贵，面对这样热烈而持久的友谊，讨回羚羊木雕自然是一种巨大的障碍。从而为后文的故事打下了极好的铺垫，而读者的兴趣也被作者所调动，我们到底想看看：最终的结局如何？一段那么宝贵的友谊，正在面临着史上最危险的局面啊！

而在魏巍《我的老师》一文的倒数第二自然段中，作者说：一个孩子的纯真的心，就是那些在热恋中的人们也难比啊！什么时候，我能再见一见我的蔡老师呢？按说这样的话语就可以结束全文了。从全文的叙述看，所有的情节都已经完成，作者的抒情也很精彩，如上面的一句所示。但这不是结尾，结尾处是：可惜我没上完初小，就转到县立五小上学去了，从此，我就和蔡老师分别了。这样的结尾段落属于典型的补叙，补充说明后续的情节、故事等，从而令读者内心可能出现的疑惑"作者后来见过他的蔡老师没有哇？"得到一次性的解答——读者的疑惑得了解答，读者全部的心思得到满足，文章在结构上十分的完整。故而，补叙常常是一种补充交代，其用意在于交代清楚后续内容，以免令读者陷入难以入眠的没有意义的遐思当中——这和"言有尽而意无穷"不矛盾，是两码事儿。

经常有青少年就记叙文而询问我怎样开头的时候，一方面我给予一点具体的建议外，还会告诉他一点：从哪里写起都是可以的。我想，对一个有心的学习者而言，后一点是可以悟出某点写作的真谛的。作者就像"上帝"一样，决定着文章怎么写，而不是被文章所决定。一个好的故事，一个值得记叙的事件，诉诸你的笔端之时，你要有一颗"上帝"的心，因为是你在创造一篇有意义的文章。所以，采用何种叙述的方式，由你自己说了算。当然，你要想做一个更聪明的"上帝"，让你手中的文章更有读者，那么是要综合考虑一番，看一看从哪里写起，造成一种怎样的叙述过程会更精彩？

三、暂时中断叙事，插入必要的内容，令文章更深刻、更精彩

在递进叙述的过程中，除了纯叙事、向读者交代事件发展的过程之外，我们在叙述过程中时常可以夹带"私货"——你的

情感、你的意见、你的心理、周围环境等，都可以适当地出现在整个过程当中。这样一来，文章便复杂而生动起来。先举一个例子：

初一语文选入了海伦凯勒的文章《再塑生命的人》，写的是她终生的辅导老师莎莉文老师第一次登门的事件。作者在第二段结束时说道：我安静地走到门口，站在台阶上等待着。如果按照直叙的手法，下面的段落就该是越过两段后的文字：我觉得有脚步向我走来，我以为是我的母亲，立刻伸出双手。当然为了衔接的更好，可在两段中间加入一句话，如：我等了十分钟的样子之类的文字。但海伦凯勒在两者时间插入了两个大段的文字，从下午的阳光开始写起，她作为一名盲聋儿童，是可以感知到阳光的抚慰的，这是她对当时环境的一种刻画。当然更多的、更深入的刻画她的内心世界，此前的生活中，她一度陷入愤怒、苦恼和疲惫不堪当中，已经接近忍受的极限。作者还用一整段进行了情感的抒发，来表达一个人——一个如她一样的盲聋儿童在单调而孤寂的生活中的烦闷，尤其渴望的是光明。

你看，在海伦这篇文章当中，她暂时中断叙述，而加入了环境描写、心理描写和大量的抒情，如果我们有权力删除这两段文字，对整个事件是没有丝毫影响的。但是，这种删除对全文而言绝不是没有影响的。对事件的暂时中断，所揭示的内心世界、对心灵苦闷的刻画等，对衬托随着莎莉文老师的到来，她的生命无疑是迎来了她所渴盼的光明一样。这样的段落就绝非闲笔，而是作者精心的设计。

从结构的角度来看，这也是我一贯强调的一点：我们要学会拆解全文，从而培养自己阅读文章、写作时拥有一种拆卸思维，进而有能力在"组装"的思路当中去写作，而不至于让自己无话可说。这样做，也能对全文的结构有更清晰的认识。

四、何时中断叙述，插入抒情、议论、心理、环境等最好？

这是一个有趣的问题。但我想难有标准的答案。这个问题有趣在它的价值，如果我们领会了在何时中断叙事而插入抒情、议论、心理和环境，那么我们的写作势必提高更快。从道理上说，除了首尾之外，任何时候中断叙事而夹带"私货"都是可以的，这不是你的写作权力问题，而是文无定法的灵活运用。不过归纳看来，以下几种情况暂时中断叙事是值得的。

1. 在揭示谜底之前。写作是给读者看的，排斥读者的作家是罕见的。所以在写作的过程中，作者是考虑读者的阅读感受的，这也不是迎合，而是为着文章的精彩。所以当你在揭示谜底之前，尤其是铺垫性文字过后，是可以加入你的抒情和议论的。我国历史学家翦伯赞有一篇长文叫做《内蒙访古》，其中有一个部分叫做"揭穿了一个历史的秘密"，这个标题之下，读者很想知道这个秘密是什么，然而作者在给出这个秘密之前，是一小段议论，他说：这次访问对于我来说，是上了一课很好的蒙古史，也可以说揭穿了一个历史的秘密，即为什么大多数的游牧民族都是由东而西走上历史舞台。现在问题很明白了，那就是因为内蒙东部有一个呼伦贝尔大草原。作者在给出这个"历史的秘密"之前，读者不知道，在给出造成这个秘密的缘故之前，读者更不知道。然而作者已经在议论说：这次访问对于我来说，是上了一课很好的蒙古史，也可以说揭穿了一个历史的秘密。这本身就是极好的调动读者情绪地发表看法，把这次旅行视为一次很好的蒙古史课程。作者在后文自然会很详细地揭示这份历史的奥秘——并拿出十分充分的证据来。

2. 在叙述较长而一时间陷入了平淡的时候，需要通过制造一点起伏来让文章有如看山。当故事沿着一条直线发展的时候，会显得十分呆板，尤其是叙述性语言的过于集中时，这时如果能适当的插入一点作者的思想感受、个人看法等，用一种补充性的介绍、外围的文字说明，就可以令文章不那么干枯，而显出更为丰富的层次来。在效果上也便于读者在作者的"指导下"理解全文，比如，聂华苓在《亲爱的爸爸妈妈》一文中，作者和南斯拉夫小说家在狭窄的山路上边走边谈，两人的对话很集中的现在读者眼前，作者和作家两人就纳粹的残忍在对话，反复三次达七个段落，情节在延续，在向前发展着，然而一味对话下去的结果势必给人以呆板的印象，所以在七段对话后，作者及时地插入了一段文字，写的是他们所走山路的周围的人和环境。作者说：雨哗哗地下。山路上的人，在伞下低着头，朝圣一般向山上走。走不完的人。望不断的路。——作者即使补充的话语，不仅打破两人相对冗长对话可能带来的烦闷，还通过上述的刻画突出了此时的人们有着一样的沉重的心情，这对全文的中心而言自然也是一种突出。

3. 行文中的时间发生明显的变化时，需要做点外围的交代时，以便令读者对局部的文字单元有清晰的认识。比如鲁迅先生在《孔乙己》一文当中，孔乙己的故事在发生在不同的时间条件下的。"有一天，大约是中秋前的两三天，掌柜正在慢慢的结账，取下粉板，忽然说，孔乙己长久没有来了。"这引起了在场的人们对孔乙己的议论。"中秋过后，秋风是一天凉比一天，看看将近初冬。我整天的靠着火，也须穿上棉袄了。"从而引出孔乙己"温一碗酒"的一段故事来。想想看，随着时间的变化，从中秋前的两三天，将近初冬的时间变化，任何人写文章都不便直接切入到孔乙己的故事中来，此时正是交代外围背景、环境的好时候。孔乙己的故事发生在咸亨酒店，地点没有变化，然而时间在变化，下面的一点是关于地点变化的，这也是文章当中常见的现象。

4. 在故事的地点发生转换，需要交代一点事件发生背景的时候。我们时常见到一名学生记录自己某次迟到的情景。他在家中耽误的时间，在路上匆匆忙忙的赶路之外，当地点转到学校的时候，常常需要对学校的环境说两句，虽然此时的学校和日常没有什么两样，但因人的心情不同——在一种不如平日从容的心情中走入校园，其风景在他的眼中和日常便是两样。而在游记当中更是如此，你到了一个全新的地方，新的环境势必是我们需要留意的，需要着力刻画一番的，然后再进入对所"游"之处发生的事件继续交代。

5. 在文章的节奏有点快，需要令读者喘口气，舒缓一下的时候。我们应该知道：就写作和阅读的速度看，当文字内容是关于情节叙事时，其节奏往往较快；而当文字内容是对环境的刻画、对作者内心情感的抒发之际，其节奏往往会慢下来。

　　如果你在长途火车尤其是高铁列车上，以高速向前行驶着，速度始终保持不变的话，你在凝望窗外的风景时，是很容易陷入精神恍惚甚至精神麻木的状态的，整个人的状态会很不好。因为没有节奏变化的前进，总是给人一种静态的滋味。只有当列车有缓缓的驶入、有猛然的加速、有快有慢地行驶在原野上时，你才能感受到一种富有节奏的美感。

　　唱歌也是如此，文章和音乐一样，必须有一种起伏不定的节奏感。如果一首歌从头到尾保持一个始终不变的节奏，给人的感觉一定是糟糕的。好的音乐比如伟大的音乐家贝多芬的演奏，常常是千变万化，游走在不同的节奏上的。正是各种各样不断的起伏，才造成对人的神经的反复刺激，给人一种强烈的冲击感，否则便如一潭死水。

　　6. 在有需要补充交代的时候，或插叙，或插入作者的情感表达、意见看法、环境刻画等内容，从而令读者有一个完整的认识，不至于陷入一头雾水的状态当中。这常常是一种带有补叙意味的文字内容，比如：我之所以这样做……；当时我没有别的办法……，对小 A 来说，这样的选择是一种不得已，就他贫苦的家庭生活而言，金钱对他意味着什么？这是不必细说的。——诸如此类的解释性质的话语，令读者看的清晰、读的明白。所以存在这样的补充叙述的时刻，是因为不宜打断前文的流畅的叙述。

　　7. 在故事情节不足，或者不很充分的时候，可以用环境、心理等外围的手法来弥补这种不足。当然情节的不足有两种情况，一种是因自己的素材不充分造成的；一种是将某个具体的情节充分放大，从而突出它在全文当中的地位的。后者如路遥在《人生》的第一章当中，作者所介绍的情节很简单，就是高加林民办教师的地位保不住了，公社开会令他下课，他心情异常苦闷。回到家之后，在父母的百般询问中才道出原委——而这原委也很简单。所以路遥灵活的运用对环境的刻画，以一场将至的大暴雨反复穿插在这段情节当中，借以烘托出这个糟糕的消息对整个高家人在精神上的打击。作者当然不是为了展示自己善于刻画暴雨，而是要衬托人物的心理，同时也体现出这个小小的情节对全书后续内容而言极为关键。如果没有这个情节的存在，高加林便不会陷入精神的苦闷，他后来的各种人生事件便也不会发生。

而对青少年写作来说，我们在记叙文当中时常感觉内容干瘪，觉得没有多少东西。其实这是因为素材的匮乏和对素材的挖掘不深造成的，面对这种情况，除了深入素材之外，是可以运用抒情、议论和环境、心理等手法来弥补情节上的不足的。

递进是记叙文、小说等主流文体最重要的叙事手段。在递进的过程中，一方面我们叙述，一方面我们概括，一方面我们刻画，同时会插入一定的抒情、议论、环境和心理等内容，在这种种交叉运用的过程中，文章不再是一个平面的东西，呈现给读者的，将是一种立体的、生动的、动态的过程，就像是一部"文字电影"一样。

第 4 节　联想与想象：关键时刻的精神升华

要想写好文章，升华你的情感，丰富全文的内容，非有好的联想和想象不可。对青少你年而言，联想和想象有时是遥不可及的，觉得有点虚无缥缈的滋味，难以像写眼前的一个人、记一件事那样更真切，其实当你掌握了联想和想象的方法之后，我相信：你几乎会在所有的文章当中，忍不住去联想和想象一番。在第八章当中，我将重点讲述"联想和想象"更具体的内容，放在这个单元里的联想与想象，主要从谋篇的角度看问题，以便对全文的内容进行一种有效的扩张。

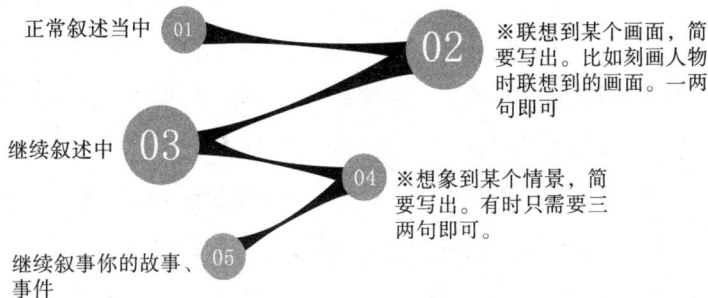

正常叙述当中　01

02　※联想到某个画面，简要写出。比如刻画人物时联想到的画面。一两句即可

继续叙述中　03

04　※想象到某个情景，简要写出。有时只需要三两句即可。

继续叙事你的故事、事件　05

联想和想象可随时生发，嵌入文章中（如其中的 2 和 4）

一、文章关键时刻的联想和想象

在文章写到关键深刻的时候，是进行联想和想象的好时机。许多精彩比喻的到来，其实并非作者的刻意，而是行文至此，作者的脑海中涌现出的联想、想象等自然地造成的。想想看，当你看到眼前的景致，而发出"像……一样"的时候，这不正是联想的结果吗？不少青少年在写作时，或者热衷于可以制造比喻等修辞的运用，稍显生硬；或者干脆忘记了在行文关键时刻的自然联想和想象，而不知采用上述的方式。

鲁迅先生在著名的《社戏》一文当中，当十来个孩子一起在夜晚摇橹去看社戏时，面对两岸淡黑的起伏的连山，便想到了它们"仿佛是踊跃的铁的兽脊似的，都远远地向船尾跑去了，但我却还以为船慢"。而在回程的水路上，孩子们加紧摇橹，船在水面上激起了更加响亮的声响，作者说：那航船，就像一条大白鱼背着一群孩子在浪花里蹿。这样的想象是真实而自然的，读者读了是能感同身受的。我们想一想，鲁迅先生在看社戏的路上和返程的路上，在这样的路途上，去时已经心头重负卸下，大家一起开船上路，其注意力自然会留意到周围的环境，如群山；而回来的路上，大家急着往回赶，看戏的心情已经被满足，又体会着从没有过的三更的深夜环境当中，对周围的黑暗的环境中，他们的船在水面上蹿的样子，会自然而然地浮现出一些联想出来的。——这就是文章写到某个环节时的一种自然的联想造成的，绝非刻意。

青少年要培养在写作的过程中自然联想和想象的能力，而不是刻意的增加一段联想和想象的内容。其间的差异是明显的！自然的联想和想象，是在原有内容基础上的自然的衔接和发展，刻意写出来的联想和想象，则容易和上文的内容脱节，从而导致一种割裂的滋味，给人的感觉是不真实的，甚至是做作的。

二、细节刻画时的联想和想象

许多联想和想象是发生在对人的细节刻画过程中出现的，设想一下：当我们留意观察一个人的容貌时，这种信息的外部介入头脑，给人造成客观印象的同时，也容易引起我们一些固有的记忆，甚至和头脑当中的一些形象发生对接，正所谓相似联想就是这个道理。相似的东西放在一起，碰撞在了一起，那么就容易造成联想、想象上的对接。

在刻画人物而发生在细节上联想、想象的文章，我们的语文教科书当中便有。比如莫泊桑的文章《福楼拜家的星期天》一文当中，作者相继给读者呈现了多位在星期天拜访福楼拜的文人墨客，他们是伊万·屠格涅夫、都德、左拉、当然也包括主人福楼拜本人。作者是如何刻画他们的形象并产生相关的联想或想象的？我们分别看一下。

1. 屠格涅夫。作者说福楼拜和他像亲兄弟一样拥抱，两人有一种强烈而深厚的爱。屠格涅夫一来就仰躺在一个沙发上，用一种轻轻的并有点犹豫的声调慢慢地讲着。这里作者对福楼拜有一定的刻画，他说：福楼拜转动着蓝色的大眼睛盯着朋友这张白皙的脸庞，十分钦佩的听着。当他回答时，他的嗓音特别洪亮，仿佛在他那古高卢斗士式的大胡须下面吹响一把军号。——作者对福楼拜声音的形容是来自自然的联想的。

2. 都德。他的头很小却很漂亮，乌木色的卷发从头上一直披到肩上，与卷曲的胡须连成一片；他的眼睛像切开的长缝，眯缝着，却从中射出一道墨一样的黑光。他的眼光有点模糊，讲话的调子有点像歌唱。举止活跃，具有一切南方人的特征。——上述的像都是作者的联想，自然而又体现细节。

3. 左拉。左拉中等身材，微微发胖，有一副朴实而很固执的一面。他的头像意大利版画中人物的头颅一样……，很发达的脑门上竖立着很短的头发，直挺挺的鼻子像被人很突然地在那长满浓密胡子的嘴上一刀切断了。黑色的眼睛虽然近视，却透着十分尖锐的探求的目光。——同样，作者的想象也是基于对左拉的细致观察早成的。

其实，我们通过以上莫泊桑在一篇文章当中对几个作家的刻画，可以发现一条规律：当你在刻画人物的细节过程中，往往伴随着你的联想和想象，从而出现必要的比喻句子。这在《音乐巨人贝多芬》一文当中也是如此，当贝多芬出现在客人（同时也出现在读者眼前）面前时，是什么样的？作者写道："一个身高五英尺左右的人，两肩极宽阔，仿佛要挑起整个生命的重荷及命运的担子，"后文的段落中，作者的"视点"进一步到了贝多芬的表情上，有了更细致的刻画，他说：他的脸上呈现出悲剧，一张含蓄了许多愁苦和力量的脸；火一样蓬勃的头发，盖在他的头上，好像有生以来从未梳过；深邃的眼睛略带晦涩，有一种凝重的不可逼视的光；长而笨重的鼻子下一张紧闭的嘴，衬着略带方形的下颏，整个描绘出坚韧无比的生的意志。你看，在这样的刻画当中，总是客观刻画和主观联想的交融，两者合一，把贝多芬的形象投射到了读者的眼中。

三、联想是从 A 到 B，想象是从 0 到 1

联想和想象的差别是明显的，一个是从有到有，就像从 A 到 B——这是联想；一个则是从无到有，就像是从 0 到 1——这是想象。对文章内容的扩充而言，两者的价值是一样的，只是方式不同。在联想的过程中，我们以"实"为前提，比如透过眼前的景色发生联想，或者因眼前的人与事联想到曾经发生的某段故事，这是因实际的景色与人事而触动、生发的。如果我们的思路局限在眼前，丝毫不发生联想，那么不仅内容的扩充不容易，对文章内涵的延伸、拓展、升华等都是一种障碍。

一个有经验的写作者，在实际的景色和人事的"实写"过程中，不要说大量集中的联想，也时常以恰当的比喻来令文章更精彩，比喻的内容其实就是联想造成的！想想看，比喻是把两个不同的事物因某一点相似而结合在一起的语言手法，比如，鲁迅在《雪》一文当中有这样的句子：朔方的雪花在纷飞之后，却永远如粉、如沙，他们绝不粘连，撒在屋上，地上，枯草上，就是这样。这个句子里的"如粉、如沙"便是想象而达成的比喻，你看：如果我们删除"却永远如粉、如沙"这几个字，原文的意思会受到影响吗？删除后句子变成了：

朔方的雪花在纷飞之后，他们绝不粘连，撒在屋上，地上，枯草上，就是这样。

其实句子的含义是没有受到丝毫的影响的。然而增加了作者的想象，纷飞后的朔方雪花给读者的印象却是更具体、更生动的，因为粉和沙在人们的经验中是异常熟悉的事物，是在日常的生活中容易见到的事物，这样经过联想的比喻给文章增添的绝不仅仅是语言上的美好，而是更丰富的意蕴，更形象的认知。这个例子简单易懂，并且在句子的局部造成一种丰富的局面，一句话过后联想便悄然结束，读者会继续阅读其他实写的内容。然而在很多文章当中，作者的联想和想象是以创作手法出现的，从而不是在句子的局面，而是文章的局部甚至是大部形成艺术化的表达，比如老舍先生在《济南的冬天》一文中这样说：

小山整个把济南围了个圈，只有北边缺着点口儿。这一圈山在冬天特别可爱，好像是把济南放在一个小摇篮里，它们全安静不动的低声地说："你们放心吧，这儿准保暖和。"真的，济南的人们在冬天是面上含笑的，他们一看到那些小山，心中便觉得有了着落，有了依靠。他们由天上看到山上便不觉的想起："明天也许就是春天了吧？这样的温暖，今天夜里山草也许就绿起来了吧。"……。老舍先生在这里说的，简直是把一个母亲呵护孩子的那种慈祥，化作了济南的冬天的一种特征。这当然是作者的联想和想象，而这样的内容对全文的构成而言，就不是鲁迅先生在上面的《雪》一文中那样的一句话中的想象、比喻，这种手法对全文的构成形成了较大的影响。想想看，如果删除这份联想，对全文的影响是巨大的！是注定要伤筋动骨。——反过来说，正是恰当的联想、想象等，对构思全文具有很大的价值，而这也是青少年可以学习和借鉴的。

第六章
表 达 智 力 开 发

许多人在写作的过程中，最容易掉入的一个误区是：文笔好等于作文好，好的文笔注定能写出好的作品。这是一个要命的错误认知。就文章和作品的构成而言，语言固然是不可或缺的，但语言在各个构成单元——立意、素材、结构、情感等方面，语言是最不重要的一个。很多时候，好的文笔等于0，只有当你的文笔能很好地揭示出思想、表达出感情时，好的文笔才有价值。

第1节　个性叙述：张力·陌生化·纯叙述

个性化的叙述是青少年写中逐步去追求的一个目标。这种个性叙述有两个方面的理解，一是你形成了自己的文风，这点是非常难的；二是在普遍意义上，每个人都有自己的一套表达方式。上述两点看起来相似，其实有很大不同，姑且看做同一目标的两个阶段吧。同样的一道命题作文，全班的孩子没有两个是一样的，除非一个抄袭了另一个。造成这种普遍性的不同，原因是显而易见的：每个人对同样的题目理解程度不同，选用材料不同，结构安排有异，那么在各自的智力层面形成的文章，其差异就会很明显。但这样的个性，只具有观察学上的意义，对一个具体的作者，比如你而言，个性化叙述只有一个终极目标：形成自己的独特文风。我们先看下面的几段文字表达：

A. 东京也无非是这样。上野的樱花烂熳的时节，望去确也象绯红的轻云，但花下也缺不了成群结队的"清国留学生"的速成班，头顶上盘着大辫子，顶得学生制帽的顶上高高耸起，形成一座富士山。也有解散辫子，盘得平的，除下帽来，油光可鉴，宛如小姑娘的发髻一般，还要将脖子扭几扭。实在标致极了。（鲁迅《藤野

先生》)

　　B. 我的故乡不止一个，凡我住过的地方都是故乡。故乡对于我并没有什么特别的情分，只因钓于斯游于斯的关系，朝夕会面，遂成相识，正如乡村里的邻舍一样，虽然不是亲属，别后有时也要想念到他。我在浙东住过十几年，南京东京都住过六年，这都是我的故乡，现在住在北京，于是北京就成了我的家乡了。(周作人《故乡的野菜》)

　　鲁迅先生的语言风格鲜明、精炼而深刻，富有突出的讽刺意味。作者善于使用暗喻、明喻等语言手法，把在东京的中国留学生盘起辫子比作"富士山"，不仅形象还富有强烈的讽刺意味。而一母所生的兄弟周作人，在文风上却有着清新、质朴和自然的特点。周作人先生笔下的文字往往是给人一种不经人工雕饰的风格，当你仔细咂摸一番的时候，发现他的文字也给人一种宁静悠远的意味，同样很耐读。但这种风格和鲁迅先生的文字是不一样的。如果仅从文字上看两人，我们很难相信两人有血缘关系。

　　如果你有兴致的话，不妨从自己的书架上随意取下两三种，让你的父母分别念一段给你听，你来猜想每一段文字都是谁写的。你会发现：每个作家都有自己的一套个性化的语言风格，包括林语堂、梁实秋、阿城、金庸、王小波、李敖、冰心、老舍、萧红、沈从文、贾平凹、余华、格非等这些大作家在内，他们的语言各成体系，只要读他们的文章、作品，你便能很容易辨识出这是谁的文字。这不是游戏，一个作家所以成名，不是没有原因的。于是个性化的自成体系的语言风格，越能给人留下深刻的印象。

反观同学们在初学作文阶段，大部分同学的文章都没有也不大可能打上个人鲜明的烙印。我们需要很长的时间，甚至一生的努力才可能形成自己的语言风格。不过对任何学习写作的人而言，都必须首先掌握一定的基本方法，才能在这个基础上逐步形成自我的语言风格。

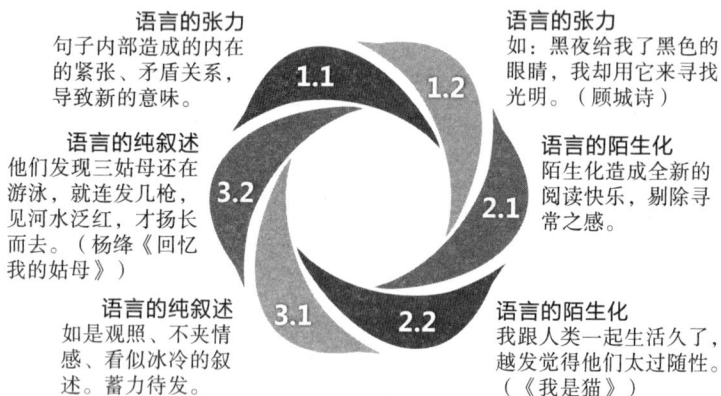

语言的张力
句子内部造成的内在的紧张、矛盾关系，导致新的意味。
1.1

语言的张力
如：黑夜给了我黑色的眼睛，我却用它来寻找光明。（顾城诗）
1.2

语言的纯叙述
他们发现三姑母还在游泳，就连发几枪，见河水泛红，才扬长而去。（杨绛《回忆我的姑母》）
3.2

语言的陌生化
陌生化造成全新的阅读快乐，剔除寻常之感。
2.1

语言的纯叙述
如是观照、不夹情感、看似冰冷的叙述。蓄力待发。
3.1

语言的陌生化
我跟人类一起生活久了，越发觉得他们太过随性。（《我是猫》）
2.2

个性化语言之路值得探索

叙述是青少年写作中语言表达的第一手段。当然这也是各种作品中最常用的一种表达的方式。它是对文中人物的各种经历和变化，以及事件整个过程的起伏以及场景和空间的转换所做的各种交待。记叙的本质是对在向前流逝的时间之轴中发生、发展出的东西所做的记录，所以记叙和时间的关系是值得我们重视的。依照我们对人物在时间的延展、时间随时间的变化，记叙其经历或过程是可以有不同的方式。

首先是最常见的直叙。就是遵照时间的向前发展，不做任何跳跃性的叙述，可以如实地写出在时间线上发生的人与事。我们常说的一句话是：你不要在写作中平铺直叙。这里的告诫其实指向的是"平铺"，而不是直叙。平铺的写作是没有起伏的，令人见到的是一条直线的、毫无曲折的过程，所以读者不喜欢。实际上大部分文章对过程的叙述都是直叙的，这种方式是最基础而有效的方式，其他的叙述如倒叙、插叙、补叙等，不过是一种变体而已，是改变或部分改变叙述时的时间顺序，从而造成一种特殊的交待效果。

一、语言的张力

有个同学写自己爱抠指甲，说：似乎指甲里面藏着智慧的源泉。我觉得这样的句子很有张力。抠指甲当然不是一个好的习惯，因为不卫生。但作者这样写：对自己这个坏习惯有一种揶揄和嘲弄的轻松之感，语言的张力自然就来了。那么什么是语言的张力呢？

语言的张力本是一种句子之间的内在紧张关系，最早是一名美国学者提出来的，所针对的是诗歌中的语言问题。意思是词语最初的意义和它在语境当中的延伸意义形成的某种彼此钳制而依存的关系。作者所写出的句子，其用词、用意如果严格限定在词典的规定当中，就没有丝毫的诗意可言，而如果过分的强调其引申意义、象征意义，又容易被读者造成阅读障碍，一般会显得十分晦涩。所以作者的句子当控制在字面意义和引申意义保持一致性，体现出无穷韵味的层次上。

　　造成语言张力的一大基础手段是使用良好的比喻或比拟的修辞，比喻和比拟有相似的地方，都是因两种不同事物才产生的，比喻因有某种相似点，比拟因某种相关点，而实现的用一方来描绘另一方的修辞手段。我们先看一段经典的案例，这是著名作家迟子建在她的代表作《额尔古纳河右岸》的第一段写成的文字：

　　我是雨和雪的老熟人了，我有九十岁了。雨雪看老了我，我也把它们给看老了。如今夏季的雨越来越稀疏，冬季的雪也逐年稀薄了。它们就像我身下的已被磨得脱了毛的狍皮褥子，那些浓密的绒毛都随风而逝了，留下的是岁月的累累瘢痕。坐在这样的褥子上，我就像守着一片碱场的猎手，可我等来的不是那些竖着美丽犄角的鹿，而是裹挟着沙尘的狂风。

　　首先，作者便给读者呈现出一种富有张力的生命状态。一个年过 90 的老人，她对生命的体验是无需赘言的，想来她的一生一定看尽了富贵荣华、兴衰荣辱，什么没有见过？但作者给予读者的，是"她"跟雨雪相伴一生的生命感喟，在"她"的眼中，雨雪不再仅仅是大自然中的自然现象，而是一种生命现象。它们彼此相看了 90 年之久，看老了彼此，就像老友一样的熟悉、亲切。这是一种非凡的生命体验，绝非年轻人所能深刻领会。然而，岁月的流逝带走的是生命中鲜活的种种，留下的是累累瘢痕——这当然是一种富有意味、带有强烈象征色彩的表达，充满了语言上的张力。

　　在所有造成语言张力的方式上，比喻等修辞是最容易达成的一种。但需要明白一点：没有新意的修辞决不能达成这种效果。英国作家王尔德曾经就"比喻"打过一个比方，他说：第一个把女人比作花的是天才，第二个把女人比作花的是庸才，第三个则是蠢材。想想看，如果你的修辞不是富有新意的创造性表达，而是早已被人用烂了的表达，还有什么张力可言？

只有你用自己的思维，把两种不同的事物因某种特别的相似点而融和起来，造成了一种异常新奇的、贴切的句子时，你的语言才有张力可言。钱钟书先生的《围城》当中，创造了许多富有张力的修辞，可以说俯拾皆是。比如在方鸿渐和鲍小姐到一家西餐馆吃饭，却没有一样东西是可口的。钱钟书在文中说：鱼像海军陆战队，已登陆了好几天；肉像潜水艇士兵，会长期伏在水里；除醋以外，面包、黄油、红酒无一不酸。你看钱钟书的比喻，把已经不新鲜的鱼，用"登陆好几天"的海军陆战队加以形容，形象、鲜活，并且富有幽默和讽刺，有很强的语言张力。

打破思维习惯，用异于常规的语法结构造成语言上的张力。著名作家贾平凹的早期散文，呈现出一种特殊的阴柔之美，即使是对社会有些群体的画像散文，也给人轻松愉快的、柔美的滋味，难怪他有段时间专攻美文。然而如果你读到他的一篇叫做《秦腔》的散文，对其开头部分一定感到惊奇。他是这样说的：

山川不同，便风俗区别，风俗区别，便戏剧存异；普天之下人不同貌，剧不同腔；京，豫，晋，越，黄梅，二黄，四川高腔，几十种品类；或问：历史最悠久者，文武最正经者，是非最汹汹者？曰：秦腔也。

在这样的开篇当中，语言的张力感是十足的。作者的句式非常特别，似乎让我们见到司马迁在《史记》每篇结束时的"太史公曰"，比如在《孔子世家》结束前，太史公曰的最后几句是：

天下君王至于闲者众矣，当时则荣，没时已焉。孔子布衣，传之十世，学者宗之。自天子王侯，中国言"六艺"者折中于夫子，可谓至圣矣！这样的一种非常直接的因果关系的叙述，造成非常强烈的表达风格，放在今天的汉语写作当中，是一种变化了结构而造成的语言上的张力效果。

悖论当中的语言张力。矛盾的双方同时或先后出现，构成整个叙述上的一种张力感。

这其实也是常见的一种表达，尤其在许多诗歌的写作当中出现的比较多。比如著名诗人顾城的名句：黑夜给我了黑色的眼睛，我却用它来寻找光明。在这个句子当中，黑夜与光明是相对的、矛盾的，眼睛在其中也是光明的一种象征，体现在句子当中的，是作者对黑暗的一种反抗意识，并且强烈。

著名诗人海子的那个家喻户晓的句子：从明天起，做一个幸福的人，喂马、劈柴，面朝大海，春暖花开；从明天起，关心粮食和蔬菜，我有一所房子，面朝大海，春暖花开。你看，在这样的句子当中，作者运用的词汇一方面是现实的，喂马、劈柴、粮食和蔬菜，都是现实生活中常见的东西，或者说是形而下的；但同时他又放眼大海、理想，春暖花开也含有很强的象征意味。这样的词汇组合起来的句子，充满了语言的张力。

在青少年的写作当中，常常不自觉的运用这种方式，典型的一种表达有下面的例子：

A. 母亲是平凡的，然而又是伟大的。——平凡和伟大集中在一人身上本是矛盾的，但这种集中体现出对张力恰好能证明母亲的特质——拥有无私的母爱。

　　B. 我在痛苦当中体会到一丝愉悦。——痛苦和愉悦是矛盾的。但作者这样说，把自己在故事中的成长写了出来，其经历的当时是烦恼不看的，然而人的成长却在其中，这样写拓展了成长故事的意义。

二、陌生化，值得你掌握的一项写作本领

　　对青少年来说，取材主要是来自日常生活的，尤其对记叙文、散文、随笔和日记而言，更是如此。当我们动笔写一个长辈比如爷爷时，我们已经认识了十年之久，我太熟悉他在家中的一言一行、一举一动了；当我想把父母写入作文中时，情况更是如此。有句话叫做"熟悉的地方没有风景"，当一个人把目光投向最熟悉的日常生活时，很容易发现：这种生活的日常性——每天处在一种恒久不变的场景当中，如何能写出让人感到新鲜的东西？

　　如果我们早一点接触陌生化的艺术手法，我想：对青少年写作的提高是很有帮助的。以后我们会更深刻理解陌生化的方式，这是一种很有名的文学理论，是俄国形式主义批评家什克洛夫斯基提出来的。这种方法可以给读者提供更加新鲜的滋味感，从而令人的精神为之一振，比如丰子恺有一篇文章，题目叫做《口中剿匪记》，读者看了标题有一种新奇的感觉，什么叫做"口中剿匪"啊？当然，作者开头第一句便解释说：口中剿匪，就是把牙齿拔光。然而两个词汇"口中"和"剿匪"的组合，确实给读者带来一种新鲜感，这就是陌生化的效果。近年来的许多网络流行语，往往都是这种陌生化手法的一种组合造成的，比如"你的良心不会痛吗"——我们常说某人没良心，但很少说良心痛，这种组合造成了一种表达上的陌生化。对陌生化的文学理论而言，主要是指诗歌在用词汇上的陌生化而给读者带来的新鲜感，如果稍作扩大，青少年在自己的作文当中，也是可以创新出彩，实现一种陌生化的语言效果的。如何尝试着实现这一点？

首先，换一种视角试一试。有些青少年在十年的时间里，始终没有变化过写作的视角，每当落笔的时候，出现的总是一个"我"字。这是作者主体意义上真实的存在。然而你有想过吗？如果换一种视角来写这篇文章、这个故事，是不是会更好？如果你读过夏目漱石的《我的猫》，也许会立即明白这种写法的好处。当你也尝试以"猫的视角"来观察眼前的世界，叙述一个故事时，你会尝试着去把自己调整到一只猫的视角看眼前的风景，眼前的人与事，从而对日常生活造成一种新鲜感。

在一只猫的眼中，他对自己的主人是有点鄙夷的，比如：主人的心情就跟我的眼珠一样，时刻在变化。他是个无论做什么事都只有三分钟热度的男人。而且别看他在日记里表现得如此担心自己的胃病，在外面却一副满不在乎的模样，是在奇怪。在这之前又有一个朋友造访，还是某某学者，他的观点是，任何疾病都是父辈和自己作恶的结果。而且此人展示了丰富的研究成果，条理清晰，语言确凿，气势凌人。可怜我的主人既无反驳的头脑，也无反驳的学问。

作者以一只猫的视角看待他的主人，对他做出了一种有趣的评价。在猫的表达当中，那种轻微的嗔怪非常的明确，给读者的印象很深刻，也趣味十足。造成这种陌生化的感觉的，恰是视角转变达成的陌生化效果。换做一个人的认识，其表达可能和这个平庸的男人一样平庸，令读者提不起兴趣来。

　　换一个视角，这里指的不是写童话故事、寓言故事的方式，而是如上面的例子那样，体现出一种脱离作者本人的新角度，换成一种常见的动物视角、换成一种儿童的视角，都容易造成这种陌生而新鲜的表达效果。并且换成一种动物的视角，往往是青少年初学写作的好选择，因为这种变化上手快。

　　其次，重新定位你和人物的关系。在家中，你和父母的关系是两代人之间的一种"尊老爱幼"的关系。你尊重父母，父母深爱你。所以你看在许多亲情类的作文当中，青少年不遗余力地向读者展示父母对自己在物质上、精神上的关爱，以讴歌伟大的父爱、母爱。这是大家都异常熟悉的一种文章类型。写的好的文章，甚至会催生读者的眼泪。然而必须承认：这种情况是越来越难。读者也在变化，变得更加聪明，尤其是那些阅卷无数的老师们，经常的情况是：当他读到你文章的开篇时，便于自然地猜到了你文章的结尾和主旨，很多时候甚至是在"又是老一套"的感觉中跳读而过的，然后凭借你在语言上面的综合印象，随意给你一个不令人满意的分数。

　　你有想过重新定位你和家人的关系吗？你们在现实生活中，当然是一种真实的父子（女）关系、母子（女）关系。但在写作过程当中，你有想过你和他们在某些重大话题层面进行某种独特的交流，从而打破读者"又是老一套"的认知吗？有一篇高考作文，作者以一封书信的方式，希望和自己的母亲好好谈谈。他已经再也无法忍受十几年来在家中的这种压抑了。多年来在家中，母亲以自己的教育方式把她认定的知识灌输给孩子，终于在这一刻引起了作者心灵上的反抗！他要做自己，要按照自己的喜好来读书，要按照自己的想法去规划未来，而不是在父母铺设好的道路上平淡而安全地走完一生。作者的文章得到了老师的认可，觉得发出了心灵的呐喊一样，写出了内心真实的声音。从另一个角度看，作者一改过去的乖印象，以文字反抗过往的教育方式，带给读者一种新的教育意义。这是通过重塑作者和长辈（人物）之间的关系而造成的良好效果。生活中的他们依然是母子（女）的关系，但这篇文章就像一篇檄文一样，在"讨伐"过往很过分的教育灌输的同时，又颠覆了人们的认知。

第三，拉开距离，把自己从日常生活中剥离出来，以看客的心去造成陌生化的行文效果。你每天生活在、置身于你的日常生活当中，即使你很勤奋的记日记，也会发现年复一年是一样的。当你置身其中而不能跳出日常生活的时候，拉开你自己和日常生活的距离，我想：你的文思、你的心意可能会源源不断的到来。

在这样的过程中，如果你尝试着把自己从日常生活中剥离出来，把日常生活中的"你"当做另一个人来写，姑且叫做 K 吧，你尝试着用自己的文字记录 K 的生活，把他当做你小说中的主人公，那么就容易造成一种陌生化的效果。对发生在 K 身上和他周围人之间的故事，以第三者的口吻写出来，你便容易明白什么是陌生化的新奇的语言效果。

第四，别去扮演一个全知全能的上帝角色。我发现：青少年在写作过程中，最常扮演的不是别的，而是一个"上帝"的角色。这话的意思是：我们在读青少年习作时，你会发现他一股脑的把全部的内容和意义，会在全文的前三分之一，甚至第一段当中，全部的揭示出来，似乎恨不能一下子都给到读者。这样的做法很不妥当，你固然是你文章的"上帝"——你在创造好文章，你创造了每一篇习作。但，当你书写的时候，你需要控制信息，不能一股脑的都交代出来，要有所保留，体现含蓄。如果你能以"直到文章的最后一个字，我的故事才算结束"的写作意识，你的故事势必越来越好。因为你在写作过程中，已经考虑读者的阅读感受。

陌生化当然是一种文学化的借用，即使是学生作文——不以文学创作为目标的日常历练，借助一些文学化的手段也是必要的。作文不是一种工具的制造，过去不是，永远不是。

三、关于纯叙述。

在后面的"恰当抒情"当中，我会把抒情和记叙的融合、捆绑做细致的解释。我认为在常见的记叙文当中，记叙和抒情的关系十分紧密，它们几乎是难以剥离的一对双胞胎。而这里的纯叙述就是剥离抒情，单纯以记录而行文的情况。

在常见的新闻稿件当中，一名新闻记者报道客观事件，是不可以融入自己的抒情和议论的。所谓记者，就是记录者，必须保持一个客观的态度。当然，人物报道、纪实文章等不在此列。但新闻中的一条消息，是不可以偏离客观事实本身而加入作者的情感或意见的。这就涉及到一个纯叙述的问题。纯叙述的一种不掺杂任何感情色彩的冷静的叙述，以把事件过程说清楚为根本目标。——然而我们知道：只要是人的叙述，都难免沾染人的感情、注入人的思想，所以在纯叙述当中，不经细致的分析，是难以见到作者的思想感情的。

文学家写作时也有纯叙述的情况，比如杨绛在《回忆我的姑母》一文当中，对她的姑母杨荫榆之死就有一段纯叙述：一九三八年一月一日，两个日本兵到三姑母家去，不知用什么话哄她出门，走到一座桥顶上，一个兵就向她开一枪，另一个就把她抛入河里。他们发现三姑母还在游泳，就连发几枪，见河水泛红，才扬长而去。邻近为她造房子的一个木工把水里捞出来的遗体入殓。棺木太薄，不管用，家属领尸的时候，已不能更换棺材，也没有现成的特大棺材可以套在外面，只好赶紧在棺外加钉一层厚厚的木板。

读者在这样的文字当中，见到杨绛先生近乎冷漠的叙述，是一种没有饱蘸深情的文字记录。从这段话当中，我们见到连串的动词，来记录其姑母遇难的过程。何以如此？其实道理也不复杂。将一个悲惨的事件，不夹个人感情的忠实记录出来，一方面还原当时的场景，对日本兵的冷酷残忍有精准的刻画；一方面也可以为后续集中抒情做铺垫。当然，这是从文章效果而言，从一名作者记录亲人遇难的角度，面对这种悲剧的再现，也能体现出作者保持高度克制的理性，更能彰显记录这件往事的郑重、严肃，就像在客观记录一件重大历史事件。

同时，纯叙述也是可以形成一种陌生化叙述的方式，能令读者对整个过程有一种距离感，这是拉开文学、新闻、艺术和日常生活之间距离所造成的。

第 2 节　有效描写：在纸上跳动的影子

描写是青少年写作中语言表达的最大障碍——不管你承认与否。在我长年的批改过程当中，只有一次一个作者告诉我：她对描写这件事儿不费劲儿，甚至可说是很擅长；而对议论和抒情比较头疼。经过阅读她的文章，我发现：其实她的自我要求很高，她希望把议论和抒情这两种手段摆脱简化，而步入到像刻画那样的细致、细腻的层次上。因为在她和她周围的人看来，所谓抒情不过是一种发自内心的感叹，连续感叹几句足矣；而议论不过是在感慨基础上提出两三个句子的看法，一个人想提出真正的独特见解来——实在难死了。我感叹这样的作者是罕见的，至少她在尝试突破人们对抒情、议论的简化处理，并且她对刻画的认识，是周围人所不及的。

不知大家发现没有，抒情和议论被认为简单的一个原因是：他们出自我们的主观，出自我们内心的想法——我如何抒发情感、表达意见，掌握在我自己的手心当中。即使抒情和议论的结果有粗疏和浅薄的意味，至少抒和议是不难的。而刻画不会直接掌握在我们的心中，不是从我们的心中主观性的流淌出来的，它过分依赖我们对外部世界的切实的观察力。

一、描人

当你刻画一个人的时候，他的长相、他的神态、他的动作等等，需要你在十分细致的观察过后表达出来，观察如果细致入微，表达的能力不差，才有可能刻画得细腻、细致。如果一个人的观察力不足，得到的是一个人的粗的印象，一团模糊的印象，我们难以在脑海中给他来一个细致画像的话，我相信：我们刻画的这个人也一定是模糊不清的。

一个作家最伟大之处就在于：他能将复杂的立体生活，在一个平面内精彩地展示出来；讲一个动态的有机过程，以静态文字的刻画功夫有机地呈现在读者眼前。你看曹雪芹的《红楼梦》，那么复杂的荣国府、宁国府，聚合了多少人的性格和复杂的关系，以及各种各样的事件，如果你置身其中，你自然能感受到这份复杂。但在平面的纸面上，如何有序的塑造出每个人的样子，整合出他们的故事，就不是一般的作者所能操作的了。

以对人物的刻画而言，描写是我们不能绕过的一座"高墙"。尽管我知道：逾越这座高墙不容易，它可能是所有写作手段当中最难闯过的一个。一名学生可以用感叹号的句子表达内心的情感，可以写出犀利无比的见解，也可以用平实的句子（说明）介绍眼前的茶杯，并把一件事的来龙去脉讲清楚（叙述），但要想在关键时刻，对其中的人与物做细致、准确的刻画，这不是一件容易的事情。

我们对人物的刻画是由两个层次构成的，一是刻画人物的表象、表面，或者说外部，二是刻画人物的精神，或者说内在。

第一，描人的外部（表面）

青少年在写作过程中，喜欢追求各种技巧，这固然是进步的表现，但如果技巧摆脱了基本观察为前提，失去了以自己的眼睛来透视周围的人和物这个前提，再多的技巧也终将无用，常常令你的刻画陷入到一种无效描写当中。即使是在对人物的表象——他外在的长相做肖像描写，也常常是失败的。比如，一学生这样写他第一次见到的一个孩子：乌黑明亮的眼睛、小巧玲珑的鼻子，高挺的鼻梁、黑框眼镜。不大不小的嘴，饱满的嘴巴。当读到这样的一段对人物的刻画的时候，我强调说：这是无效刻画，因为我觉得我也长这样。大家想想看，我们对一个人的肖像的刻画，如果不能花三言五语抓住他有别于人的特点，那么这个人物在我们的眼中要么是模糊的，要么只是一个抽象的人，不是活生生的具体的人。著名作家冯骥才先生在《俗世奇人》当中，对苏七块的描写是这样的：

他人高袍长，手瘦有劲，红唇皓齿，眸子赛灯。下巴一绺山羊须，浸了油赛的乌黑锃亮。张口说话，声音打胸腔出来，带着丹田气，远近一样响，要是当年入班学习，保准是金少山的冤家对头。手下动作更是干净麻利快……这样的刻画，人物的形象才能栩栩如生。

当然，这是名家尤其是承续了中国传奇故事的大作家冯骥才特有的一种刻画手法，然而青少年来说，抓住人物的关键特点进行刻画，才是一个有效的方向。

人的外形	人的动作	人的神态	注意事项
从五官、服饰、体现身份方面着手，让人物清晰出现在读者眼中。五官等自然特征也可能反映作者的主观认知。	找出准确的动词，来形容出这个人连串的动作。动作越是准确，越能传神般地体现出人的性格、作者的用意。	着力观察他的神态，揣摩造成这种神态的原因。同样，越是传神般捕获到的神态，越能反映人物的性格特质	注意事项：写人不必面面俱到，着力几个小的方面即可。对人的刻画未必集中，可以分散在全文多处。

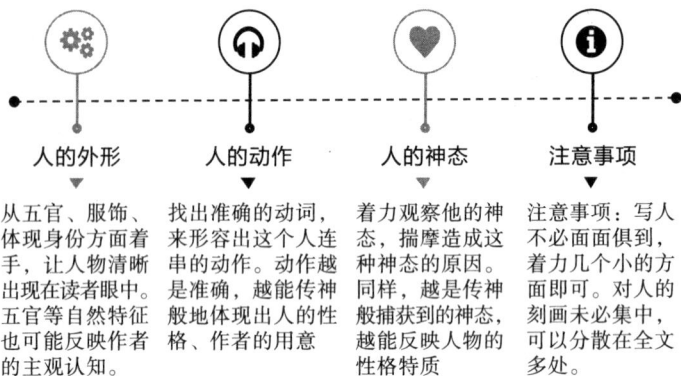

　　鲁迅先生对"少年闰土"的刻画是极为传神的。他在文章当中说：深蓝的天空中挂着一轮金黄的圆月，下面是海边的沙地，都种着一望无际的碧绿的西瓜。其间有一个十一二岁的少年，项带银圈，手捏一柄钢叉，向一匹猹尽力地刺去。那猹却将身一扭，反从他的胯下逃走了。作者从少年闰土的年纪——十一二岁开始向读者交代，对他在海边沙地上带着银圈、手捏钢叉，以有力的动作——向一匹猹尽力刺去的形象做了很好的刻画。

　　如何才能实现有效刻画？在细致观察的同时，我们在哪些方面向语言做有效的转化，才能实现一种有效的刻画？首先，观察所写人物独有的一些特点，不用泛泛的形容词概括一个人的模样，就像上面说的"大大的眼睛、不大不小的嘴"，这给读者造成的印象是难以把握的、模糊的，什么叫做大大的、不大不小的？比如用词汇给出具体的、可感的句子来形容。

　　其次，能把当事人（刻画对象）的样子以动词来形容，更容易被读者把握。一个人的动作是在动态的展示其行为，较之静态的形容，给人的印象更深。

再者，每一个短句子的刻画，都意味着深层次的信息，刻画人物的表象时，不能停留在这种表象上，而要给读者带出他性格、心理上的某种信息才行。少年闰土向一匹猹尽力地刺去，可以说明少年闰土了解猹的狡猾的脾性，他是一个聪明的少年，他有能力、有智慧保护这片西瓜地，也能看出少年闰土虽然年纪不大，但干活时认真、尽力和负责等各种各样的心态。如果鲁迅先生说闰土"抓起一柄钢叉，朝着猹的方向扔过去"，你看，动词如果换掉，闰土将不再是这个闰土！抓起虽然能体现一个人反应快，但忽略了猹的狡猾，可能打草惊蛇，同时显得这个举动有点糙；如果朝着猹的方向扔过去，那目的也变了，他没有打算抓住这匹猹，而是胡乱的吓走而已。可见，用词的准确能很好体现一个人的性格特点。

再者，青少年在刻画人物的时候，容易有一个错误的意识：追求大段文字的堆砌式刻画。其实不必。抓住一个人的特点，常常需要三言两语就够了。鲁迅先生在《藤野先生》一文当中，只说他"是一个黑瘦的先生，八字须，戴着眼镜，挟着一叠大大小小的书"，尤其是"黑瘦的先生、八字须"就足以令藤野先生跃然纸上了。这种简洁的文风值得我们思考和学习，换做我们青少年初学作文，面对同样一个藤野先生，也许我们会说：进来一个先生，皮肤有些黑，长的也很瘦，他的胡子很有特点，一撇一捺的像一个八字。这样的写法，文字固然长，但显得啰嗦，不够简洁。而鲁迅先生用了八个字就刻画的很充足。所以，我们在刻画人的时候，不必把文字的数量当做主要追求，相反要"做减法"，力争用最短的文字让你的人物栩栩如生才好。——当然，有时你的大段刻画带有某种暗示性的信息，是为下文的一些内容做铺垫的，这时候，我们自然不必拘泥于上面的这个原则。这也符合"文无定法"的作文原则吧。

第二，描人的内在精神

人的内在精神是可以直接描出来的吗？这涉及到描写人的肖像之外的一些手法，上面其实已经有所提及，毕竟这些手法在运用的时候是连在一起的。这就是关于神态、动作、心理和细节等方面的描写。在《诗经》当中，有这样的句子：巧笑倩兮，美目盼兮。很灵动的刻画出人物的神态来，是一种轻巧美妙的微笑，体现出人物顾盼生姿的情态，很传神。

在莫泊桑的名篇《羊脂球》当中，十个人乘坐马车劳顿了整个上午（其实从清早到过了中午时间），大家是又饿又累，周围有没有饭店。只有羊脂球一个人拿了一篮子的食物，她几次弯腰后终于把吃的拿出来。这时，周围人的神态是很堪寻味的。当时，"每个人的脸都苍白无光"——说明他们早就又饿又累、疲惫不堪；两个修女"一动不动地坐在那里"，是一种面无表情的样子，作者说：肯定是在向天上表示她们的痛苦，以答上天赐苦之恩——这是一种讽刺；"所有的目光都盯着她（羊脂球）""鸟先生的眼睛发着光"。这些关乎神态的刻画，传神地体现出在特殊的环境当中，饥饿疲惫的人们面对羊脂球丰富的一篮子食物，所表现出的某种心理——这里的信息是丰富的。

眼睛是心灵的窗户，这是不错的。一个人的内心是可以通过他的眼神，包括他的面部表情体现出来的，有时候掩饰都掩饰不住，就像周围的九个人对羊脂球一篮子食物产生的本能的觊觎心理，内心对羊脂球身份（一名妓女）的不屑，这种心理上的巨大优势，在被没有食物可吃的条件下所抵消时的一种悻悻的心理，包括贵妇人对她的不屑和嫉恨等，都能很好的体现出来。一个人的眼睛是会说话的，一个人有多少种心理，就可以有多少种眼神。空洞的眼神、傲慢的眼神、慌张的眼神、自信的眼神、不屑的眼神、蔑视的眼神等等，无不在暴露一个人内心真实的想法。所以，要想很好地掌握神态描写，其实我们不能不结合一个人的心理来展示。

动作描写的重要性是不言而喻的。人的行为是由一连串动作构成的。在《羊脂球》当中，"伯爵当机立断，他转过头去，对着他怯生生的胖姐，摆出一副高不可攀的贵族派头，说道：好吧，夫人，我们领情接受邀请。"在伯爵的语言之前，是一系列的动作：转过头、摆出贵族派头，开口说。这样的动作和幅度，一方面展示了他"当机立断"的"果断"心理，又不忘体现出自己高人一等的身份——他是一个贵族。

所以在动作描写方面，请牢记：用一连串的动词，准确地写出人物的行为变化。比如一个老师在课堂上：猛地转过身，目光如刀子一般朝着发出声响的所在，逼视着某某同学，然后缓缓地说道：请你站起来。在塑造连串的动作过程时，有一种很好的方法是值得我们掌握的。这就是看电影时的慢动作拆解，或者说反复还原当时的动作过程，从而找到最贴切的词来形容其过程。动作描写是一连串动作的连接，也可以说是人物举止出现变化的节点造成的。著名作家梁晓声在《我的小学》一文中，写他的语文老师十分关心他，在他受尽了班主任的嘲弄之时，把他找回来，给他整理个人卫生。他是这样写的：她又拿起她的脸盆，令我到锅炉房，接了半盆水再接半盆热水，兑成一盆温水，给我洗头，洗了三遍。在这样的句子当中，他的语文老师给他洗头的整个过程，是一连串的动作构成的：拿、领、接、兑、洗等等。这就体现出作者对当时这件事、整个过程的深刻记忆，老师的关爱也自然在其中了。——不同的动词，就是在特定的节点上产生变化的效果。拿脸盆和领着学生是衔接的，接冷水和接热水是衔接的，兑水等等。

一连串的动作自然的延续下来，组成一个动态的画面，从而形成一段有意义的文字单元——语文老师爱我，我对这件事印象深刻，我也爱我的语文老师。

动作描写的一个基本要求就是准确，只要你准确了，内容就会生动。有青少年在写作过程中，刻意选择一些华丽的"大词"，行文中充斥着各种各样的形容词，反而败坏了读者的兴致。

其实，细节描写也是如此，不过是将特定的对象、情节等充分放大的结果。梁晓声在《慈母情深》这篇文章（原文）当中，对母亲工作的纺织厂的女工的口罩有很细致的刻画，比如：都有三个实心的褐色的圆。那是因为她们的鼻孔和嘴的呼吸将口罩濡湿了，毡絮附着在上面。当然除了口罩之外，还有她们的头发、肩膀和背心也差不多都成了褐色的，毛茸茸的褐色。以至于梁晓声感叹：我觉得自己恍如置身在山顶洞人时期的女人们母亲们之间。作者对细节的刻画——小小的细节，却衬托出母亲恶劣的工作，以及她们工作时的辛苦程度。从细节刻画的技巧来说，细节刻画是针对有意义的内容点，充分放大的结果，从而更好地突出、更好地衬托。形象一点说，细节就像一个圆心，我们按住这个圆心，以某个适度的半径来画出一个圆周来。本来它只是一个点，经过你的放大，它成了一个圆。

二、描物

除了对人物的描写，另一种重要的描写是对物的刻画。这种刻画也十分常见，并且包括了对风景、风俗、风物等方面的刻画。对青少年而言，最主要的一种是对风景的刻画，包括了大自然赐予人类的自然风景，风雨雷电、高山大川、日月星辰等等，都在其内。同时也包括一些人工制造的景点，是我们常去做游览、旅游时见到的场景，如辉煌的宫殿、美丽的笔画、各种道观和寺庙、寻常的公园等都在其内。

风物对青少年而言，在写作中涉及到的往往是一些器物的东西；而风俗则主要是一些民风民俗的东西，如春节、端午、中秋、重阳、国庆等节日，这样的节日总是全国放假的，也衍生出一种叫做假日作文、节日作文的文章类型来。此外便是一些少数民族的节日活动，以及自己的故乡特有的民风习俗。比如萧红在《呼兰河传》当中所说的：呼兰小城人民的精神盛举，如跳大神、唱秧歌、放河灯、野台子戏、四月十八娘娘庙大戏等等。这些当年在东北小城呼兰的风俗，虽说大部分有着很强的封建色彩，但这就是一种民俗。

对物的刻画，主要是两个方面构成的，一方面是它的形式，一方面是它的意义。

"竹外桃花三两枝，春江水暖鸭先知"，这样的名句呈现给读者的，一方面是刻画景致时的形式——实实在在的样子：竹林的外边开放着三三两两的桃花，鸭子最先知道江水已经变暖，已经在江水里游了起来。但这是表象，是形式。其意义在于：作者通过这种刻画，表达出春天来了，眼前的景色一派欣欣向荣的样子。同时也能体现出一种内在的哲理，尤其是"春江水暖鸭先知"，经常被人们加以引用，以说明：深入实际的人，才能透彻的了解实际本身，摸到事物发展变化的规律。所以好的刻画，绝不是浮在表象上的，一幅蒙娜丽莎何以如此有名？是因为画的像而已？绝不是的。在这幅画的背后，深藏着文艺复兴时的美学方向等文艺绘画方面的大问题，极具代表性。

对物的刻画，除了专门的写景状物的文章之外，我们在其他的记叙文当中也存在。这种刻画主要是服务于文中人物的心理、展示写作背景等，然而也很重要。关键是：当我们以这样的目的来描景、描物的时候，能取其大略，简明扼要，便是有效描写，而不必过分细致。——这一点是值得我们格外注意的。

第3节 感情抒发：真实而适度的选择

抒情的重要性是不言而喻的，情感真挚是文章本身的内在要求，是青少年写作当中的一条硬杠杠——如果我们去查看历年的考场作文要求，其中必有一条：感情真挚。这永远是一类文在感情方面的要求。而到了二类文，其用词发生了一点变化，变成了"感情真实"。

著名作家高晓声写过一个故事，很有趣，很能说明感情在文章当中的价值。这篇故事叫做《摆渡》，说的是四个人要渡河，其中一个是有钱人的，一个是有力气的（大力士），一个是有权的，一个是有才的（作家）。摆渡人要求每人把他最宝贵的东西给他一点，否则便不渡他。有钱人给了钱，有力气的举起拳头，有权的许诺给他一份更轻省的活计，他们都得以顺利上了船。唯有有才的作家最宝贵的是创作能力，然而一时间无法给予摆渡人，便不能登船。作家辛酸不已，仰天长叹："我平生没有作过孽，为什么就没路可走了呢？"结果摆渡人听了说："你这一声叹息，便把最宝贵的东西——真情实意给了我，请上船吧。"作家想：摆渡人说的真好，作家没有真情实意，是活该无路可走的。——这个故事提醒我们：真情实意对写作该是何等的重要啊!

抒情是将内心的真实情感，化作语言给你的读者的过程。我们对抒情的理解，是从一些简单的感叹句子开始的，如：我爱你，妈妈！多么难忘的一天啊！这是我最快乐的时刻……等等。经验告诉我们：青少年学会写抒情句子是在上面的句式当中完成的。

然而随着年纪的增长，很少有人甘心最简单的直接抒情。小学生初学作文，在结尾处来上一句：我爱你，妈妈！不仅可以完成抒情句子的训练，还能让读到作文的妈妈异常感动，因为看到了一点点长大的孩子会用语言表达如此真挚的感情，仿佛是一个有思想的大孩子一般。然而，复杂一点的抒情也随着年岁的增长而来临。当你的心中涌起一股难以抑制的感情时，在这种感情的支配下，情绪、情感的文字便真的有如滔滔江水连绵不绝，比如下面的句子：

> 如果黑板就是浩淼的大海，那么，老师便是海上的水手。铃声响起那刻，你用教职工鞭作桨，划动那船只停泊在港口的课本。课桌上，那难题堆放，犹如暗礁一样布列，你手势生动如一只飞翔的鸟，在讲台上挥一条优美弧线，船只穿过，天空飘不来一片云，犹如你亮堂堂的心，一派高远。

在这种典型的抒情段落当中，作者怀着对老师的深情讴歌赞美之情，以假设句式开头，运用暗喻的修辞手法，把老师比作海上的水手。把老师讲课时的生动手势比作一只飞翔的鸟一样，可见其灵动；更赞美老师的心亮堂、高远。在这样的几句话当中，作者以情感贯穿其中，涌起许多丰富的画面来。同时我们能看出，比喻的修辞和联想的手段对抒情是大有帮助的。比喻更形象化的表达，是化抽象为形象、化陌生为熟悉的一种常见的方法。如果我们还原作者抒情时心中涌起的赖以支撑的实际物件，不过是黑板、铃声、教鞭、课桌、手势、讲台等等，加上老师本人，我想这些都是我们日常学习中最常见的场景，如果单一的实写，把上述物件和老师本人连缀成文，也是可以的，但抒情的位置放在何处？放在全段的最后一句，也许就变成了小学初学作文时的那句：老师，我爱您！

这样的表达能让小学老师发自肺腑的受到触动，有些老师的灵魂甚至为之一颤；但对高年级的小学老师、初高中的老师来说，我想：他们一定会觉得这样写是过于幼稚了。不仅不会感动，甚至会对这样的作文嗤之以鼻，在心中痛骂你一番：教给你的东西都就饭吃了不成？可见，随着青少年的成长，我们有必要让抒情的内容更复杂——复杂不是追去的方向，是因抒情的丰富而体现出来的。

我们再看一个段落作为案例：

我深深地认识到：即使你是一只矫健的雄鹰，也永远飞不出母爱的长空；即使你是一条扬帆行驶的快船，也永远驶不出母爱的长河！在人生的路上不管我们已走过多远，还要走多远，我们都要经过母亲精心营造的那座桥！

不能说这个段落在抒情上是值得完全效仿的，当语文老师面对大段这样的抒情在眼前闪现的时候，也会觉得很腻。但现实情况是，当你的考场作文某个关键位置出现这样的抒情段落时，我想：至少老师不会去扣分。能拿到多少分值，还要看你在语言表达上的天分。你看这个段落的开头，作者以"我深深地认识到"来把读者带入到他的情感中来，作者认识到什么了呢？简言之，母爱的伟大。然而这样一条情感的抒发，还是上面说的：小学生初学作文，是不会有这样复杂的表达的，只会说：我爱你，妈妈。

从一个人的智力发展或者说意识到的写作技术（写作也是一种技术）来看，要把脑海中这样的一句"我爱你，妈妈"转化成复杂一点、丰富一点的，不显空泛的句子，作者意识到整个段落排比的价值（自然，说它是反复的修辞也好，排比一般三个层次的延续），来把那句简单的抒情复杂化。其实，要想完成上述这个看似简单的小段落，分析运用的技术，也不是很简单。因为作者使用到了语言上的修辞、手法上的联想、情感上的一贯。

以上两个小的案例，明显出自学生之手，是一种典型的青少年抒情的味道。那么对那些知名的、伟大的作家而言，他们又是怎样抒情的呢？他们在抒情上有什么高明的地方值得我们学习和借鉴的呢？

我们来看一下著名作家朱自清在《背影》一文当中的抒情。《背影》实在是名气很大。想来，我们年少时学《背影》一文，以体会作为儿子、作为子女而仰望父爱的一种思想感情。而有一天，当我们为人父母后，我们会对朱自清的父亲感同身受，那种面对儿子北上而自己陷入无力感之中的一个父亲的思绪，我想随着我们年纪的增长，我们体会的一定更加深切。总之，散文家朱自清先生所写的这份"父子情深"的故事，我想是可以传之千古的，注定会打动一代又一代的父与子。

那么，朱自清先生是如何抒情而铸就了这篇名文的呢？

首先，大作家的抒情常常不是独立存在，而是融入到了叙事与描写之中的，他在叙事的过程中就带着浓厚的情感，在刻画的时候更是如此。有一句叫做：饱蘸深情，说的就是这种情况。换言之，朱自清的散文是以情感驱动的叙事散文、是以情感驱动的生动刻画。前者，在叙事中融入情感，也可以理解成：在情节化的过程中融入作者的思绪、思想和感情。

作者开篇就说：我与父亲不相见已二年余了，我最不能忘记的是他的背影。

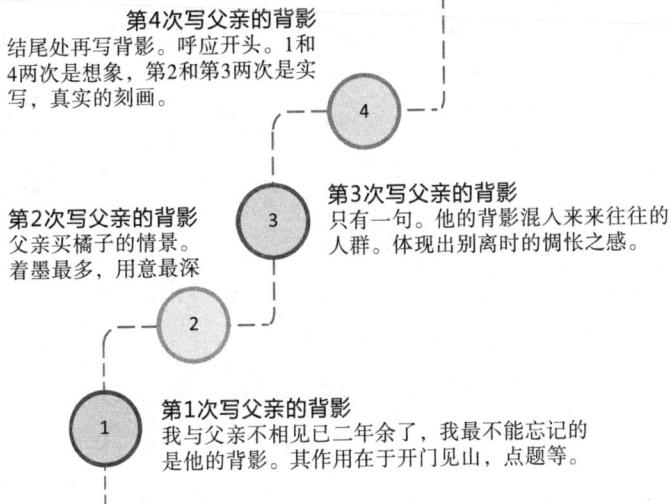

第4次写父亲的背影
结尾处再写背影。呼应开头。1和4两次是想象，第2和第3两次是实写，真实的刻画。

第3次写父亲的背影
只有一句。他的背影混入来来往往的人群。体现出别离时的惆怅之感。

第2次写父亲的背影
父亲买橘子的情景。着墨最多，用意最深

第1次写父亲的背影
我与父亲不相见已二年余了，我最不能忘记的是他的背影。其作用在于开门见山，点题等。

《背影》一文令人潸然泪下，四处背影的存在给人印象深刻

　　要我说，作者对抒情的梳理在第一句话当中就以展露无疑。前半句说"我"和父亲有两年多没有见过面了，这是叙事——叙述一个事实，然而字里行间体现出作者对父亲的思念；而在后半句当中的"最不能忘记的是他的背影"——背影是全文的线索，是作者死死抓住的一条主线。想一想，当人们在车站送别的时候，最后见到的是什么？渐行渐远的身影。也许是正面的，也许是扭过头去拭泪的动作。这样的场景是最令人难忘的，朱自清先生抓住父亲的背影——当然，在作者进入对父亲背影的正式的、正面的刻画之前，作者是有许多细节上的铺垫的，比如父亲和脚夫讲价钱、上车给他捡定一个座位，以及反复的叮咛等等，都为后续背影的正面刻画做了有力的铺垫。所以作者抓住背影来抒情，也是水到渠成的一件事。

　　作者的眼泪在表达作者感情方面，也起到了很好的作用的。"我的眼泪又来了"，表面写的是眼泪，其实写的是作者的感情，是抒情。

　　对背影的刻画在其他的文学作品当中也有极为深刻的印证，比如杨绛先生在《干校六记》第一篇《下放记别》当中，她所记的背影给人的印象同样十分的深刻。

　　阿圆送我上了火车，我也促她先归，别等车开。她不是一个脆弱的女孩子，我该可以放心撇下她。可是我看着她踽踽独归的背影，心上凄楚，忙闭上眼睛；闭上了眼睛，越发能看到她在我们那破残凌乱的家里，独自收拾整理，忙又睁开眼。车窗外已不见了她的背影。我又合上眼，让眼泪流进鼻子，流入肚里。火车慢慢开动，我离开了北京。

这同样的极高明的写作手法。《下放记别》当中，仅有的两次"背影"——虽然出现的次数不算多，但杨绛先生对女儿阿圆背影的刻画——龃龉独行的背影，以及不见了的背影，同样令人心碎，把读者带入到了当时的场景当中，甚至为之泪下。

可见，更高明的抒情常常是借物抒情，通过对实体的借助来抒发内心的情感。这样看来，上面那个初中生写老师时动用的黑板、教鞭等，较之单纯的抒情，是更胜一筹的。

融情感的抒发于叙述当中，表现为字里行间的动人，常常是作家们最擅长的一面。不信你可以读读史铁生的《我与地坛》，读一读贾平凹早期的散文，比如《我不是个好儿子》《祭父》《哭婶娘》等文章，这些了不起的作家都会把自己的感情悄悄融入到叙事当中来，让读者从一开始到文章的结尾，都难以走出作者的情感。这就是同呼吸、共命运的一种滋味。

当然，文无定法。这个古老的文章法则，到了什么时候都有用。饱蘸深情的笔墨固然令读者动容，但对散文而言，也不意味着必须时刻把浓情融入到你的叙事过程中来，这不是唯一有效的方法。总有作家们另辟蹊径，把抒情这一手法运用到惊人的地步。我举一个例子给青少年。在何立伟老师的随笔集子《当时明月当时人》之中，第一个部分叫做《过眼人如烟》。作者写了49篇随笔，标题都是人的名字，比如《矮哥》《迟教授》《老金》《九哥》等等，这些人物在作者的笔下都是异常鲜活的。何老师的文章既有特色，一般开篇就直奔故事，故事自然是情节化的东西，比如在《常浩》一文中，开篇是：我那天到河西开会；在《邓武》一文中，开篇是：好多年前我在二鞋厂挂职锻炼。等等，直入故事，直叙情节，基本很少见到何老师抒情。但他文章的最后一句常常给人以韵味无穷的滋味，比如在《迟教授》一文的结尾，就一句话：当其时，他是何等的潇洒，这是此一时彼一时也。当然这样的句子有作者的感叹：何等潇洒；有作者的议论：此一时彼一时。然而在这样简洁的结尾当时，何以令人涌起无限的韵味？我想，这与这些随笔的小说化手法很有关系。作者写眼中过眼人的故事，在时间上往往是和现在拉开了一段距离的，作者叙述的陌生化处理方式，虽然是随笔，却给人以小说的味道，尤其是小小说的感觉，那么最后的一两句，往往体现出一种丰富的意蕴，就像小小说结束时点出主旨一样。

　　某种意义上，有些作家是反抒情的。而有些作家则看重抒情。比如朱自清的散文《背影》，作者的情感从第一句就体现的淋漓尽致，一扎到底；而在"反抒情"风格的文章当中，读者一时间闹不清作者的文章抱持怎样的情感，往往是在文章结束前的一刻，一句话点出他刻意保留的情感，令读者在读完故事之后，仿佛忽然在迷失的森林中见到作者刻下的情感方向标，或者在茫茫大海上忽然见到一座发光的灯塔，一下子切中了方向。

　　抒情的一大关键是：忠于自己的内心，不是为了抒情而抒情。反观当下许多孩子尤其初中生的抒情，都不是一种恰当的抒情，而是一种过度的、泛滥的抒情，让自己脑海中翻飞的思绪，以不经严密组织而散漫地呈现出来，美名曰：散文。

　　在这样的"散文"当中，我们见到的都是作者洋洋洒洒的情绪，有的看起来非常的生动，富有文采。然而仔细推敲，不难发现其中的问题。如果说这是一种无病呻吟的表现，我想：大部分了解写作的人是不会反对的。文章可以反映作者的思绪，比如某些随笔就是作者心灵深处翻飞思绪的有机组合，但这样的文章同样具有虚实结合的根底。没有虚实结合的手段，一味地"虚"而不"实"，加上作者对语言艺术朝着华丽一段的追求，是不难走向一条写作的歪路上去的。

第 4 节 恰当议论：一针见血是关键

　　抒情和议论当然有着鲜明的差别，一个希望以情动人，一个旨在以理服人。就两者的差别而言，它们有霄壤之别。然而就文章的几个手段——叙述、描写、说明、抒情、议论而言，我觉得：抒情和议论是在一个维度之内的。某种意义上，它们处在同等重要的位置上，并且有来源上的同一性：都是来自一个作者主观的、内心深处的个人思想的体现——一种体现为情感，一种表征为议论，就这么点差别。

　　而其他三种手段所触碰的、所指向的乃是"客观"——叙述指向对客观发生的事件的梳理，无论直叙、倒叙、插叙还是补叙，描写指向的是对客观存在的人与物的描摹，不管是对人物进行动作、语言、神态、肖像的刻画，还是对物的描摹，除了引发作者的联想和想象的文字是主观的，大部分都必须指向客观；说明文更是如此，客观描摹是说明的灵魂，故而以平实为根本，就连说明方法中的"比喻"都只能叫做打比方，而不能以文学化的概念来界定，说明文中的描写也只能被叫做"摹状貌"，这是有趣的地方。

　　在议论文中，议论是当然的主角。议论文是发表见解的文章类型，考验的是作者的思辨才能。一名学生到了高中，为了迎接高考是一定要过这一关的。过这一关说容易很容易，说难也很难。容易在于议论文在结构上可以沿用一些"格式"，尤其是常见的"中心论点 - 拆分成分论点 - 分别论证"的思维模式，这在高考议论文中相当常见。我们甚至可以将其视为一种传统议论文的结构范式，这是我说的它的简单之处。

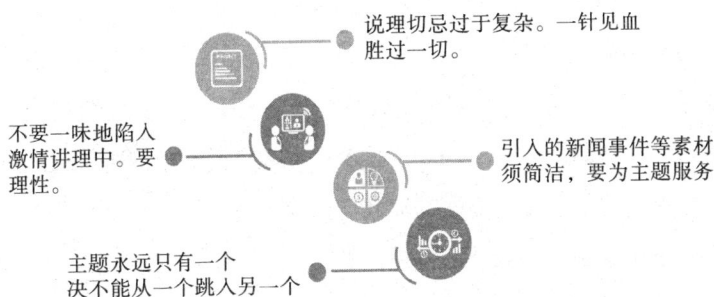

说理切忌过于复杂。一针见血胜过一切。

不要一味地陷入激情讲理中。要理性。

引入的新闻事件等素材须简洁，要为主题服务

主题永远只有一个
决不能从一个跳入另一个

议论文和发表意见时的注意事项

而其不容易写好的地方在于，如何提出一个精彩的见解。一个没有多少看法的人，是难以提出精彩的意见的。没有精彩的意见，何谈议论文的精彩？攻克这一难点，仅仅依靠写作技巧是不行的，必须养成良好的思考习惯，努力让自己拥有一个"问题意识"——学会提问是我们学习中的一大痛点。长年的灌输 - 记忆 - 复显的学习模式，让许多学生失去了主动发问的意识。有老师在课堂上做一个实验，每当一个问题解答过后，便询问：有什么问题吗？可以举手提问。一般情况下没人发问。这是思想的怠惰！一个不会发问的学生，是绝难冠以一个"好学生"之名的，即使你的成绩很好。学习的一大目标是：养成良好的问题意识，

这样才便于你日后能在研究领域发现问题，进而探寻结局问题的方法。如果连发问的能力都没有，何谈发现和研究？

在说理方面，我们须克服以下几点常见的问题。

1. 说理切忌复杂化。说理本是一个简单的事情，就是把你的看法表达出来而已，所以说理需要的不是长篇大论，而是一针见血。你看鲁迅先生的杂文，大部分都是简短的，也因此而更有力量。把说理复杂化，容易陷入自我的循环甚至矛盾当中。

2. 不要被激情所支配，而要循着你的理性走。青少年的情感是丰富的，感情是激越的，也就是容易激动。所以每当写议论文的时候，容易犯一个毛病——整个行文被自己的激情所支配，而不是被自己的理性所支配。被激情支配的写作，可以令作者在写作过程中感到一种身心的愉悦，其实是一种生理上的舒适，但其结果可能偏离议论文的初衷。比如在一篇《成才之路，贵在成人》的议论文当中，作者说：尊崇"自然成长"的成才之路非一味的追求"才"的结果，而是更看重过程的自然与真。丰子恺说："教养孩子的方法很简便，教养孩子，只要教他永远做孩子，即永远不使失却其孩子之心。"若在成才路上蓦然回首，或许我们会发现，当我们满腹经纶时，已经失去了背诵"鹅鹅鹅，曲项向天歌"时的率真、纯洁、自然、热情、烂漫、可爱、表里如一、精力充沛。随着年龄的增长，在生存压力的胁迫下，在社会文明的浸染下，一路走来，这些可贵的品质所剩无几。李贽言："童心者，真心也。"若是在成才路上，我们慢慢成为了只懂功利的人，便是失却童心，即失却真人。"人而非真，全不复有初矣。"，已忘初心，又何能方得始终呢？——在作者充满激情的论述当中，

"满腹经纶"变成了一个贬义词，其实它说的是人有才学、有本领，其同义词是学富五车，是博学多才，一个人自幼背诵诗文，所为的不就是"学富五车、满腹经纶"吗？而"胁迫"的主体应该是人，作者又说"在社会文明的浸染下，一路走来，这些可贵的品质所剩无几"，试想：社会文明本是好的东西，何以和"浸染"搭配，而戕害到人？同时作者引用了不少名人格言，如丰子恺、如李贽等，这些格言是不错的，但又如何证明人的"已忘初心"？纵观作者行文的思路，始终被一种激情所支配，以至于失去了基本的逻辑论证，故难以服人。

3.引用新闻事件要恰当，多个引用不等于说理。有一名高中生，在我批改作文的过程中，我发现他犯了一个典型的错误，就是连续引用新近发生的新闻事件，把新闻事件当中固有的公平、正义等当做自己的观点，其实他是想证明对公平和正义的看法。但因为过多引用新闻事件本身，甚至用心雕琢新闻事件的细节（其实他们作为例证，交代清楚就可以），从而让文章的篇幅过大，同时把该说理的地方叙事化了。——当然，不止新闻事件作为素材，即使是历史素材，我们在议论文当中的运用也不宜过分细节化，取其大略足以证明自己的观点就可以了。

在这样连续引用和雕琢的过程中，作者以一两句的议论来连接不同的新闻事件，给人造成一种"时评"的感觉，并非以自己的观点一以贯之。

4.必须围绕一个主题展开，不能陷入跳跃性说理。青少年一旦进入喜欢说理的年纪，比如初中高年级开始，一旦对说理本身发生浓厚的兴致，在写作当中容易犯的一个毛病是：从一个主题跳到另一个主题而不知。他本来只想是想说明：读书是好的，开卷有益啊！然而在论证的过程当中，因为对国人阅读率的不高而心生不平，于是悄然开启了对国民阅读率过低提出了自己的看法，于是提出了全民阅读的观点，希望全社会营造全民阅读的良好氛围。这样写出来的文章，变成了一种多主题（两主题）的文章，作为读者我们会一头雾水，作者由开卷有益跳入到提高阅读率必须实施全民阅读计划的观点上来，给人的感觉有点错乱。更有的青少年作者，在写作议论文的过程中，不知不觉地加大了文章的篇幅。一同学面对要求 800 字的议论文，洋洋洒洒写下了2800 字的宏文，甚为壮观。他自己都感到十分惊奇，何以自己不再害怕写作文？自己一看，居然可以拆分成三篇不同主题的作文出来——这是真实发生的事情，绝非笔者虚构的"故事"！

议论除了在议论文当中唱主角之外，在其他文体当中也有"戏份"，但主要是配角。不过这样的配角有时也是点睛的关键，在这一点上，我觉得它和抒情有相通的功能，和抒情一样运用得非常广泛。比如在《闻一多先生的说和做》一文当中，作者在结尾处说：闻一多先生是卓越的学者，热情澎湃的优秀诗人，大勇的革命烈士。他，是口的巨人。是行的高标。这就是典型的议论，来表达对闻一多先生一生风采的见解。

议论像抒情一样，能和记叙"捆绑"在一起，能更好的融合起来，所谓的夹叙夹议是也。这里的关键的融合，当你在叙述过后立即融入一两句议论性的句子，往往可以升华整个情节、事件。

第5节　平实说明：零度叙述的技巧

　　说明文在考试当中的地位，是不能和记叙文和议论文相提并论的。我们很少见到在重大考试当中要求青少年写说明文，也很少在有奖征文当中见到它的身影。但实际上，说明文对我们准确的认识事物、认识世界是很有帮助的。

　　以说明为主要手段的作品，常见的有两种，一是事物说明文，向你的读者介绍一盆花、一个雕塑、一座桥梁，比如我们耳熟能详的《中国石拱桥》《苏州园林》等等，都是这方面的典范佳作。而另一种则是事理说明文，包括了读者喜欢的科普作品。事理说明文侧重的是内在的科学道理，本身就具有很强的科普性，只不过有的侧重科学本身，有的带有较强的文艺性，从而形成了科学小品文。但不管哪种，都是以通俗易懂的话语，向一般性的读者（非科学家）讲述科学的道理的。

　　说明文的第一个要求，就是语言的平实。如果说记叙文需要良好的叙述、描写来支持，并需要很好的抒情意识、议论思维来实现画龙点睛，而议论文则须以鲜明的观点，来证明你的看法，它们在语言上都带着浓厚的情感色彩、思辨色彩，而说明文所需要的恰恰是一种零度叙述——一种不需要饱蘸作者情感、夹带思想意见的陈述方式。

在修辞学当中，修辞学家对修辞的定义是一种偏离，正偏离导致好的审美效果，负偏离导致不良的叙述效果。而说明文的平实要求，在需要不偏不倚的客观叙述，这是说明文语言表达的一个特殊要求。我们首先看一个简单的例子，并简要分析。

> 石拱桥的桥洞成弧形，就像虹。古代神话传说里，雨后彩虹是"人间天上的桥"，通过彩虹就能上天。我国诗人爱把拱桥比作虹，说拱桥是"卧虹""飞虹"，把水上拱桥比作形容为"长虹卧波"。（茅以升《中国石拱桥》）

分析：茅以升先生对"桥"的叙述是平实的。尽管作者用了打比方的说法，把石拱桥比作"虹"，并进一步延伸，将古代神话中、中国诗人眼中的"虹"做了一番说明，但其语言的平实是典型的说明性的，而非散文的语言。如果我们把它们改成散文的语言，会是怎样的一种效果呢？可能变成了：当我靠近这座石拱桥时，我的眼前仿佛出现了一道美丽的彩虹。我仿佛置身在古代神话传说中的"天上的桥"，踏上去一伸手便触摸到天门一样。站在桥头上，大有一种"闲立飞虹远兴长，一方云锦荐疏凉"之感。

散文的语言和说明文的语言有着质的不同。一种是必须凝结作者思想、情感于字里行间，甚至寄寓着作者特定志向的。而在说明文当中，丝毫不能容纳作者的志向和思想感情的，必须以交代清楚说明对象自身的特征为目的。在上面的文字当中，作者是以打比方的方式给读者"制造"中国石拱桥的形象而已。

正度叙述   零度叙述

眼前的桥洞是一道弧形，就像一道绚丽的彩虹。啊，真美！这样的表达在于表达作者的情感。

石拱桥的桥洞成弧形，就像虹。这样的叙述不强调作者情感。强调的是如实观照。

零度叙述的原则：如实观照

在后面的内容当中，作者给出了一堆数据，都是异常准确地告诉读者，赵州桥的具体情况的，如：赵州桥非常雄伟，全长50.82 米，两端宽 9.6 米，中部略窄，宽 9 米。这样的数字集中在一句话中，是不会存在于散文、记叙文当中的。在散文和记叙文当中，即使你要告诉读者类似的意思，必须以感受的描述，而不是具体的冷冰冰的数据。

零度叙述的技巧是什么？用一句话概括，就是"如实观照"——不附加作者的思想感情而把眼中看到的，以客观的心态写出来。即使写事物的美，也是一种客观的美，比如在《落日的幻觉》当中，作者说：日落确实很美，色彩绚丽，变化多端。"色彩绚丽"是眼睛对落日的自然反映，而"变化多端"也是人们自然能目睹到的，并非只有作者的心灵才能感受到，而读者需要适应作者才能引发精神的共鸣。如果作者不是零度叙述，而要融入自己的情感、感叹等，则至少会说：落日确实很美，它是如此的绚丽多彩，是如此的变化多端啊！你看，这样写便是感叹句，而感叹句子是一个作者因自己的情感而发出的，绝不是"如是观照"。

在一篇介绍其内在原理的说明文当中，作者不仅如上所述，还要告诉读者：观赏者不会想到吧，这些奇异景象竟然大都是幻觉，夕阳本身没有任何变化。作者继而要以科学的道理解释给读者，并从1871年英国科学家的研究发现说起。换做是一个散文家，他必着力刻画出夕阳的美才肯罢休；而对那些豪情万丈的诗人来说，不发出惊人的诗句是不肯罢休的，正所谓"语不惊人死不休"。但对说明性文章而言，着力刻画夕阳的美、写出异常美丽的诗句都不必要。

故而，"如是观之照"的零度叙述，首先是克服自己的感情冲动，牢记一点：绝不发表自己的感叹！而保持一种中立的、客观的叙述，既不褒扬它，也不贬低它，而着力写出它的样子。

我们知道，说明文中是有许多说明方法存在的，这是青少年在长年学习中深刻体会到的一点，比如打比方、下定义、分类别、作比较、列图表、摹状貌等等。这些说明方法的定义本身就是以平时的语言完成的，放在其他的文体如散文当中，打比方其实就是比喻，下定义可以看做一种特殊的叙述，作比较是对照、对比、烘托等艺术效果，摹状貌则是典型的刻画手法。而有些如类图标、列数字往往不怎么加以运用，是说明文"如是观照"的一种独特的手段。

这里我仅以打比方这种常见的说明方法来解释说明文中的

"如是观照"。

打比方就是比喻。是以日常熟悉的、更形象的来说明一些人们不大熟悉的、相对抽象的东西，从而令你说明的对象在读者头脑中快速建立起来形象感——和散文中的比喻中常常兼顾语言的美相比，说明文中的打比方着眼于逼真。上面的例子中，作者说：石拱桥的桥洞成弧形，就像虹。这是典型的打比方，人们对桥洞的印象一下子熟悉起来，谁没见过天上的彩虹呢？但并非人人对石拱桥的桥洞有细致的留意。如果作者不想如是观照，而是想融入自己的思想感情，他至少会说：就像天上美丽的彩虹。不要小看一个形容词"美丽"，放在这里就加强了作者的主观看法。如果想更进一步，作者甚至可以说：就像一阵暴雨过后出现在美丽天空中的一道彩虹。打比方或比喻这种手法，在人们的认知当中，具有不可替代的一种效果。再复杂的东西，只要经比喻、打比方一说，立刻会生动形象起来。而在说明文当中，一旦你打比方，所说明的对象就容易逼真起来。但说明文中的打比方和散文中的比喻，作者在多大的主观程度上去写，造成的效果是不一样的。讲究平实的、如是观照的客观，是说明文行文的首选。

第6节　必备修辞：让新意源源不断

但对一般的青少年而言，除了最常见的几种修辞运用较为熟练之外，其他几种不仅运用起来是大问题，也不能在阅读中体会到它们的存在和好处。在介绍修辞本身之外，在第二个部分，我们再综合一下来看，如何在日常写作中更好地运用它们。

一、比拟

比拟的定义很简单，就是在人和物之间建立联系，把人当做物来写，或者把物当做人来写，也可以把 A 事物当做 B 事物来写的一种修辞手法。比拟能令一些抽象的事物具象化，把没有生命的东西人格化，从而对表达作者鲜明的思想感情大有好处，令文章更有感染力。比拟是一个大的概念，在它的下边可以分作两种，一种叫做拟人，一种叫做拟物。

通过上面的定义，聪明的同学应该明白：当我们把事物人格化的时候，就是拟人的手法。比如让小草和人一样会呼吸、有思想。各种寓言、童话故事当中的动物和我们人类一样，能思考、有感情，其实就是拟人的手法。比如我们看的各种动画片当中，如《熊出没》当中的熊大、熊二就是人格化的熊，它们经常对光头强高喊一声：保护森林、熊熊有责！这就是拟人的修辞。

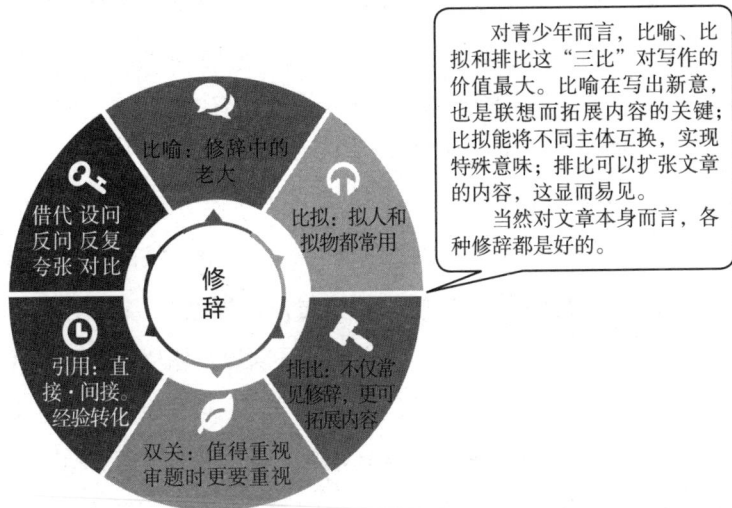

> 对青少年而言，比喻、比拟和排比这"三比"对写作的价值最大。比喻在写出新意，也是联想而拓展内容的关键；比拟能将不同主体互换，实现特殊意味；排比可以扩张文章的内容，这显而易见。
>
> 当然对文章本身而言，各种修辞都是好的。

修辞

- 比喻：修辞中的老大
- 比拟：拟人和拟物都常用
- 排比：不仅常见修辞，更可拓展内容
- 双关：值得重视，审题时更要重视
- 引用：直接·间接。经验转化
- 借代 设问 反问 反复 夸张 对比

各种修辞的地位不同：比喻、比拟、排比最常用，但关键在于写出新意

著名作家莫言在《酒国》当中，写酒的时候有这样的一句话：酒的品格是放荡不羁，酒的性情是信口开河。要知道，只有人才能有这样人的性情和品格。但经过作家这样的写作方法，一个人喝酒之后所暴露出的那种品行和性格，就写出来了。不必写人，借助写人格化的酒的品格和性情，显得比较含蓄。

在我们学过的《乡下人家》一文当中，作者说：几场春雨过后，到那里走走，常常会看见许多新鲜的笋，成群地从土里探出头来。我们知道：雨后的春笋生长的很快的，作者这句话就形象

地写出了雨后春笋的精彩画面，尤其是一个探字，突出表达了这种长势。

青少年在写景状物类的文章当中，常常采用拟人手法，显得生动形象。比如写秋天时：秋天是美丽的，在曼妙的韵律中舞着她的裙摆。这就是对秋天以人格化的展示，同时不仅是一个简单的句上的好处，如果你沿着人格化道路继续前行，完全可以运用全文拟人的手段，从而令内容得到拓展。比如在六年级课本（人教版）的文章《山中访友》中，作者就大量使用了拟人的手法，如：你好！陡峭的悬崖！深深的峡谷衬托着你挺拔的身躯，你高高的额头上仿佛刻满了智慧。作者通过这种想象，悬崖似乎成了一个智者，也可以看出，好的想象可以景物栩栩如生、灵气飞扬。类似的还有在《延安颂》当中的句子：啊！延安！你这庄严雄伟的古城，热血在你的胸中奔腾。这也是人格化的拟人句子。而在一篇满分作文《心的纽带，必将永恒》文章当中，作者说：随着社会发展，也许人们早已习惯了 QQ 与电子邮件的方便快捷，早已将耗时费力的书信遗忘在角落。曾经承载无数人情感的书信，只好在这纷繁世界的角落中暗自哭泣。你看，哭泣的书信也是被赋予了人格的写法，显得形象、生动，在科技改变世界的过程中，我们真的无情地抛弃了传统的飞鸿传书啊！

除了拟人，第二种比拟叫做拟物，这是相反的手法，不是把物人格化，而是把人物化、物质化，想一想，当我们把一个人物化的时候，往往带着一种强烈的感情色彩。比如鲁迅先生在和人打笔仗的过程中，就善于将人——自然是值得贬低的人贬低成物，比如他在《忽然想到》的一篇文章中说：而几个在男尊女卑的社会上生长的男人们，此时却在异性的饭碗化身的面前摇尾，简直牛羊而不如。你看，鲁迅先生写的多狠啊！说这样的男人们在摇尾巴，这是一种典型的拟物手法，体现出作者强烈的感情色彩。

鲁迅先生在《故乡》一文中说：我到了自家的房外，我的母亲早已迎出来了，接着便飞出了八岁的侄儿宏儿。而在小说《在酒楼上》，作者说：我在少年时代，看见了蜂子或蝇子停在一个地方，给什么来一吓，即刻飞去了，但是飞了一个小圈子，便又回来停在原地点，便以为这实在可笑，也可怜。可不料现在我自己飞回来了，不过绕了一点小圈子。又不料你也飞回来了，你不能飞得远一些吗？这是作者写小说的主人公吕纬甫的心理过程，吕先生对人生的不满、对自己的一种贬低，也是心情的无可奈何啊！

老舍先生在剧本《龙须沟》当中也有这样的句子，如：咱老实，才有恶霸，咱们敢动刀，恶霸就得夹着尾巴跑。你看把恶霸进行了物化的贬低，体现出强烈的思想感情。

当然在拟物的过程中，不一定都是把人物化，也可以把 A 物当做 B 物来写，比如杨朔在《金字塔月夜》一文当中，写了这样一句话：月亮一露面，漫天的星星惊散了。写星星被月亮惊散了，也是拟物的手法。

当然在写作的使用过程中，更多的是把抽象的概念、事物等具象化、比如我们常说的理想很丰满、现实很骨感。理想和现实都是很抽象的概念，然而用丰满和骨感来写，一下子形象了很多，抽象的概念不再抽象，给人印象深刻。

二、比喻

比喻是同学们掌握的最熟练、运用的最多的一种修辞手法。不夸张地说，比喻堪称所有修辞格当中的老大哥。比喻就是我们常说的打比方，在说明文当中就叫做打比方的说明方法，其实是一样的。而在其他文章当中，叫做比喻、譬喻等。

比喻是怎么产生的呢？这跟我们人在创作过程中的联想是分不开的。当你把两种或两种以上的不同事物之间的相似点找到了，用其中的一个来展示、描绘相关的事物的时候，比喻就诞生了。比如《山中访友》当中的句子：啊，老桥，你如一位德高望重的老人。这个比喻句，不但写出了桥的古老，还突出了它默默无闻为大众服务的一种品质，体现出作者对老桥的赞美之情。

而在《全神贯注》一文当中，这是一篇记叙法国大雕塑家罗丹邀请奥地利作家茨威格到家中做客，自己却如醉如痴地投入工作的事情，作者说：只见罗丹一会上前，一会后退，嘴里叽里咕噜的，好像在跟谁说悄悄话，忽然眼睛里闪现出异样的光，似乎在跟谁激烈的争吵。又说：他像喝醉了酒一样，整个世界对他来讲好像已经消失了。这样的比喻写出了罗丹修改自己作品时的情绪变化，以及投入工作时的那种如醉如痴的状态，好像完全忘记了周围的一切一样。

可见，如果我们在自己的文章当中，写出了精彩的比喻的话，那不仅能很好地拓展内容，避免语言的干瘪等现象，关键是可以高度形象地表达思想感情。常见的比喻种类啊有三种，这就是明喻、暗喻和借喻。

所谓明喻就是清楚地告诉你的读者，这是在打比方呢！在本体和喻体之间常常有十分明显的比喻词，如：像、好像、好似、似的、有如、宛如、好像……一样。等等。比如鲁迅先生很有名的那个话语：希望是本无所谓有、无所谓无的。这正如地上的路。其实地上本没有路，走的人多了，也便成了路。这里啊，有鲜明的本体、喻体和比喻词。本体就是希望，很抽象的一个词，喻体就是地上的路，比喻词就是正如。这是典型的比喻，正式告诉你的读者：希望就像路一样，是吧。

这样的明喻在古诗词当中也有很多，比如：问君能有几多愁，恰似一江春水向东流。这里的愁就是本体，一种难以说清的惆怅、愁苦的情绪，像什么呢？东流的一江春水。写的非常之形象，给人印象深刻，其中的"恰似"就是鲜明的比喻词。

大家想；既然比喻有明喻，就一定有暗喻，两者是一对是吧。有明有暗，这才可以。但这个暗不是暗自提示的意思，是一种隐藏起来的比喻。我们这样理解：暗喻是不把比喻当做比喻，而是当成一种事实。所以不会出现像什么一样，而是"是、成了"，好像真的是一种事实。比如：杨朔在《茶花赋》当中说：这是梅花，有红梅、白梅、绿梅，还有朱砂梅，一树一树的，每一树梅花都是一首诗。你看作者这样的表达：他说每一树梅花都是一首诗。这是事实吗？当然不是，这是比喻，是一种典型的暗喻。好像真的是一事实似的。所以在暗喻当中，常常用"是"来连接本体和喻体，造成一种真的事实的意味。再比如我们经常听到的一句话：我爱你北京——祖国的心脏。你看，北京被比喻成了祖国的心脏。这也是暗喻。好像事实真的是这样啊！再比如：

黄河是中国文明的摇篮。你是大海上的一盏明灯。再比如屠格涅夫在《霍里和卡里内奇》的小说中的句子：胡子算什么啊，胡子是把草，是可以割的。这里也是暗喻，把胡子比作草。又说：他们都是些饭桶。这也是暗喻。

暗喻当中有一种常见的类型，叫做并列对举的方式，比如长江后浪推前浪、一代更比一代强。这是暗喻。海水不可斗量，人不可貌相。这也是并列对举构成的一种暗喻。探究起来，这属于对暗喻类型的一种归纳，从句子结构的角度去看而归纳出来的。

第三种叫做借喻。在借喻当中本体隐身掉了，不见了，只有喻体出现，就像一个人的影子一样，人不见了，但影子还在。这是用喻体直接代替其本体。所以在具体的语言当中，本体是什么，往往需要我们推测一下，结合语境去看一下才行。这样的写法首先可以让语言更加的简练、含蓄，比如苏轼的千古名言：惊涛拍岸，卷起千堆雪。这里的雪就是一喻体。如果苏轼先生说：惊涛拍岸，卷起千堆雪似的白浪。这样就出笑话了。

鲁迅先生在《故乡》当中说：我似乎打了一个寒噤，我就知道：我们之间已经隔了一层厚障壁了。我也说不出话。这里的后障壁就是一喻体，本体是两人之间的关系。

三、借代

借代也叫做换名，不直接去说一个本体，不直接说某个事物或人，而是找一个名称代替它出现在句子当中，但所寻找的代称和本体之间有很强的相关性。请注意这一点：是相关性而非相似性。相似的话就成了比喻，比喻的核心是不同质的两个事物之间的相似，部分相似就可以。但借代不是相似，是相关。比如叶圣陶在《多收了三五斗》当中的句子：先生，给现洋钱，袁世凯，不行吗？这里的袁世凯就是借代现大洋的意思，你看袁世凯和现大洋之间没有相似性，但很相关，上面印的是袁大头是吧，这是相关。相关才能借代。

其实，我们在日常对话当中，经常采用借代手法，比如你到商场去买一部手机，商家会问你：要什么手机？你可能说来小米看一看。这里的"小米"就是小米牌手机的借代。你旁边有人说，给我来一部苹果。这里的苹果也是借代，苹果牌手机。这种借代的类型叫做以品牌代替本体的。很常见。

二是以整体的一部分代替整体。比如毛主席说过：不许拿群众的一针一线。这个一针一线就是借代，是以一部分百姓常见的东西来代替老百姓的所有财产，意思是什么都不能拿。别说一针一线啊！李白有一句诗：两岸青山相对出，孤帆一片日边来。你看这里的孤帆，就是一借代的手法，是以帆代替船只的整体，以部分代替整体的手法。

三是以具体代抽象。用具体的一个事物，代替一些抽象的东西。比如我们在网络上经常见到对一个人言论的评价，或者给鲜花，或者仍臭鸡蛋。鲜花和臭鸡蛋就是借代的手法，是对褒贬的一种表达，褒奖和贬低都是抽象的词汇，但如果说：对某人的言论我仍了好几个臭鸡蛋！这就是形象化的一种表达，透过借代来完成的。再比如刘白羽在《红太阳颂》当中的一句话：人民浴血奋战赢得的胜利，又将为血泊所淹没。这个句子中的"血泊"是以形象化的词汇代指抽象的残酷的战争。

　　四是以特征或标志来完成的借代。这个在同学们的作文当中十分常见，尤其是给同学起外号，也就是代号，比如某个同学叫做"碎嘴"——话特别多的同学。或者在路上见到了一个长胡子的人，在文中用"长胡子"来说的话，就是一种借代。以明显的特征来完成的。

　　四、设问和反问

　　这两种其实可以算作是一种。在王希杰老师主编的《汉语修辞学》当中，这两种是一起说的，统一叫做"问语"。为什么要问啊？不管是反问还是设问，都是无疑而问，不需要读者回答的。这是和日常的疑问句是不一样的地方。疑问是需要你作答的。比如老师问：昨天布置的作文写完了没有？有没写完的吗？这样的句子叫做疑问句，这是需要大家回答的。

　　设问是自问自答，比如好作文是怎样来的？好作文是改出来的。这就是设问，自问自答。发问者当然知道好作文是怎样来的，这样的设问修辞可以起到一种强化的作用，通过语气的加强引起读者的注意。比如有的学生在作文当中就这样开头，设问也是文章开头的一种不错的办法。比如什么是方？地就是方，纵横经纬，托举万物，给人无尽的动力和进退的准则。什么是圆？天就是圆，覆盖八荒，包容宇宙，给人以一片烂漫的遐想和冷峻的哲思。这是一篇高考作文的开头，叫做《人生方圆观》。

　　设问也有问而不答的。比如毛主席的诗词：问苍茫大地，谁主沉浮？或者诗人王建的一句诗：今夜月明人尽望，不知秋思落谁家？

反问更是相对简单，是一种只问不答，答案就在问句当中的修辞手法。比如难道我们这样都学不好作文吗？意思是我们当然可以学好作文。这样可以增强语气、强化感情、给读者的印象更加鲜明。

五、反复

反复是为了加强语义的重点，加强语气和感情，加深读者的印象，造成一种特别的情调，重复相同的成分，如词句段。所以我们可以简单理解成：你用反复出现的词语连缀成不同的具体内容，以突出思想感情，但反复的侧重点就在反复词上。比如鲁迅先生说的话：沉默呵，沉默呵，不再沉默中爆发，就在沉默中灭亡。反复出现的沉默，这种就是反复的修辞格。能集中地体现作者强烈的思想感情，表达对当时那个段祺瑞执政的一种控诉。

而在朱自清的《春》一文当中，作者说：盼望着，盼望着，冬风来了，春天的脚步近了。这里的"盼望"便是一种反复的修辞，体现出作者和人们对春天到来的精神企盼之情。

沙宝亮的《青春日记》的歌词当中有这样的句子：还有我的年少轻狂／青春的日记应该充满阳光／照亮了每一页年轻的时光／／积蓄温暖积蓄力量／因为我和我的梦正奔跑在路上／来不及叹息来不及思量来不及回头望。这里的积蓄温暖、积蓄力量就是反复。来不及叹息来不及思量来不及回头望也是反复。

　　值得一提的是：我们日常说的一篇作文的首尾呼应，如果有反复词或句子的存在，那么这种方式也算一种反复的修辞手法。属于一种首尾反复的现象。这一点大家需要牢记。与此同时，有同学表示：说这个反复看起来好像和排比差不多，其实两者有本质的不同。反复的侧重点在反复词本身，比如上面沙宝亮的歌词：第一个反复是积蓄，第二个反复是来不及，他要表达的不是力量和温暖、不是叹息、思量和回头望，而是来不及。但排比不一样。排比中侧重的不是这样的反复出现的词，而是侧重不相同的那个部分。我个人的一个理解是：反复侧重的是对感情的反复表达；排比是对内容的一个集中书写。

　　六、排比

　　排比非常常见的，青少年在写作中最熟悉和运用广泛的一种修辞。所谓排比是把结构相同、语意相关、语气一致的三个或者三个以上的词组、句子或段落成串地排列的一种修辞格。

　　比如叶圣陶在《记金华的双龙洞》当中这句：一路迎着溪流，随着山势，溪流时而宽、时而窄、时而缓、时而急，溪流声也变换着调子。时而、时而这个就是排比。这个叫做词组的排比，造成排比的关键是以四个"时而"来完成的。

　　另外就是句子的排比。比如在一篇考场作文当中，一名作者说：我像风中的一粒种子。身边没有了熟悉的土壤，没有了知根知底的朋友，没有了心灵的抚慰，差一点潸然泪下。这里的排比是靠句子完成的。

有了词的排比、句子的排比，自然就有了段落的排比。在很多考场作文当中，考生十分聪明，文内以排比段的方式来扩展内容，一下子可以写出很多的内容，造成一种文字自我繁殖的效果，在内容扩展方面十分有效。比如这样的段落：

如果说人生的一首优美的乐曲，那么痛苦则是一个不可缺少的音符。如果说人生的一望无际的大海，那么挫折则是其中一朵骤然翻起的浪花；如果说人生是湛蓝的天空，那么失意则是天际的一朵漂浮的白云。

这样一写，整个段落给人的感觉十分优美，且富有气势。可以集中表达你的思想感情。阵势很强大，就像在阅兵过程中陆续走过的方队一样，给人的震撼非常之强。

七、夸张

夸张是一种言过其实，以强调所写对象、突出所写对象的一种修辞格。从语言的表达看，是一种让它变形的手法。

夸张首先是夸大，这好像是人的一种本能似的。比如天上下起了拳头般大笑的雹子，或者：我们高兴的一蹦三尺高啊！或者如李白的诗：蜀道之难，难于上青天。这都是一种夸大。

既然有夸大，就有缩小。比如巴掌大的地方还能搞什么聚会？这是一种缩小，把一个地方说成了巴掌大小。比如莫言小说中的一句话：说你这个熊样能干点啥？放个屁都能把你震倒咯。也是明显的夸小手法。

八、对偶

对偶也叫做对仗，我们常说对仗工整，说的就是对偶的一个特点，这个特点主要是形式上的。就是把字数相等、结构相同或相似、意义相关或相对的短语、句子等对称排列的一种手法。俗称什么呢？就是对子。比如黑发不知勤学早，白首方悔读书迟。上下两句都是相对的。再比如过五关、斩六将；亲贤臣、远小人。或者鸟宿池边树、僧敲月下门。类似的都是。有些对偶同时也是对比，对比重内容，对偶重形式。比如上面的亲贤臣、远小人，这也是一种对比。

修辞不是先于语言而存在的，是跟语言同步产生的，丰富的修辞格是滞后于语言的发展的，是从各种汉语表达当中总结出来的。修辞的种类很多，大概有两百多种，但常见、常用的不过几十种。

九、引用

这一点在同学们的作文当中实在太普遍了。通过引入其他现成的材料、如格言、警句、诗句等来为自己的作文主题服务，就是引用。比如在《把握现在，珍惜当下》这样的满分作文中，作者引用说：一寸光阴一寸金，寸金难买寸光阴。黑发不知勤学早，白首方悔读书迟。无数生动的实例表明：只有把握现在，珍惜当下，才能创造出价值来。

以上直接加上了引号的引用称之为明引。既有明引，必有暗引。如果是暗引的话，就是将所引用的话直接融入到你的语言当中，比如"不在沉默中爆发，就在沉默中死亡，报复的机会终于来了。"这种看似是自己写的，其实引用了鲁迅先生的话，但融入到了自己的文章当中。再如杨绛写的《老王》一文当中，北京解放后，蹬三轮的都组织起来，那时候他"脑袋慢""没绕过来""晚了一步"，就"进不去了"。这里的"脑袋慢、没绕过来、晚了一步、进不去了"，都加了双引号，其实都是引用的老王本人的原话，但作者把它们融合成一句话来表达。这样写的好处很明显——简洁。否则用第三人称引来引去的很麻烦，不如揉成一句话算了。

十、双关

双关主要是借用语音或语义的联系，而呈现出一种带有双重含义的表达色彩，当然是在特定的语境之下。比如古诗里的千古名句：春蚕到死丝方尽，蜡炬成灰泪始干。这里的"丝"就是双关，既是春蚕的丝，又是思念的思，作者写的是对人的思念。

有许多民间的俗语、谚语什么的，都是靠双关活着的，比如"外甥打灯笼——照旧"。这就是双关，谐音双关。或者"你做梦变蝴蝶——想入非非"，这里是非非是非常的非，其实是飞舞的飞的一个双关。其实，双关作为一种修辞，就像作者在文中设置的一种暗号、哑谜一样，需要读者猜想。所以对读者而言，需要有一种看透文本、读懂内容的关键意识。这一点大家格外注意。

在考场作文审题的时候，我们须格外留意题目、材料中的双关用语，你的双关意识一定要强。比如去年（2017）上海中考作文题：就这样，埋下一颗种子。你一定要注意，这里的"种子"便是一双关，你如果死心眼地就写生物学上那个种子，比如玉米种子、大豆种子，难以写出好文章来，这里的种子有比喻义、引申义、象征义诸种，如善良也是一种子，坚强也是一种子，传统文化也是一种子，扩展开来，什么不是种子呢？当你读懂了这一点，我们写作的思路一下就打开了。

有同学表示：既然修辞这样的好，我在家里有事没事就写点修辞句呗！多美好的想法。但真正落地的时候，你发现：很难坚持。多少人坚持写日记了？没多少。历史上坚持写日记的名人也不多，比如曾国藩、蒋介石、鲁迅等等，但我们普通人哪有那么多事情可以记录？所以日记难以坚持，坚持写修辞句子也不容易。不过如果你有自己的微博、微信等，想发点东西，是可以用修辞去写句子的。

我想说，修辞的运用不是日常训练一点就可以的，它需要你在行文当中，很自然地意识到修辞的使用时机。比如我批改过一篇学生作文，有一段结束前的一句话是："这道题的付出不过是让失败来的晚一点。"这段就结束了。他的意思是遇到不会的题目别较劲了，反正也不会，干脆先答其他的。于是我在批改中说：如果你的语感很强的话，写到这里时最好开启一段排比。结果就变成了："这道题的付出不过是让失败来的晚一点，不过是让心中的侥幸留存的久一点，不过是在慰藉心中的一点点不甘。"这样一排比，不仅内容得以扩充，作者的思想也显得更加深邃。这不是简单的语言问题，而是一种写作意识，我们经常见到孩子的作文说：孩子的语言干瘪、苍白。怎么解决呢？

解决语言上的苍白、干瘪有两种方式，一是从语言入手，采用今天所说的排比、比喻等修辞，另外就是要解决作文思维的问题，打开思路放手去写。你要知道，支配写作的不是语言，只是语言容易看到。就像我们看一辆汽车在高速公路上飞一般的行驶，我们能看到车轮在飞快的旋转。但你要知道：导致汽车向前、车轮滚滚的发动机，没有发动机，那轮胎看起来也会很苍白，而时间久了轮胎缺气了，自然就十分的干瘪了。是吧？

再举一个青少年写作中的实例。

一个小学生写的是一个新朋友叫做虎皮的大鱼来到了鱼缸当中，这样一来其他的鱼赶紧退避，躲起来了。作者通过其他的如孔雀鱼、红箭鱼等几种鱼来衬托，其中孔雀鱼躲到了大树底下，自然就是鱼缸中的大树。写到这里就没了，所以我的意见是写到这里时不要停笔，要开始联想而修辞。孔雀鱼躲到了大树底下，不是在偷偷观望嘛，好像潜伏在角落里的侦探一样，在等待着敌情的变化。所以你看，当你写到某处时，该比较的比较了、该观察的观察了，难道就不能引入你的联想，写上一个比喻、拟人等修辞吗？这样一来，整个内容就扩展开来，丰富了许多。

最后，说到修辞在作文中的运用，从语言的角度看，我们几乎就是在运用各种修辞写作文。要知道：修辞不是后人创造出来的，再放入语言当中的，修辞是伴随语言本身而存在的。汉语修辞有几百种之多，常见的有几十种，落实到中小学就十几种的样子，我们今天涉及了最常用的十来种。

其实很多时候，我们使用了修辞而不觉。如一个同学开篇就大发感慨，直接就排比了，这很好。在如有同学开篇作文就写上一个精彩的比喻，显得生动，也有的采用引用开篇，就是引用修辞。更有同学开篇便设问，尤其在一些议论文当中，修辞是符合人的表达思维本身的。如果我们再能稍加训练，关键是写出自己原创的修辞句子，不要总是抄袭别人的。使用各种修辞的关键，是写出有新意的句子。要想在修辞方面有一定造诣，令自己的语言有新意，除了把新奇的联想换成个性化的语言之外，就是经年的累积之效，别无他法。当你在文章当中得以熟练运用时，便可谓达到一种极高的境界。

这种灵活运用的境界，必须经长年训练才行，好在每个人都可以在日常写作中随时训练。

第7节 句子简繁：人为拉长和剪短

句子的长短对写作效果有影响吗？难道句子的构成、语言的表达不是自然而然的吗？

句子的长短对整体的表达而言，自然是有一定的影响的。后一个问题则很难讲，我们很难说作者的表达都是自然而然的。要做到具体的把握，灵活的运用，其间的学问并不简单。许多时候，我们看起来非常自然的句子，其实都是经过反复加工、锤炼的，当长则长，当短则短。王小波先生对法国女作家杜拉斯的小说十分推崇，曾经细致阅读了她的代表作《情人》。王小波说：她的句子改到不能再改，每一句都有十分严密的安排（大意）。可见，作家写作并非全凭语言表达的自然流淌，一切都是有意为之，甚至一切都是蓄意的！

所以，青少年在写作当中须牢记一点：所谓的谋篇布局就是这种有意为之和蓄意的一种；所谓的精心酝酿也是如此。包括语言表达在内，好的作品都是精心打磨而成的，体现在句子当中也是明显的，一大标准便是上面所说的"当长则长，当短则短"。这是写作当中的"非自然选择"——而是一种精心打磨，令长短句互相配合，各司其职。从而打磨出富有阅读节奏感的好文章。

　　青少年在习作中经常出现的一个问题是：偶尔出现令人窒息的极长句，如，在春风的吹拂下杨柳吐出的嫩嫩、绿绿的新芽让我感到无限的欢喜。在这样的句子当中，我们既可以说作者的句子有一定的语病，可以通过改病句而完成。我们也可以说作者的句子过长，造成了一种令人无法呼吸的效果。倘若修改一番，我们可以说：在春风的吹拂下，杨柳吐出了新芽，嫩嫩的、绿绿的，令人感到无限的欢喜。这里对长句子的"分拆"一方面解决了语病问题，一方面令长句子变简短，从而显得更加的自然。

　　如果我们读过朱自清先生的《春》一文，我们对其中的句子的简短一定印象深刻。如"山朗润起来了，水涨起来了，太阳的脸红起来了""红的像火，粉的像霞，白的像雪"等等，作者以简短的句子勾勒春天的景致，不仅语言简洁，更造成一种面对春天的欣喜之感。作者不是在论证春天的到来，而是欢喜春天的来临，故而在语言上给人的感觉也是充满生气的。这是短句造成的一种语言效果。

　　聪明的青少年会注意到一点：当我们去刻画自然景致，用描写这种手法的时候，似乎运用短句更加适合。比如萧红在《呼兰河传》当中对自家的后花园的刻画：祖父栽花，我就栽花；祖父拔草，我就拔草……黄瓜愿意开一朵花，就开一朵花，愿意结一个瓜，就结一个瓜。类似这样的短句子，给人造成的印象是简洁的、明快的，读起来是轻松的，不滞重的。这种短句是一种单句意义上的句子，句子结构常常是简单的。这是许多少年在提交习作中的一种选择，而在作家的笔下也偶尔出现，简短的句子着力点不深，表达的内涵单一，尤其在刻画人的肖像、刻画物的品相、刻画景的韵致时才出现，令读者的注意力分布、停留在这样的文字上，令人从多个角度去欣赏人与物。

随着年纪的增长，青少年在写作中不甘于只写这种短句子，总会在不知不觉当中把句子"拉长"。这种延长常常是从增加关联词、形容词等开始的。比如在上面的例子中，朱自清先生对山、水和太阳的描写，是以三个单句来完成的，如果放在一般的青少年作文中，同样写山、水和太阳，他可能写成：周围的群山变得朗润起来了，而四方的江水涨起来了，同时太阳的脸也红起来了。而如果青少年刻画萧红笔下的后园，可能变成了：每当我的爷爷栽花的时候，我也选择栽花；每当爷爷拔草的时候，我也跟着拔草……如果黄瓜想要开上一朵美丽的鲜花，那么就开一朵美丽的鲜花，迎风招展；如果黄瓜秧愿意结上一个果，那么就会在秋天时节结出累累的硕果。——你看，上面的修改令简洁的文字复杂化了，啰嗦了不少，这时的长句子是没有优势的，反而造成一种语言上的浪费：啰嗦便是浪费。想来，我们可以通过这样的案例读懂短句子的好处。

当你把句子拉长时 ↓

山朗润起来了，水涨起来了，太阳的脸红起来了。

↑ 朱自清的《春》中的短句

周围连绵的群山朗润起来了，四方奔腾的江水涨起来了，太阳的脸也红起来了。

拉长句子、简短句子的小案例

然而，在很多时候我们是需要长句子的，这就需要我们以严密的逻辑令长句在结构上是完整的、无懈可击的。长句子在结构上的复杂，本身就给人一种严谨的感觉；在重视逻辑严谨的议论文当中，常常是长句子的组合，比如在一篇以环保为主题的初中作文，作者写道：人类把文明的进程一直停留在对自然的征服上，却从来不想到对哺育人类的地球给予保护和回馈，我们人类在取得辉煌的文明成果的同时，对自然的掠夺却使得我们生存的地球满目疮痍。

如果同样的意思放在小学生身上，他的逻辑思维还不很强大，可能会表述成：人类总想着折服大自然，却不想回馈自然。在人们得到文明成果时，却让整个地球伤痕累累。仔细比较两者的内在差异。我想：至少长句子造成的逻辑给人更严谨的意味。

其实，长句子还是短句子，恰如上面所说：当长则长，当短则短。在一篇文章当中，如果能将长句子和短句子结合起来，就能很好地把握全文的节奏感，这是值得我们深思和实践的。

第8节　对话灵活：众人对白与自我独白

在习作的各个环节中，对话时常被认为是最简单的而无奥秘而言的。其实未必。你看看海明威的《老人与海》，再经过一番细致的思考便能明白：对话当中是可以隐藏着深刻玄机的。当然，这是对较为高明的、蓄意设计的对话而言。

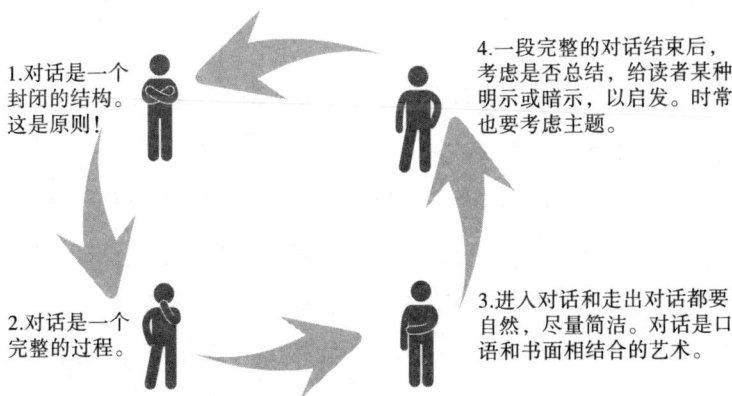

1.对话是一个封闭的结构。这是原则！

2.对话是一个完整的过程。

3.进入对话和走出对话都要自然，尽量简洁。对话是口语和书面相结合的艺术。

4.一段完整的对话结束后，考虑是否总结，给读者某种明示或暗示，以启发。时常也要考虑主题。

对话不简单！并不是对生活的照搬，需要作者当"导演"

普通的对话中，能给读者多少的信息？有的文章对话只是表面信息，并无其他的意味可言，这样的对话只是故事向前发展的基本需要；但对高明一点的对话而言，在推动故事向前发展的同时，还能提供更丰富的意味，好的对话能展示出人物的性格，体现作者的特殊用意。我发现对青少年写作而言，文中出现对话似乎常常只增加文中场景、让作文看起来有现场感，或者干脆抱着一个简单的想法：人物在对话中可以更快换行，从而尽早结束全文，减少字数。其实，如果我们稍加研究，便能令文章中的对话承载更多东西的。

对话有两种，一种是两人以上的对话，二是独白——独白是一种自我对话，自己和自己说话的意思。多人对话是对事实的一种回顾，以重塑真实的场景，向读者传递当时的信息；独白则常常是一种心灵的诉说，是作者经自我的言说、阐述等向读者输出真实的心声。

一、常见的多人对话，能体现鲜明的人物性格才是好的。

对话看起来是容易的。不就是把说话人的话语写出来，加上他们的名字和引号吗？表面看是这样的，但这是形式意义上的。精彩的对白必须考虑其对话的内容价值，其对话的整体过程对整篇文章的主题是服务性的，这是基本前提。我在这里强调的是：对话如果能体现出人物之间鲜明的性格特点，才是好的。

在《围城》当中，钱钟书对人物的刻画是极为深刻的，尤其作品中的对话值得我们深思。比如，方鸿渐和赵辛楣在刚认识不久的时候，两人充满了敌意，尤其是赵辛楣，他的话语是主动出击，刺激和讽刺方鸿渐的，他说："从我们干实际工作的人的眼光看来，学哲学跟什么都不学没两样。"这样的话语是很伤人的，方鸿渐反驳说："那么得赶快找个眼科医生，把眼光验一下；会这样看东西的眼睛，一定有毛病。"赵辛楣的嘴巴是很刁的，方鸿渐则常常能轻松的化解，两人之间的你来我往就是在这种对话当中完成的。在这样的对话当中，人物的性格底色显露无疑，并且对话不复杂。

二、对话的同步处理。

对话在体现当事人性格、思想的时候，作为一个作者，常常不能刻板地写出来，有时需要同步做一点"刻画"的工作。比如上面的句子，在赵辛楣说话之前，作者边说：赵辛楣喉咙里干笑道。而方鸿渐的反驳、不甘人下，作者是这样说的：方鸿渐为了掩饰斗口的痕迹，有意哈哈大笑。在我们自己作文时，如果要勾勒 A 和 B 之间完整的对话过程，我们常常会有下面的闭合结构：

A 问："你昨天的作文写完了吗？"

"是的。"B 回答道。

一问一答是最基本的对话过程，但在保证问答完整的同时，我们可以就 A 和 B 的言说时的神态、举止以及丰富的表情等做一番勾勒，比如将上面的对话改写成：

A 的脸上露出一丝不易察觉的不安，他小心翼翼地问："你昨天的作文写完了吗？"

"当然！"B 自信地答道。

这样一来，A 和 B 的内心甚至是性格便在这样的问答之中展露出来，A 的表现体现出他谨慎乃至怯懦的一面，而 B 则自信满满，也许随着故事的发展，B 的回答当中也有自负的方面，这需要结合其他方面的内容来察看。

所以在《围城》当中，赵辛楣和方鸿渐两人斗口时，作者的任务不仅是记录两个人的对话本身，还需要把观察到的场景刻画出来，从而令读者更清楚对话者的内在心理，从而对整个对话场景有一个清晰的认识。

三、对话本身的再处理，需要简洁明了的效果。

作文毕竟是书面语言构成的。其中的对话却常常是口语的，故而全文中允许出现一定的口语规模，甚至是大段的口语内容。但对作者而言，选入文章的口语和现场的口语往往还不是一成不变的。对小说创作而言，明智的作者已经在创作过程中有效回避了大段可能出现的啰嗦语言，试图去制造一个令人信服的谈话现场。

对青少年写作而言，时常处理的对话往往不是自己虚构的，是从现实的生活中采撷而来，它们生动地回响在作者的脑海中，两个人或几个人你一言我一语的场景往往很真实，你的脑海中甚至一时间出现现场的嘈杂感。但这时候，我们把一番有意义的对话写入文章时，是需要经过一定的裁剪的。对那些重复的、啰嗦的、不文明的话语，是需要剔除的，从而更简洁地出现在我们的文章当中。从这个意义上看，我们文章当中的对话，绝不是对现场嘈杂的话语的照搬。

四、进入对话和走出对话。

对话常常是文章的一个部分构成，很少见全文都是对话构成，除非是在剧本当中。但即使那样，也需要作者塑造良好的现场场景，从而有外围的语言表达。在作文当中，对话上下往往有其他的内容。那么如何进入对话和走出对话，在进入对话和走出对话时，需要注意点什么呢？

1. 进入和走出对话都尽量要自然，这是上下衔接的艺术。我们不能生硬地进入对话场景，也不要让对话的结束有被作者斩断的滋味。自然处理对话的上下构成，是令全文结构保持整体和谐的一个原则。

2. 考虑进入对话前是否需要一点铺垫？考虑走出对话后是否需要总结整个谈话的意义？直接总结还是用刻画环境的方式？当然，有的对话比较特别，比如出现在全文的开头部分的对话，运用得当，能给读者一种一种开天辟地的感觉——尤其是披露故事当中关键情节的、令人瞠目的、吐露重大信息、造成了悬念的对话，能一下子吸引读者注意你的文章，从而有兴趣读下去。

3. 对话在文章当中的地位是值得思考的一件事。对话对记叙文而言是这样的一种存在，对话不过是用部分的对白还原某种现场，还原一旦结束，对话立刻结束，不需要作者把笔墨继续"浪费"在对话上面，而要赶快回到固有的叙述路径上来。这样说来，对话需要恰当的时间进入和出来。

五、对话的一大作用——推动故事的向前发展。

对话是推动故事想前发展的一种有效手段，对话中谈论的故事后续怎样了？对话中出现的人物怎样了？这些对整个故事的发展，即使是普通的记叙文，也有很强的启示意义。而在《围城》当中，开篇不久，整条船还在海上的时候，带着孩子的孙太太和苏文纨在甲板上聊天，话题说到了男人的好赌，孙太太对自己的丈夫嗜好赌博很不满，然而无可奈何。她们的话题很快说到了方先生，苏小姐冷冷说道：方先生倒不赌。但这话遭到孙太太的反驳，她说方先生也赌，只是这时正在追求鲍小姐，没时间。其实她们的对话为后文很快出现的方先生和鲍小姐在船上的一段故事做了铺垫，推动了故事的向前发展。说"对话"推动了故事的向前发展，其实人和事件的存续演变，是自然的出现在人的口中的。

六、独白。

和对话相比，独白——和自己对话，轻松内心的真实想法，是更应该引起高度重视的一种写作手法。因为它的运用更加灵活和灵动，不受塑造场景的限制，不需其他人的参与，只需要作者自主的施展其手法就可以，并且常常有很好的表达效果。

独白是作者的自我思考和自我倾诉——当然，对文学作品而言，不知作者可以这样做，作者也可以安排或借助作品中的人物来完成这种倾诉。从而生动地向读者传递作者和主要人物隐秘的、不为人知的内心世界，打通作者、文学人物和读者之间的沟通和关联，令读者更好地认识作品的意义。

在海明威的《老人与海》当中，老人独自的浩瀚的海洋当中和大鱼搏斗，他能跟谁说话呢？能向谁寻求帮助呢？都不能。所以他常常会自言自语，他的生动的独白，向读者展示着他坚强的奋斗精神，包括在遭遇困境时的自我救助、方法的探寻等等。包括揭示全书主旨的一段文字，也是通过这种独白的方式完成的——"不过人不是为失败而生的，"他说，"一个人可以被毁灭，但不能被打败。"不过我很痛心，把这鱼给杀了，他想。现在倒霉的时刻要来了，可我连鱼叉也没有。这条登多索鲨是残忍、能干、强壮而聪明的。但是我比它更聪明。也许并不，他想。也许我仅仅是武器比它强。

作者以老人这样的独白来完成了对全文主旨的揭示，在那样的环境当中，一个老人经历了一场厉害的搏斗过程，他胜利了，没有被打败。他的言语当中甚至有点神经兮兮的滋味，这是真实的。海明威这样处理独白，说明一个道理：独白是可以完成对文章主旨的揭示的。当然，这是它的一个特殊作用，不是唯一的。

（1）良好的独白深入人物心理，打通和读者之间的隔膜。在青少年写作当中，有时将独白作为一个独立的技巧来训练，然而如果对人的内心体察不周，则容易陷入为了独白而独白的纯技巧训练当中。其实，我们要明白：一份独白往往是发自人物内心的真实，旨在打通和读者之间的隔膜。

（2）独白应有良好的逻辑性。独白虽然是人物心理的一种外显，不是由人的口说出来，而是经一种语言写出来的，但这种独白必须具有良好的逻辑支持。不能因为在我们的心中，常常涌现出各种思绪，这些纷纷的思绪彼此之间关联很弱，但因其真实存在便一股脑地写出来——不顾逻辑的文字无疑是对读者的排斥。

（3）了解意识流的写作手法。作为青少年，我们对文学当中的"意识流"也许是陌生的，但在学写作的过程中，早一点接触意识流是好的。意识流是借助意识的流动在结构全文，展示人物的内心想法、感觉以及思想，常常是以自由的联想来完成的。在经典意识流小说当中，作者甚至经常打破传统的时空叙事，在过去、现在和未来进行某种有价值、有意义的跳跃的。我们也可以换一个角度来理解意识流，就是在小说作品当中的要素构成。传统的、古典的小说是依靠情节来完成整个故事的，比如中国的四大名著这种类型的传统古典文学，紧张而丰富的情节构成了整个故事的存续发展；再比如托尔斯泰的《复活》，作者以一条时间线向前发展，把发生在三个地方的故事延续写完，都是情节推动完成的，这是古典作品的常见特征。而在现代文学发展过程中，意识、心理等可以不再依附于小说中的人物而独立存在，从而造就了伟大的意识流作品。

意识流小说的一个代表人物是弗吉尼亚·伍尔夫，她创作的第一部意识流小说叫做《墙上的斑点》，她盯着墙上的一个斑点，凭借自己意识的流动，而创作完成了一篇数千字的作品。

（4）话语的重塑。即使是自然涌动的独白，在我们写入作文的时候，最好力避一些常见的如"啊！呀！天哪。"等等词汇的引入，有时候是可以的，尤其是在配合塑造场景、体现人物惊奇的时候，但这种助词的使用应当保持一种克制。我见过大量运用助词的记叙文，给读者的感觉并不算理想。只有控制在一定范围内，不得不出现的时刻才去运用它们。

第七章

迁 移 智 力 开 发

对写作而言，始终隐形存在各种各样的"迁移"问题：
无形的思想经头脑迁移而形成有形的文字，过往的经验
在迁移中完成某种创造性写作，积累的素材在迁移中化
用成生花的妙笔。这些迁移的能力不是一天完成的，是
在各种训练过程中逐步实现的，直到你根本意识不到自
己在运用这种迁移能力。

第1节 调动资源：有效地调动知识经验

写的过程，无非是思维的聚合和语言的组织过程。不管哪个环节，都涉及到我们对知识和经验的调动问题。有的同学习惯了上来便引用，所谓的"×××曾说：……"，一旦习惯了这样的开篇，甚至形成了一种惯性意识，每次作文不这样便难受不已。这样的句式固然是对知识和经验的调动，但这是一种最简便的、最初级的调动。在一篇原创的文章当中，如果这样的知识调动过于频繁，而缺少自己的理解和演绎，我们很容易认定：这个人有知识，但没学识。所以，真正的调动不是简单的照搬，而是创造性的活学活用。以往的各种积累，唯有化作我们对本文主题的认识、组织出富有新意的语言，富有深意的道理等，才算是真正的调动知识。

（1）最浅表的知识调动——引用

引用是最基础的、最浅表的一种知识资源调动。时至今日，许多青少年还把日常的诵读内容当做潜在的直接调动的储备资源。这在同学们的作文当中太常见了一点，似乎是不必教便可熟练运用的一种。所谓的"古人云""有人曾说""××曾经说过，"等等句式，就是在直接的调用知识资源。这种方式固然是一种浅表的运用，但有时是必要的，可以化繁为简，让我们不必反复陈述、辨析，一旦引用，其效果是明显的。即使是大作家在他们的文章当中也是不能避免这一点的。当然有时他们也采用另一种引用的方式，是比较间接的一种方式，就是不用加双引号而转述它们，比如"在有的人看来，这个世界的人们都在追求各种各样的成功"，这里的"在有的人看来的"意见，便是一种间接的转述。比如在《天空为什么是蓝的》一文中，作者有这样的话：有些人认为，天空是蓝的，因为大海映照着天空。也有一些人认为，它充满了漂浮在空气中的微小的蓝色粒子。两千多前古希腊哲学家亚里士多德猜想，只有在光中才有颜色，而黑暗则是无色的。这

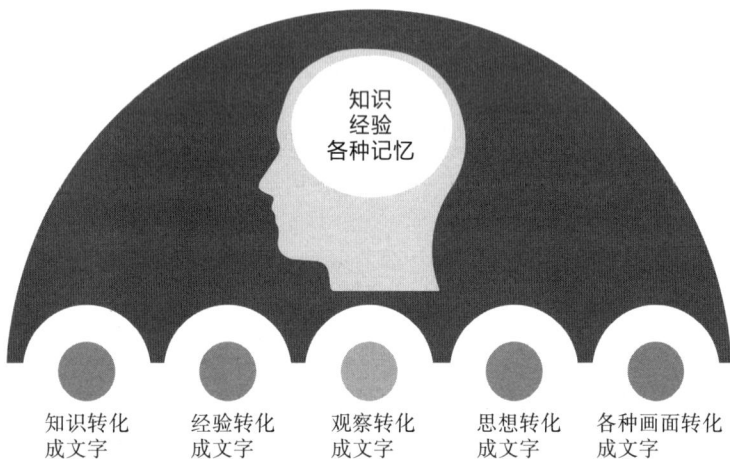

知识
经验
各种记忆

| 知识转化
成文字 | 经验转化
成文字 | 观察转化
成文字 | 思想转化
成文字 | 各种画面转化
成文字 |

从阅读经验到写作才能，其关键在于上述的各种转化

里，作者的引用便是间接的，少了诸多引号的干扰，几处引用的观点自然地出现在读者眼前，而为自己提出的剖析做好了铺垫。

（2）进一步的知识调动——化用

化用的范围很广，既有对意象的化用，也有对语言的化用。化用是古往今来文人们常用的一种手段，好的化用当然不是"抄袭"，即使有时看起来很像。比如古代伟大的诗人王勃，其最有名的诗句：落霞与孤鹜齐飞，秋水共长天一色。其实也是化用的结果，他化用的是庾信的句子：落花与芝盖齐飞，杨柳共春旗一色。在今天的人们看起来这样的化用实在明显，但这丝毫没有影响王勃诗句的流传千古。

鲁迅先生在《秋夜》一文中的开头：在我的后园，可以看见墙外有两株树，一株是枣树，还有一株也是枣树。萧红在《呼兰河传》的一章当中写道：我家是荒凉的。一进大门，靠着大门洞子的东壁是三间破房子，靠着大门洞子的西壁仍是三间破房子。贾平凹在《一位作家》一文当中开篇说：东边的高楼是十三层，西边的高楼也是十三层，南边是条死胡同，北边又是高楼，还是十三层。在上面的句子当中，我们似乎能看到一些相似的东西，鲁迅先生的某种寂寞而孤寂的无聊，萧红心中的张家那样的荒凉，贾平凹笔下作家生活环境的逼仄。其实都给人一种无形的压力和压抑感。他们对句子的处理似乎有某种异曲同工之妙。

胡适先生在《我的母亲》一文当中，有这样的句子："大嫂一个最无能而最不懂事的人""我母亲的气量大，性子好""如果我学得了一丝一毫的好脾气，如果我学得了一点点待人接物的何其，如果我能宽恕人、体谅人——我都得感谢我的慈母"。而老舍先生在《我的母亲》一文中，有这样的句子："姑母时常闹脾气""可是，母亲并不软弱""生命是母亲给我的。我之能长大成人，是母亲的血汗灌养的。我之能成为一个不十分坏的人，是母亲感化的。我的性格、习惯，是母亲传给的。"

我们不能说著名作家之间也有这样清晰的化用，但他们对各自母亲的爱和感知，确实惊人的相似。也许我们只能说：当你深切而诚挚地体味某种思想感情的时候，这种体味的结果可能走上某种相似的道路，甚至在表达上也会有某种一致性。

（3）围绕全文主题展开对知识进行思想上的运用。

当我们在写一个人时，我们要知道：写出这个人的性格特点是关键，写出发生在他身上的不同寻常的事件是关键。比如当我们写一篇情感真挚、讴歌父爱的文章时，许多读过的文章比如朱自清的《背影》一文，会自然的跳出来。我们在动笔之前，脑海中会先翻腾出朱自清的父亲因肥胖而笨拙的姿势，以刺激我们的神经去想象如何写我们自己的父亲。其实，这也是良性的知识调动。但如何落笔却因人而异。一个笨拙的作者会模拟朱自清的父亲蹒跚走路的样态，于是他的父亲走起路来便也蹒跚起来；甚至他一贯颐指气使的父亲也给人以无力掌控儿子未来的黯然之感，这是非常不合时宜的。

有同学在写游记的时候，不能不提及刚一下车初见景致美好时的怦然心动，于是小学六年级的那篇"我与微风撞了个满怀"便不假思索地"调动"过来。这样的知识调动就不是良性的——所有直接照搬、照抄不仅在道德上不妥，在写作技巧上更是不值效仿的。当你体会一名家作者的文章时，其学习和转化的关键是：充分体会其在写作时的手法，而非直接照搬。所以我们应该理解：朱自清是在对父亲送别时的真实观察而写出的连串的父亲的动作，"山中访友"的李汉荣是真切感受到清爽的微风，才得出"刚出门，便于微风撞了个满怀，风中含着露水和栀子花的气息"的，他把迎面而来的清爽的风，以及因嗅觉而得来的滋味真实写出而已。

如果你有过上面的体验，当你面对一道陌生的作文题时，你在动笔前想起来系列读过的文章，你很想写成和他们一样好，在百般不得的情况下，你有一种照搬的冲动，此时应该打住！你该做的是另一种真正的迁移——

（4）情感迁移，发现素材。

我们读文章，体会到作者内在的情感，大部分情感都是我们可以感同身受的，比如严父慈母的深切的爱，这是我们每天都在体会的；比如和父母间发生的一点小不快，我们形成的一些小抱怨、小烦恼；比如某次成绩不佳，导致心情上一段时间里的不畅。这些我们在读文章的过程中可以体味到的情感，是可以直接迁移、感受到我们自己心中来的。而受这种情感迁移的影响，那些曾经发生过的故事情节，则是我们可以纳入到作文中来的东西，这样一来，你因读文章就能调用自己的生活经验，进而写出属于自己的文章。

（5）有效调动你的知识和经验，其本质是将阅读经验转化成写作才华。

为什么有人写文章很容易？有的人却需要冥思苦想的过程？有不少人会反思一个问题：为什么我读书不少，然而在动笔写作的时候却还是抓不到东西的感觉，写出的文章总是显得很干瘪？这里存在一个重大的问题：如何把你的阅读经验转化成写作才华的问题。

即使如孔子这样的天纵之才，也有"韦编三绝"的故事流传下来：孔子也许在反复的阅读当中加深印象，想来他的某些思想定会受到所读之书的影响。在孔子生活的时代，可读的东西并不多。出版业是一个经年累积而日渐其丰的行业，2000 多年来，人类社会积累了多少的好作品？可以说浩如烟海。所以在今天，但凡写出好作品的作家，几乎没有反对读书的，不仅不反对读书，他们绝大部分嗜书如命，不仅自己写，还会常年读。以著名作家海岩来说，他当年的本职是一个管理者，并不写小说。但他喜欢读小说，后来能找到的小说几乎读尽，并且发现许多书如果换做自己来写，也许还要写的更好一点。这样的想法让他开始了写作的历程，终成一名颇有影响力的作家。那为什么有的人读书不少，却写的不好？似乎两者之间不是一个正比的关系？

我想是的。读和写之间并非存在直接的因果关系，如果你不知道如何将阅读的经验转化成写作的才能，读一百本书和读一本书，对你没有质的影响——唯一的差别是：读一本书知道的信息少，读一百本了解的信息多。然而对有的青少年来说，他读的不多，但因为善于思考，故而收获很大。那么，他的思考当中主要包括什么，导致他的进步更大？

（1）思考全书的故事发展。如果是一部小说，整个故事是由哪些情节联系起来的？一般的读者只对其中最精彩的故事情节发生兴趣，甚至喜欢讲给周围的人听。然而如果连续讲出全书的故事，则未必做到。尤其是：本书的故事何以如此延续？

（2）思考文章或书籍中的人物塑造。作者是如何打磨书中的人物的？作者通过怎样的手段令其笔下的人物如此的鲜活？该人物有怎样的性格特点？作者从哪些方面来让他从平面的纸上站起来的？其他的次要人物有怎样的作用？

（3）思考文章或全书的结构。这是大部分读者最少思考的问题。一般性的读者，对故事有着特殊的然而又是一种共性的心理需求。读小说意味着想得到一个好故事，读历史希望得到一些精彩的意见、以及精彩的故事，读散文希望读到作者的心路历程。然而，满足于故事的读者，如果不能从全书结构的角度思考问题，那么对自我的写作在结构上的帮助，价值也就不大。《骆驼祥子》当中，老舍先生安排祥子的人生是在三起三落之中完成的；在《儒林外史》当中，一个个人物是以内在的线索贯穿而成的，他们就像糖葫芦上的一个个山楂一样；而在《复活》这篇古典小说当中，三个地点的变化加上时间的一路向前，推动整个故事的向前发展，结构单线发展；而在张炜的《古船》当中，我们何以体会到起伏变化的音乐一样的轮回之感？这自然也是作者独特的结构造成的阅读效果。严格地说，文章、小说都有各自的内在结构，很难说有两个完全一样的结构存在。不同作者的内在思路——反映到作品的结构上，往往是因人而异的，而这是值得我们反复思考和借鉴的。

在青少年的日常习作当中，目前的教学更多将结构停留在"总分总"这样的大而化之的层面，难以深入到更细微的层面，造成我们较少思考文章和大部头作品的内在结构问题，这对我们在写作上的成长是十分不利的。为了熟悉全文、全书的结构，我们可以是阅读的过程中，在阅读过后，以游戏的心态方式来拆解全文、全书的结构，把它们重新组装一翻！这样你便能很容易知道：作者是在怎样开篇的，主要人物是如何出场的，主要人物遭遇了怎样的人生困境，他是如何解决问题的，作者在何时刻画人物的心理？换一种刻画的方式可以吗？为什么作者选择这样的结尾？这对主人公的成长有什么帮助？对作品的意义有什么特殊的考虑？等等。

在考虑结构问题的同时，思考文中、书中的内容，这样就等于把全书的形式和内容做了深刻的探究。假以时日，你便会知道：一篇好的文章是如何写出来的，某个作者在写文章、创作小说时是如何通盘考虑问题的。这种思维也可称之为"复盘"思维——通过你自己的通盘梳理，来完成对整篇文章、整部作品的深层次思考。

这样做，你的收获自然更大，你阅读的经验才能逐步转化成你的写作思维。

第 2 节　有效模仿：尽早开始，尽早结束

　　在谈创新之前，我们首先要谈一点模仿。人们普遍认为：所谓创新不过是在模仿的基础上进行的一种改进而已。激进的模仿派甚至说："世界上根本没有什么创新，都是模仿而已。"我们且不论这样的说法是对的还是错的，我想，这些话语至少说明一点，要想实现创新、达到对固有状态的一种完善和超越，我们都难以绕过模仿这件事。

　　我经常说：对青少年写作而言，模仿须尽早开始，但要尽快的过去。可见，我对模仿是持赞同态度的，何以如此？因为模仿常常是思考的基础，我们想要做一点有创意的举动，决不能凭空而起，须有所依凭才行的。这种思考的基础，不管是你脑海中的思考推演，还是对某种业已存在的东西进行完善，都似乎在证明一点：想创新，首先需模仿，才能实现超越。

　　但我的标题是"有效模仿"，这意味着不是你的模仿和照搬不能划等号。我在批改作文的过程中发现，有不少青少年喜欢直接照搬，更有甚者居然连课本中的文章都直接照搬。一次，一名学生写自己家乡的青山，连带写了一条小溪的样子，他说：家乡的小溪..随着山势，溪流时而宽，时而窄，时而缓，时而急，溪

声也时时变换调子……令我看见作者仿佛去了一趟浙江金华的双龙洞。这样是不行的。不仅不被道德所允许，更是写文章的大忌。如果可以模仿的是叶圣陶先生对小溪的观察，模仿它刻画小溪的句式，但作者家乡的小溪和叶圣陶先生笔下的绝不可能是一样的。

我想提醒青少年的是，在写作过程中，最常见的可以模仿的文章的结构。结构的许多手法，如题记、悬念、伏笔、照应、过渡、卒章显志、线索等等都是文章所固有的手法，不是哪个作家独有的。所以当我们见到一名作家的题记非常之好，当读者读过后能对全文的内容有某种启示时，我们可以模仿他的手法，也酝酿一条和自己的文章内容息息相关的题记出来，甚至更精彩；当我们领略到作者在文中使用了某个道具，造成了一种伏笔、照应的效果时，我们可以在自己的文章当中模仿这种手法，也令某一个物件起到这种效果；同样，一个悬念令一个寻常的故事有了看透，我们就要看到悬念的价值，然后在自己的文章当中学会使用。这样的模仿才有意义，才是一种为我所用的思路。

相反，如果我们照搬作者的语言、作者的感受、作者的开头和结尾，而不思考他这样的写法如何化用到我们的文章中来，如何在变化过后成为一种创造性的使用，我们的进步会永远有限，甚至会退步。

如果我们在读了朱自清的《背影》一文后，被他笔下的父亲形象所打动，转而写自己父亲的背影，也把故事设置在火车站，我们是很难写出自己的新意的，弄不好还会令读者发笑。而如果我们懂得思维上的迁移，不去写父亲的背景，而写父亲一双粗糙的大手，和朱自清先生一样，不去正面刻画父亲的样子，只以他在强劳动中造成的手的粗糙，来写父亲的故事，也许文章将是另一番天地。

有效模仿是对直接照搬式的模仿走相反的道路，沿着一条可以学到作家根本性技巧的方向走，思索其行文的内在逻辑和主要技巧，对我们的写作才有真正的帮助。我在上面说了，模仿须尽早，但要尽快过去，说的是：模仿有如一根拐杖，在我们不能自如行走的时候，我们需要它的帮助，而当我们学会了走路时，我们便再需要它，而我们要尽早地走自己的路，摆脱对拐杖的依附。要知道：当你自己学会走路时，你会发现携带拐杖不仅是多余的，而且反而是一种障碍。写作也是如此，当你步入到自如的境界，你首先会本能地排斥他人对你的影响，这种影响如果不能顺利摆脱，他甚至会像阴影一样令人不快。

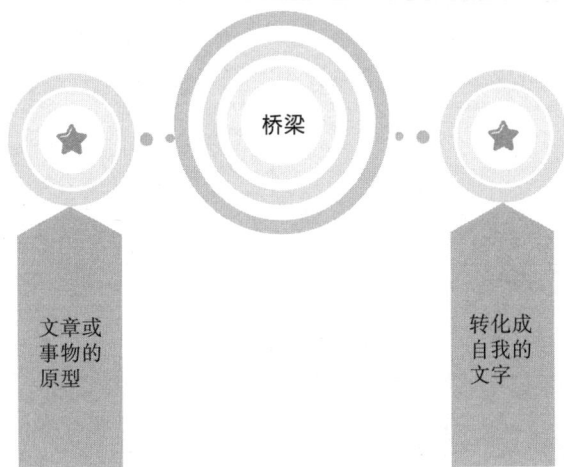

桥梁

文章或
事物的
原型

转化成
自我的
文字

其实，成功的模仿也是一种迁移

　　某种意义上，有效模仿是一种"成功的迁移"，当你读到一篇触动灵魂的文章后，你不由自主地想动笔写点字的故事，原文中的某些手法、某个句子、某种氛围等极大地感染了你，于是促成了你在这种手法、这个句子、这种氛围中去创造自己的一番天地。这就是所谓的"触动"吧。然而这种触动而写成的文章，究其起点，是从你读过的文章中的局部手法、特殊句子、特别氛围中来的，它促使你"模仿"出新的文章来，我想也是一种创造。

　　其实，我们的许多所谓的"创造"，都是在这样的种种"触动"中完成的，从而走向了新意，拥有了超越。

第3节　创新运用：不要再走寻常路

创新是写作永恒的内在要求。对一个有追求的作者来说，他永远不满足于守在一份既成的写作模式当中，而希望突破自我，实现在每一篇文章、每一部作品中有创新的举措。

和其他领域的创新一样，写作方面的创新是无处不在的。文章的开头、中间、过渡和结尾的创新——所谓在结构创新，包括各种结构手法的巧妙运用，如穿插使用的结构手法；作者在语言方面的创新尝试，对想象空间中的完美塑造等，都在写作创新的范畴之内。

1. 视角上的另辟蹊径，可令你不走寻常路。

2. 结构上的创新是可学的。同样一个故事，不同的讲述，往往就在结构上造成新意。

3. 文体创新。对作家而言是一种复杂而大胆的尝试；对青少年而言，回避常规文体，就容易脱颖而出。

4. 其它各种创新的思路。

创新的方式不少，先从可学的做起

创新是否依赖于作者的灵机一动？而没有方法上的路径？我想，方法上的创新是存在的，是可以习得的一种思路，只是一旦领略创新的方式，创造性的结果并不为一，而是多，乃至各种各样。放到我们在写作上，要想有所创新，首先可以围绕文章的极大要素及它们在文章当中的地位来尝试创新。

（1）另辟蹊径的视角创新，让文章更有新意。古人说：横看成岭侧成峰，远近高低各不同，说的就是不同的视角下，一座山会给人的感觉不一样。对记叙文而言，绝不是简单的记录日常生活而已。

当我们面对一个宏大的命题时，不妨另辟一个细小的视角，以某具体的故事来诠释主题，如《怀念》，这种一种很大的命题，更是人的一种常见的、常规的思绪和感情，如果我们只是谈对怀念本身的理解，或者容易写得抽象，干巴巴的，或者容易陷入一种泛泛当中。

如果我们把怀念的对象具体化，写出一个人、一个物件的怀念之情，就容易化解到成一个具体的题目，变成了对一个人、一个物件的怀念；比如以"阅读"为话题来写文章，如果我们目光局限在读书本身上，固然是可以的，但如果换一个视角，把"阅读一座山""阅读一个人"当做话题，就容易写出新意来。

2017 年天津市的高考作文题是《重读长辈这部书》，如果我们把自己局限在所有长辈的层面，文章不容易写；如果我们具体化到父辈或某一个值得尊敬的长辈，从而在思想层面扩大到对整个长辈的重读，就不仅容易写的角度新颖，还能写的更轻松一点。

别人常写的，我偏不那样写，创新有时需要一种"固执"的精神。当我读到一名学生的文章《说狗》时，原以为作者会写活泼有趣的宠物狗的一面，然而作者写的却是"没想到，竟有一天它会离我而去"，作者以心爱的宠物狗不幸离世造成的悲伤情绪为全文脉络，专写自我的感受，侧面写出小狗的忠诚和可爱，以至于有人提到养狗的事情，作者会连连摆手，因为难以忍受狗离开自己的情形。这样的角度出自作者的真情实感，给人的印象十分深刻。

（2）结构创新。结构创新是写作当中最容易出现"新花样"的地方，想一想看：为什么同一个题目，同班几十个同学写的人人不同？为什么同样一篇《童年趣事》，你在小学四年级所作的文章和初中二年级所做的不一样，即使你运用了同一个故事做素材？其中一个重大的原因就是结构不一样。结构是文章的形式、外衣，同样一个人（内容），星期五穿戴整齐在上班，到了星期六却趿拉着拖鞋到街上买东西，给人的观感是不一样的。平时工作需要整洁的装束，而周末时人人渴望更舒适、更不被束缚的装束。写作也是如此，装扮了不同的"外衣"（形式），那么最终文章的效果大大的不同。

A. 除了相对常见的悬念、伏笔和照应等小手段之外，我们不能小看倒叙。倒叙固然不是创新的必须，但对一件事的叙述而言，良好的倒叙对事件的起伏是一种创新，至少打破了大多数人的平铺直叙。

B. 换一种方式写同一个命题，用同一则素材。你有过这样的尝试吗？用同一条素材写入同一个题目当中，强迫自己从全新的结构去写作。比如记一段偶遇，你在放学路上遇见一个讨饭的人，当他伸出手来……。就这个情景写两篇完全不同的文章，你将如何运用新的结构去写？提醒青少年，一篇文章的起点可以有N种，你可以从任何地方写起，以上面的场景而言，你可以直叙放学了，走在路上发现了一个乞丐；可以写忽然一个乞丐闯到你跟前，吓你一跳，再叙述放学的情景；自然也可以从你口袋里的二十块钱写起，那是你准备用来犒劳自己的，然而遇见了一个可怜的乞丐，你的想法发生了变化、等等。

（3）选择不同的文体，造成一种出其不意的效果，往往屡试不爽。

即使同一个故事，你以正统记叙文（充分交代六要素并抒情）来写，和以抒情散文的方式来写，以及用现代诗歌的表现手法来写，效果都是不一样的。如果你读过斯蒂芬·茨威格的《人类的群星闪耀时》，你会发现，作者同样是写发生在人类历史上伟大瞬间的故事，但在14篇作品当中，作者写陀思妥耶夫斯基的《英雄的瞬间》用了诗歌体，而写托尔斯泰晚年选择的《逃向上帝》则用了剧本（话剧）的形式；而其他的历史的瞬间，作者主要采用了中短篇小说的方式来展开。诗歌、散文、小说、戏剧作为主要是文艺样式，它们并没有高下之分，虽然在今天的现实当中，诗歌和散文相对式微，小说是更具主流的形式，但我们须承认：不同形式的选择对创作的结果而言是不同的。而对青少年来说，选择文体是学习写作中的常见现象，况且大部分的重要考试往往不限定文体，即使限定也往往是诗歌除外。

在有条件进行自主选文体的时候，你一定要牢牢的把握这样的原则：将自己最擅长的文体和题目的要求有机结合起来。如果你不擅长散文，那不妨写日记；如果不擅长记叙文，不妨考虑写议论文，只要符合题目的具体要求就可以。

为了达到创新的实际效果，你可以在文体的选择上走"小众路线"。比如在去年（2017）的中考当中，一篇以"话剧（剧本）"为特色的文章，便赢得了阅卷者的好感。作者以某朝衙门为写作背景，用拟人的手段将"挫折"拟人化，同时引入其他多种小动物上公堂，以一场"挫折对我们的生活是好还是坏"为内在的逻辑，以最终判定"挫折其实是我们生活中的朋友"为逻辑支点，在公堂上塑造了一次虚拟的"审判过程"。这就是富有新意的写作实验——这样的实验成功了。要知道：别说在考场环境中，在整个青少年 10 年学写作的过程当中，写剧本的时候都非常罕见。而作者艺高人胆大，居然在中考的考场上这样做，势必令阅卷者刮目相看。其选择本身就已经赢得了某种巨大的优势。

要知道：当你精心选择的创新方式出现在阅卷者眼前的时候，他对具有创新思维的学生，因欣赏便会高看，便会自然地降低对文章的要求——这不是讨巧，而是创新带给作者的"特殊红利"。

有人说在文章前增加题记，或在结束后增加后记，同时在文中采用小标题的方式，就是在结构上的一种创新。要我说，放在 20 年前也许算创新，但在今天如果把创新定义在这个层次上，还不如老老实实写一篇没有上述"新意"的文章。要知道，这种异常简单的做法，已经普遍被青少年采用，这岂能算是创新？只能算作是一种蹩脚的跟风。所以，在创新方面，我的意见是：不能为了创新而创新，全文创新有时非常艰难，那就不如老老实实写文章更好。

第八章

联想与想象智力开发

青少年写作，主要是写实，也就是非虚构。我们对想象作文的训练，是对虚构的专项练习，不过并非青少年时期的一个重点。但在写作过程中，你也许早已体会到一点：虚实结合常常是不可避免的。而这里的"虚"则主要表现为想象、联想。但考虑到有时我们写人物的心理，难免带有一定的想象成分，不是说单纯的写作技巧问题，而是内容拓展的某种需要，所以在这一单元当中，也列出"心理刻画"和"有效虚构"两方面的内容。

第1节　心理刻画：从有意为之到自我流露

　　心理刻画常常最诱人的东西。不是说人天生会热衷窥探别人心理或隐私，而是说：对作者或文中人物内心世界的把握，更能激发读者的精神共鸣。要知道，读者和作者之间的交流，经过书籍这种方式，其实就是两个人内心世界的一次次碰撞，这是人心和精神的一种必需品。

　　所以，对作者而言在作品中刻画心理是必须的。即使是《龟兔赛跑》这样简单的寓言故事，读者也是不能完全在情节当中得到满足的。只有当读者深深地感受到兔子心灵深处的自负时，读者的心才会彻底放下，然后开启思考之门，在精神的层面上荡漾出"我是否也有过自负的毛病、自负到底是不好的，兔子如果不自负能输掉比赛吗？"等各种心灵的感慨。读者阅读需要什么？除了精彩的情节，更深层次的需求则是心理上的满足——情节的精彩也是在满足读者心理的期待的，就像再成熟的观众也难以抵挡好莱坞大片中的精彩打斗场景，即使他们每次看完总是抱怨：最近的好莱坞大片都靠高科技合成活着，但下一次他们还是对此充满了新的期待。

2 自然流露
如果能在故事情节、事件的过程中、发生后，或者在回忆前等，自然引入一段心理刻画，有助于读者进入你的内心世界。

3 抒发意识
心理刻画的更高层次是对意识的展现。让读者进入作者的意识中来，和作者的思想同步。

心理刻画

1 明显标志：强势写心理
比如：××在心里想：这样的事情怎么会发生在我身上呢？——有明显的形式。

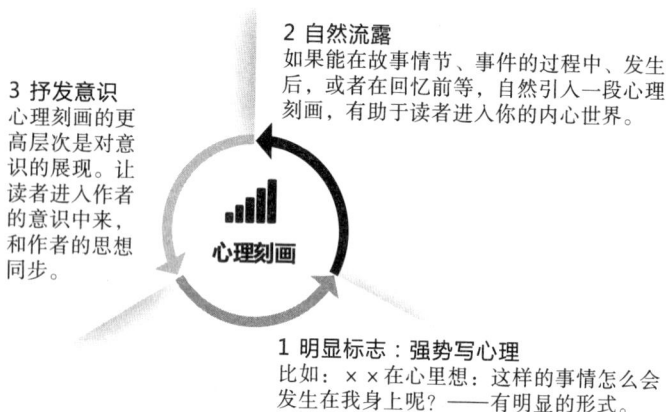

从这个角度看，读者的心灵对书籍、对电影的内在需求是永恒不变的，就是在追求精神的、心理上的和思想上的满足感。所以，如果你是一个优秀的作者，你不能回避读者这个核心的需求吧?！刻画心理在你意识到这一点的时候，应该立即提上训练的日程。

1. 有意识地表达、强调人物的心理。在青少年的记叙文当中，在刻画人物的过程中，可以从最显在的心理刻画着手，突出的加以表达。这是初学写作者自我意识的一种加强，要让你的读者看到你对心理的展示、刻画，主动去对接读者的心理。尽管这样做看起来不算高明，但对青少年而言，从有意识的自我训练着手，我想是比较切实的一种方式。在我见过的作文当中，有趣的是，许多孩子的心理刻画是从抱怨开始的：抱怨天气的糟糕，抱怨公交的延误，抱怨作业的繁多，抱怨父母的唠叨，抱怨内心的委屈，等等。这些抱怨的内容，其实都是心理的心理活动的展示，也是作者有意识的强化一种心理的写作实践。

值得注意的是：以上的各种抱怨所体现出的心理，常常是在记叙文结束前得到化解了的，这样在结构上看是完整的。从故事上看，作者的心理问题也得到了很好的解决，文章则给人以圆满的滋味。如果你在考场作文当中，一味以抱怨的口吻来抒写，比如对当前的教育问题抱怨连连，却不能给出很好的解决方法，或者你的抱怨心理不能随着故事的发展，最终得以完满的解决——有时只是一两句的希望、希冀就可以结束抱怨，让你自己和抱怨握手言和，如：我相信，这一切总会过去的，生活终究会迎来它美好的深刻，激动人心的时刻。这样写就是在化解你心中的疙瘩，从写作角度看，也能体现出积极的意义，令文章的立意保持在健康的轨道上。

2. 自然流露你的心灵、文中人物的心理。更高明的心理刻画是不露斧痕的，是不会处处加以强调的，是在字里行间当中随时可被读者发现和感悟到的。对写作高手而言，文章是处处见心理、见情绪的，比如我们熟知的鲁迅先生在《秋夜》一文的开篇：我的后园，可以看见墙外有两株树，一株是枣树，还有一株也是枣树。我曾经写文章专门分析过这个开头，我的意见是：先生所以这样说，一株是枣树，还有一株也是枣树，而没有直接说：两株都是枣树，体现出鲁迅先生在写这篇文章时的某种特定的情绪和心理。如果我们了解鲁迅先生写这篇文章时的一点背景，便不难知道：在和自己的二弟周作人因生活中的某些事件而分道扬镳快一年的时候，先生的情绪仍然不佳；就在写这篇文章后不过半月时间，鲁迅先生生了一场大病，住院近一个月之久，这在他的一生当中都是少见的。我们进而可以推测：因某些事情造成的他心头的百无聊赖之感，令他写出上面的句子，真实反映出作者当时的心理。

人心尽管是复杂多变的，但人心理上的开心、忧伤、痛苦、无聊等各种况味，在写文章的过程中是会自然流露出来的。对青少年而言，你不妨做一个实验来做一种对比。一次以随意的笔触去写文章，哪怕是一个段落；另一次则全身心投入，把自己最真实的心理注入笔端——其实就是更认真对待你的写作，哪怕也只是一个段落。你会发现：两次写作的结果是不一样的。认真对待的过程中，全情投入，人的心绪、心理等会自然的融入其中；反之，当你随意写东西的时候，语言的随意性会凸显出来。

我长期批改作文的一个孩子，他的作文给人一种起伏变化的感觉，好的时候非常好，不好的时候主要是语言过于随性，连他的母亲也说：孩子这次的语言比较随意，似乎"调侃"的成分更大。这里的"调侃"甚至可以和随性划等号，因为随性，所以体现出很强的调侃色彩，即使所写的内容是充满了悲剧色彩的事件。所以——

3. 当我们沉浸在写作当中时，人的心理往往会自然的朝着笔端走，甚至是"喷涌"。说"喷涌"绝不是夸张，因为你认真对待每一个句子，对文中出现的人物和事件抱持一种审慎的态度，你的情绪和心理也因此而融入其中，所写出的句子往往带着感情、带着心理，有很强的情感色彩。

4. 情节过后的心理展示，叙述事件过程中不忘表达你的感想，从而体现出作者的某种特定心理。对记叙文而言，如果是记人作文、记事作文，一名作者常常对其中的人物持某种态度，比如赞赏的、同情的、反感的，都往往伴随着你的叙述而附加出来，这时候你的心理是依附于故事情节、依附于人物刻画的，这没什么不好。对故事而言、对作文而言，是一种"高附加值"的心理刻画。如果是写景作文、状物作文，我们经常听说的"托物言志""借景抒情"等，都是可以充分展示作者心理的。唐代诗人虞世南的《蝉》一诗堪称千古绝唱，诗中的"居高声自远，非是藉秋风"一句十分有名，是作者托蝉而达意的典范，传递出作者品行高洁的内在心理，甚至有一种自负的美。而苏轼在《前赤壁赋》当中的句子"清风徐来，水波不兴"，给人的感觉十分舒适。这固然是作者敏锐的观察和优秀的笔触造成的，然而其中伴随着借助清风、水波而展示其内心舒适心理的一面。

5. 独立的心理表达。独立的心理表达常常是以独白的方式呈现的。这一点我在"对话能力"一节当中做了细致的介绍，这里不再赘述。强调一句：青少年习作中，独白的时候不少，可能因独白是一种相对容易掌握的抒发心理的有效方式。如果有必要，我们在文中的如何位置加以独白，来集中的抒发自己的某种心理。当你在开篇即独白时，是和读者心理直接对接的一种尝试，毕竟开篇是极为重要的一件事儿，是一个作者和读者建立联系、建立沟通的第一步；而如果你选择的文章结束前进行独白的展示，那么你的这种展示是在全文内容已经输出的基础上，作者和读者是可以在比较"熟悉"的层面上进行沟通的，读者更容易体会作者的心思。

不管是哪种心理上的展示，都是以语言来体现的——这不是一句废话。我想强调的是：当你想在文中对你的读者做心理上的发力时，良好的语言可以更好地传递你的情绪、你的思想、你的心理。这时，如果能融入一点生动的修辞——不必过分大量修辞，采用一点富有新意的暗喻、明喻，使用适当的排比句式来烘托气势，常常是必要的。当你将你的心理和语言表达融合起来时，你会发现：你有更多的话想对你的读者说，因为你会发现：你可以把心理展示的更加漂亮！

第2节　定向联想：让文字自我繁殖

写文章常常运用到联想，当我们面对一处景致、一个美好的物件时，它触及了我们的思绪、引发了我们从眼前的一幕跳跃到其他方面，这种心理上的浮现是可以写入文章的，从而令文章的内容更丰富，这自然是联想的好处。

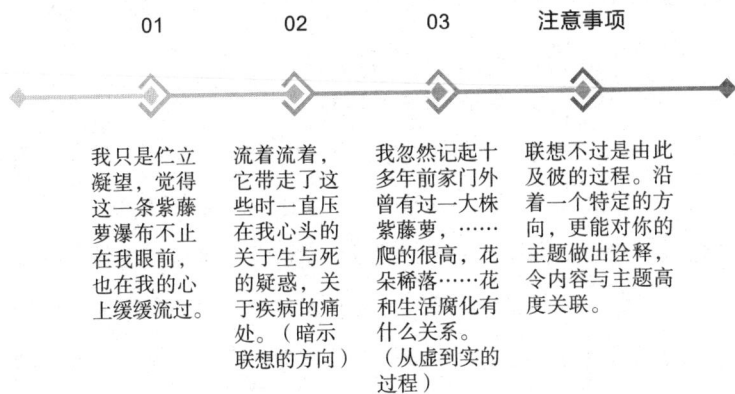

01	02	03	注意事项
我只是伫立凝望，觉得这一条紫藤萝瀑布不止在我眼前，也在我的心上缓缓流过。	流着流着，它带走了这些时一直压在我心头的关于生与死的疑惑，关于疾病的痛处。（暗示联想的方向）	我忽然记起十多年前家门外曾有过一大株紫藤萝，……爬的很高，花朵稀落……花和生活腐化有什么关系。（从虚到实的过程）	联想不过是由此及彼的过程。沿着一个特定的方向，更能对你的主题做出诠释，令内容与主题高度关联。

《紫藤萝瀑布》（宗璞）中的一段想象

宗璞女士的《紫藤萝瀑布》一文，是典型的联想佳作。其中的一句：我只是伫立凝望，觉得这一条紫藤萝瀑布不止在我眼前，也在我的心上缓缓流过。这一句写出了作者触景而生发联想那一刻的感受，接下去的文字便主要是联想的内容。作者都联想到什么了呢？压在心头的关于生与死的疑惑，关于疾病的痛楚，同时又忽然想起十多年前在家中也有过这样一大株紫藤萝，后来被铲除而改种了果树。作者说："那时的说法是，花和生活腐化有什么必然联系。"有阅读经验的读者便会领略到，作者的联想内容已经触及到历史的深处，那一段特殊的岁月。

然而，对一个作者来说，经联想写入文中的内容绝不是简单呈现脑海中的一切。所有诉诸笔端的联想，都必须和你的主题息息相关。否则，漫无边际的联想、互不交融的联想绝对会搞砸全文，令人不知所云。所以，联想是有方向的联想，是围绕主题的联想，是和触发景物高度匹配的联想。也因此，我们对联想的内容需要一点控制意识，决不能将联想视作脱缰的野马，难控制在主人的手中。

联想需要定向，联想是由 A 到 B，A 和 B 之间的关联注定可以反映全文的主题，如果你的联想不受方向上的控制，信马由缰一般，那么就可能有脱离主题的大段文字闯进来，造成一种尴尬的结果。故而我们在联想方面提出一个法则，叫做"相似相融"的联想法则。这个法则对构筑全文有着很强的意义和价值。这个法则的内涵很简单：唯有相似的东西才能融合在一起，才能共同完成对一篇文章的整体编织。

联想这块拼图。如果说文章是一块块拼图拼接在一块的结果，那么联想的一块也需要和其他的拼图相契合才行。

1.联想与事实相关的事实，与情节相关的情节。

这是一种相对简单的思维迁移，从眼前的画面联想到与之相似的画面，比如一只小鸟落到了你的窗前，你在日记当中记录了这一刻的情况，小鸟灵动地出现在窗前，机警地看着你，它的声音很动听，仿佛在催你珍惜春天的美好时光。当你目睹它飞走的一刻，你忽然想起某一天曾经有过这样的画面，也许是去年的这个时间，那也是一只可爱的小鸟，你比较了两者的异同，并赞美它们对你的这番提醒。在这样的情景当中，你由眼前的一只小鸟想到了去年来过的一只鸟，这便是从事实到事实的联想。

再比如在聂华苓的《我的爸爸妈妈》一文当中，作者在作家朋友在塞尔维亚中部城市克拉古耶瓦茨目睹了当年残忍的纳粹分子制造的人间惨剧，不仅"想起南京大屠杀。南京大屠杀遇难同胞纪念馆也建在当年日军集体屠杀中国人的地点……"。作者的思绪因眼前的情景联想到与之相似的历史事实，这是很自然的结果，每一个有良知的国人都不会忘记这样的历史灾难的。

2．睹物思人和触景生情式的联想。

人是情感的动物，每一个物件的背后都可能牵出一个人、一段故事，这是常见的睹物思人。比如当我们见到一支粉笔的时候，我们可能联想到当年老师在黑板前书写、同学们认真听讲的画面——求学时代的各种片段可能因此而涌现出来；当我们见到一块手表时，赠送手表的人和当时的场景便不由自主地出现在我们的眼前。

　　触景生情更是常见。由眼前的景致而生出某种情愫，是最自然的一种联想。作家穆木天在《雪的回忆》一文中，文章的最后一部分，作者完全将笔触给了联想，作者说：雨雪霏霏，令我怀忆起我的故乡来。现在，故乡里，还是依然下着大雪吧！……在故乡的大野里，在白雪的围抱中，我看见了到处是死亡，到处是饥饿……我想象不出了，我只是茫然地想象着那种猩红的血，洒在洁白的雪上……。作者的文章在情感上倒入到当时的现实，即使自己东北的故乡在"九一八事变"之后沦为日帝国之手的悲惨景象。远离故土的作者，只能透过自己的"想"来表达这种思乡之情，体现出心中无限的酸楚。

　　3．从具象到抽象的升华式联想。

　　联想的一个妙处是升华，就是不再束缚、局限于当下的实写，而是将文章的意思升华到更高的境界，这对突出作者的思想感情、点出文章的主旨是一种常见的手法。曹操的"对酒当歌人生几何"的句子便是从具象到抽象，从眼前的高朋满座一道畅饮的景象感叹人生的短暂，这就引发出对生命的思考，而不再局限在具体的场景上，令诗歌的意境有所提升。

　　以上的几点可以看出，联想是依附于、依赖于情节、景致、实物等展开的思绪的扩大。从某种意义上说，联想需要一个"定点"，就像一个圆需要圆心而展开的半径。所以，联想可以围绕定点进行文字上的自我繁殖！只要你锁定这个"定点"，不脱离这个定点而表达心中所想，这种内容上的"自我繁殖"就完全可行，当然也就容易实现内容的自我拓展。但对一篇文章而言，必须做到"定向联想"，而不能任由思绪的漫无边际、漫无目的的翻飞，体现在一篇文章当中的思绪必须有特定的指向，体现出特定的意义和意味。

第3节 控制想象：让想象在边际内飞扬

青少年的想象力是最丰富的。这是较之你未来的中年、老年而言的。这也是一般而言，对一个常年写作的作家而言，想象力是可以保持乃至精进的。希望你也如此。

如果你有志作一篇惊人的想象作文，突出表达丰富的想象力，那就要剔除所有惯常的写实，而把所有的思考投入到想象之中，再把心中的图景以语言写出，你所写的也许是外星人在星际空间的残酷厮杀，也许是穿越回古代介入某次战役而改变了战争的胜负，也许你只是扮演上帝角色而不参战，却令你创造的两个物种、两种人物角色进行某种沟通，都是可以的。——这是典型的想象作文的特质。但，如果你的想象是在写实作文当中出现的，无论记事作文、记人作文还是写景状物作文，这种想象都需要控制在一定的比例范围内，只能作为配角存在，决不可喧宾夺主。即使"想象"的出现可以令全文熠熠生辉、神采飞扬，也不能取代无视主角的存在。

在纪实性文章当中，作者的想象常常可以升华文章的意蕴，延展出更多的意味和意义，但这种升华是一种依附性的存在，是因写人记事写景状物中生成的东西，而非独立性存在。独立性存在的想象对写作而言，就是上面所说的想象作文。独立性的想象作文，因其虚构的特质而有了小说的雏形，有的想象作文本身就是精彩的小说。

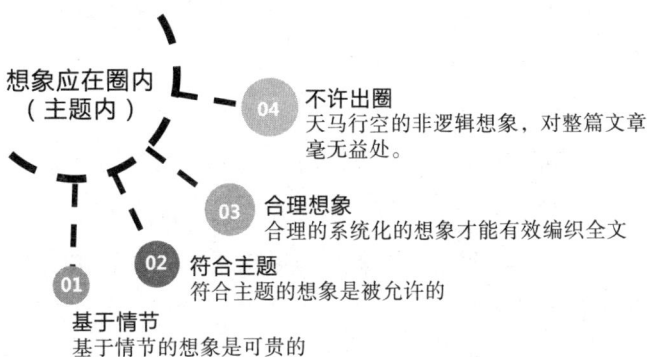

想象应在圈内
（主题内）

04 不许出圈
天马行空的非逻辑想象，对整篇文章毫无益处。

03 合理想象
合理的系统化的想象才能有效编织全文

02 符合主题
符合主题的想象是被允许的

01 基于情节
基于情节的想象是可贵的

以上所言，旨在一条——在写实作文当中须控制想象。这是许多青少年所不能认同的一点。就我的观察而言，许多青少年处在想象力丰富的年纪而不能、不愿运用这种能力，所以在遇见想象作文的特殊之际，只能硬着头皮胡乱遐思、假想一番，拼凑出不像样子的想象作文，其实本质时常是对现实生活的一种手段上的翻版——其手段无非是假名字、拟人等惯常手法，然而其文章的意义和记事作文毫无差别。一言以蔽之，许多青少年对想象作文不很待见，也因此不擅长。然而我却强调：要控制想象，为何?

1. 对一篇文章而言，想象未必越丰富越好，首先是越系统越好，只有系统的想象才能产生完满的结构。

一个人的思绪往往是漫无边际的，遐思往往的穿越古今的，但这种纷飞的思绪和旷古的遐思，如果不能很好地控制一番，有多少可以写入目前的这篇文章？

丰富的现象内容之间可以没有多少关联，也常常彼此关联不大，难以集中在一篇文章当中。而系统的想象则是有主题、有方向的想象，能最大程度的被一篇文章所直接使用。著名的意识流作家伍尔夫盯着墙上的白点来想象，写除了她的第一篇意识流小说，达数千字之多。然而我们不要忘记，她始终的一个动作：就是盯着眼前墙上的白点，这意味着所有的想象都围绕这个白点展开的。如果说这个白点是一个圆心，那么她所有流动的意识都被严格控制在以这个点为圆心的范围之内的，否则便难以入文。——也许在她丰富的想象过程中，也涌现出了诸多与最终成文无关的内容，但我相信：集中想象是对自我意识的一种控制，一个好的作家是有这种聚焦想象的意识和能力的，绝不会任由自己的思绪漫无边际的浪费宝贵的时间。

2. 青少年常写的"假想"类作文注意事项。

面对《20年后回故乡》这种假想作文，青少年可以放飞思绪，首先想到的是自己身份的变化。"我"当然不再是一个学生，当然不需要天天守在教室中和老师、同学、试卷们打交道，20年

后的"我"早已功成名就——这是很常见的有趣的一点，我经常
见到的是同学们假想自己成了著名化学家、物理学家、工程师，
从未见过一个青少年假想自己成了一个农民、工人，这似乎不便
开展自己后文内容的假想。因为在文章当中，学生总喜欢融入一
点科技的要素，如发明创造了某项科技，实现了 0 的突破，有了
造福社会的可能——这固然是适当的，但似乎也说明我们的假想
有一定的局限。

（1）假想的身份没有发挥作用。我见过太多的同学假想自己
成了著名科学家等身份，这是在第一段就主动交代的，似乎不如
此便不足以表达出这是假想的文章。然而，这样的身份在后文当
中却丝毫没有发挥作用——这是典型的缺陷：既然你成了一名科
学家，却不能以科学家的身份发表看法，只是带着一个闪光的身
份回到故乡，见到了某些变化。请记住：当你假想了一个身份之
后，这个身份在你的文章当中要有用才好。

（2）假想文章的整体构思时，是侧重情节的想象，还是侧重
人物的想象？一般来说青少年还难以兼顾，故而请你在构思时便
想好这一点。如果你想在情节上制胜，人物的存在便可以扮演次
要的戏份——那么势必需要假想出有趣的、有意义的故事出来；
如果你想在塑造人物上制胜，情节只是服务于你的人物——那么
势必需要想好这个人的身份以及发生他在身上的变化，因为在你
的假想作文当中，一个 20 年的时间跨度需要体现在人身上，比
如你假想的人物是在故乡遇见你一个小学同学，那么他此时的身
份是什么？ 20 年来他发生了怎样的变化？而不管你的文章侧重
情节还是侧重人物，对 20 年来故乡的变化都是需要着力刻画一

番的。家乡的环境、建筑、人文等方面的变化到底有多大？需要的是你的刻画——是刻画，不是概述。

我所以在这里强调要控制想象，考虑的是青少年的想象力是比较你丰富的，为了给一篇文章提供有限的想象，不必把所有的想象都写入文中，毕竟一篇文章的字数是有限的，主题是单一的，容量是有限的。

第 4 节　有效虚构：从改编走向原创

　　虚构是青少年写作中的一个重要类别，想象作文是凭借虚构而成的。青少年在想象作文写作中常见的细分类型有：原创寓言童话类、改编寓言故事类、假想类以及 20 年后回故乡之类。青少年较少接触的虚构类型是小说、小小说。

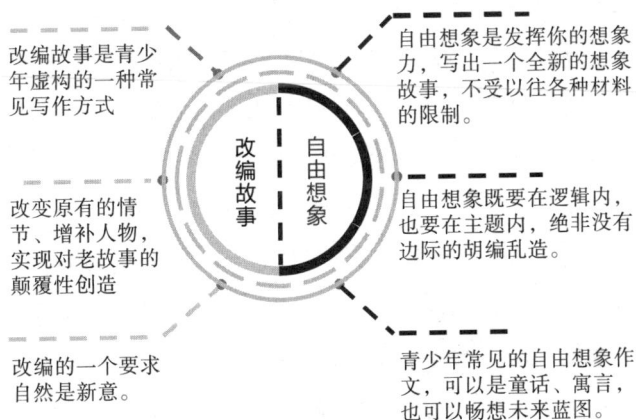

改编故事是青少年虚构的一种常见写作方式

改变原有的情节、增补人物，实现对老故事的颠覆性创造

改编的一个要求自然是新意。

自由想象是发挥你的想象力，写出一个全新的想象故事，不受以往各种材料的限制。

自由想象既要在逻辑内，也要在主题内，绝非没有边际的胡编乱造。

青少年常见的自由想象作文，可以是童话、寓言，也可以畅想未来蓝图。

想象作文的常见方式

1．改编一个故事。

故事本身是存在的、是熟悉的，比如最常见的《龟兔赛跑》的故事，我们都知道其中的两个主要角色，知道它们故事的结局——白兔因骄傲而失败，乌龟因坚持而成功。改编一个故事，是变更原故事当中的情节，从而改变原文的主题，创造性的完成一个新的故事写作。

我觉得改编一个故事，其实新故事和老故事已经完全是两码事儿。老故事能被你借助的东西，即使不少，也只能成为新故事的一种铺垫。老故事原有的核心情节须改变，故事的结局须改变，整个故事线不再是原来的，而是全新的。但在老故事当中，最有价值的地方我认为在于角色之间的关系，以及导致他们不同命运的某些核心事件。在《龟兔赛跑》当中，两者的地位因一场比赛发生改变，两者在人们心中的形象也发生逆转。

A．颠倒回去，改变主要角色间的地位，建立一种新的关系。比如，乌龟和白兔再展开一次比赛，白兔吸取了上次的教训，终于挽回了尊严。对白兔而言，这是一场尊严之战。对乌龟而言，它的二次比赛只是"帮助"和"配合"白兔挽回了尊严。在这样的结局当中，白兔和乌龟重新回到人们原有的认知中来。但这样的写法是对老故事的一种颠倒，这种改编是一种较为稚嫩的改编，初学者低年级小学生是可以这样做的，从而认识到如何改编老故事。

B．在旧的故事情节和人物关系基础上，大胆嫁接新的情节，必要时可引入新的角色。旧的故事常常是人所共知的，就像上面的《龟兔赛跑》，这是连小孩子都知道的老故事，说它老掉牙也不算夸张，虽然其内涵的深意始终能提醒人们。但如果能在这个基础上进行二次加工，不变更旧的情节，而是大胆想象新的情节，从而创造性的完成一种转化，那么这种虚构就是有效的。比如在一篇考场作文当中，作者开篇便是延续上面这个老故事，一两句便把读者带入到老故事当中，然后立刻开始全新的嫁接。他说，自从龟兔赛跑这件事儿之后，乌龟便成了动物村里的红人（和现实生活中的网红一样），它们的故事也因经典而被人津津乐道。这样的老故事影响了村中的一只小乌龟（创造的新角色），它有心重演老一辈（乌龟）的壮举（其实是兔子疏忽大意造成），成就自己的红人之路。于是开始了为期两年的自我训练，尽管这种训练是异常艰苦的，但认定理想的它长年坚持。两年后它准备的比较充分了——读者会以为它注定要创造奇迹——然而一场比赛下来，当它"跑"到终点的时候，太阳都已经下山，兔子早回家吃晚饭去了。——它的失望可想而知，两年的辛苦化作流水一样；他的伤心不难想象，一度的壮志化作了泡影。所以，他痛苦的朝着家的方向爬去，慢慢消化着自己的苦闷。可就在这时，它忽然遇见一只年迈的乌龟，背着自己的小儿子急匆匆的赶路。原来，老龟的儿子忽然病了，它们正步履艰难地赶往医院。此时，小乌龟失败的沮丧感顿时没了，顾不上了，它立即伸出援手，背起小小龟便急速朝医院跑去——小小龟因抢救的及时而恢复了健康，小龟得到了老龟由衷的感谢。从这件事上，小龟看到了自己的价值，虽然它一鸣惊人、崭露头角成红人的希望彻底落空，但两年多的苦训还是造就了它特殊的本领——它的速度虽不及兔子，却在整个乌龟群体中堪称第一，于是它的生命有了新的价值，成了村里的一名快递员，用这个岗位体现了自己的价值。

这是很有趣的一篇文章，作者大胆创设新情节的举动非常成功。在这样的改编当中，我们的思考应以情节为主。有了新的情节，故事的过程是容易开展和叙述的。

2．原创童话和寓言。

在读了那么多的童话故事、寓言故事之后，青少年对这总类型的虚构是不陌生的，对故事中的元素往往有较为清晰的认识。在手法上拟人，在角色上自主安排，在情节上大胆想象，在主题上深度聚焦，便有了原创童话故事、寓言故事的条件。我们要注意的是：童话和语言更多、更主要的考虑是在主题和情节，其中所安排的人物往往具有替代性。

从青少年写作童话和寓言的现状看，主要的问题是流于浅表、写的不深。故事情节过于简单，反映的主题不深刻。也许儿童天生对童话和寓言比较敏感，也许是接触在早、看的多等原因，在实际写作中往往都能写出一点故事来。但精彩的程度却因人而异。要知道，童话和寓言是人类最古老的文体，世界上最伟大的寓言《伊索寓言》已存在两千年之久，东方古老的神话故事、寓言和童话故事同样众多，到了今天青少年对寓言故事、童话等的创作，常常处在一种简单的模仿当中，较难实现新的突破。寻求突破的方法，我觉得主要是两条途径：一是塑造特别的人物形象，以此带出"它"的故事；二是巧设情节，展示大胆而丰富的想象力。

当然，写作并非一朝一夕之功，在漫长的人生道路上，如果你喜欢虚构这种方式，喜欢寓言故事、童话故事，坚持写下去，是有可能成为一名"故事圣手"的。

第九章

整合智力开发

"我不知道你有没有才气，你这些东西表示你有某种聪明，但年青人，记住布丰的话：天才，就是坚持不懈的意思。"这是福楼拜亲自指导莫泊桑时说的话。如果我是莫泊桑的话，我会如何理解老师所说的"坚持不懈"呢？我想，"坚持不懈"至少包括了两个方面的动作，一是坚持不懈的写，二是不厌其烦的改。两者的合作才能促使一个人走向写作的质变——这是莫泊桑走过的道路，对青少年写作而言，意义重大，尤其是修改。

第1节　克服啰嗦：打磨你的简洁美

　　啰嗦是青少年写作中最常见的一大问题。啰嗦是和文章追求简洁、准确的目标背道而驰的。造成啰嗦的原因是什么？也许众说纷纭。根据我长年的习作批改经验来看，根本的原因是同学们自身语感欠佳导致的；直接的原因是写作时无意识提升语言质感的结果；加上习作完成后没有良好的修改习惯造成的。当然，体现在文章当中是有一些具体的表现的。

01　克服啰嗦其实一种有效控制文字的技巧。用最少的、最简洁的话表达思想。

02　过多的关联词的滥用，造成了现代汉语写作的啰嗦不堪，尝试减少和删除它们。

03　进入核心的故事情节过慢，造成各种解释性的、说明性的文字过多，是没有必要的。

04　过多的情感抒发也是一种啰嗦，这是作者在情绪和情感上的铺张浪费。

克服啰嗦既在写作过程中，也在修改过程中实现

1．标题须力争简洁，控制在 10 字之内最好。

如果你翻看语文书的目录，你很容易发现一个事实：绝大部分文章的标题都在 10 个字之内。比如新版语文教材七年级上册当中，最常的标题要算鲁迅先生的《从百草园到三味书屋》，一共九个字。许多标题简约到只有一两个字，如《春》（朱自清）、《散步》（莫怀戚）、《猫》（郑振铎）、《鸟》（梁实秋）、《狼》（蒲松龄）。简洁的标题给人的感觉是清爽的、清楚的，如果一个标题超过了十个字，容易给人以啰嗦的感觉。所以，除非十分必要，我们对标题的处理要简洁一点，就这点而言，简短的标题便意味着简洁。

我批改的一篇作文，作者的标题就十分啰嗦，标题是《如果我去旅行我会带上指南针》。在这个标题当中，出现两个"我"字，同样的主语出现在一个句子当中两次是没有必要的。所以，我们首先可以删除第一个"我"字，变成"如果去旅行我会带上指南针"，这样立刻会简洁很多。然而，这样的标题依然有问题。如果不再删减文字，可以加一个逗号，变成：如果去旅行，我会带上指南针。这样做是把句子当中的两层含义以逗号分别开，这样形成一个假设条件的复句，意思是清晰的。

如果我们想进一步的缩减文字，让整个标题再简短一点，也不是没有办法的。你看，在作者较长的表达当中，是以丧失神秘感、牺牲悬念为条件的，这样很划不来。如果进一步修改，我们可以将标题改成《如果去旅行，我会带上……》，当你去掉"指南针"这个具体的物件后，你会给你的读者带去一丝悬念。尽管是一个浅浅的悬念，读者很快会在正文中知道你旅行时携带的是什么，但较之把信息一次性给读者，这样的悬念设计，是一种典型的写作技巧。

然而简洁是相对的，倘若作者的稍显啰嗦的标题放在诗歌当中，同时有其他的句子联袂成诗，也许这样的句子反而体现出一个人内心强烈的情感色彩，两个"我"的存在便是证明，比如：如果我去旅行我会带上指南针，如果我去天空我会带上一阵风，如果我去故乡我会带上一朵云……对这样的诗歌句子而言，一句中的两个"我"是对主体意识的强调，自然另当别论。

但我们要明白一个道理：你的标题越是简洁，越能体现出提炼文字的功底，如果标题本身就是啰嗦不堪的，那么读者对内容的渴望对顿时降下来。

2．删除有些关联词，你的文章会立刻清爽许多。

有时，啰嗦是因为在一个段落当中，存在过多关联词造成的。关联词的种类很多，如条件关系、假设关系、因果关系、递进关系等，但在实际运用过程中，很多时候是没有必要使用的。过多的关联词的连接，让整个句子变得啰嗦不堪，如果同学们有意识地控制使用关联词，坚持"能少用则少用、能不用则不用"的原则，那么这个问题则会得到立竿见影的改善——尤其是在一些记叙文、散文当中。比如——

由于时间紧、任务重，并且我们都是第一次参加这样的比赛，难免有一些紧张和不知所措，于是我们七嘴八舌，分别提出自己的意见。——删除其中的关联词，试试看：

时间紧、任务重，我们又是第一次参加这样的比赛，难免有一些紧张和不知所措。我们七嘴八舌地提出自己的意见。——原文的意思不仅没有损失，至少令表达变得更简洁。

再比如：因为在第二棒 ×× 和 ×× 这一组接棒，走了不到五米，她们就突然意外摔倒了，导致我们班和其他班的差距拉开了整整五十米。这时无论谁跑的多快，都不可挽回。但是我们班没有气馁，仍然在奋力地追赶，虽然我们输了，但我们虽败犹荣。删除其中的一些关联词，试试看——

就在第二棒 ×× 和 ×× 接棒时，不过四五米的距离，她们就意外摔倒了！这导致我们和其他班的差距拉开了整整五十米。这时任你跑的再快，也不可挽回败局了。但我们没有气馁，仍在奋力地追赶。我们输了，但我们虽败犹荣。

当因为……所以……、由于……、与其……不如……、虽然……但是……这些关联词过多地出现在一段文字当中的时候，给人的感觉便有些啰嗦。当你发现自己的文章当中过多使用了关联词时，请注意改变叙述方式，削减其中过多的关联词，你会发现：文章顿时会变得简洁、清爽许多。

3.过多极少不必要的背景文字，导致行文的啰嗦。

对记叙文而言，即使有一定的文字铺垫，也需要令这些铺垫的话语有意义，只有它们有意义才能让文章延伸出更多的信息，甚至是象征的意蕴。但青少年在写作时，在进入事件核心情节之前的一些叙述，有时是不必要的啰嗦，其实一两句话便可带过，而抵达情节的核心的。这样便可以为有效的抒情、议论等留下一点空间。比如下面这个段落：

五年级的时候，老师布置了一个要在网络上查找的作业，我跟母亲说明了需要手机的原因后，母亲把手机给我了。当时，我的自控能力很差，查着查着就打开了别的应用，根本不管作业。当我正在看一个非常搞笑的文章时，我看到微信群里有人发信息，就点到微信群里去了。我突然看到我班的一个学霸发了朋友圈，心里暗暗的想：原来学霸也玩手机，不认真学习。当时当我点开朋友圈时，我看到的却是他背单词打卡的图片。我很好奇他用微信都干了些什么呢？当我点开他的朋友圈时，我震惊了。全部都是打卡的图片，而且一天也不落。

分析：上述段落其实最关键的句子是在后四分之一。作者想说的其实是见到学霸而如此努力带给他的震惊，然而在进入这个情节之前，作者的一番番背景性介绍，不能不说是啰嗦的。如果简化成：五年级时，我有一次用手机在网络查东西时，偶然见到班上学霸发的朋友圈信息：每天背单词且打卡的场景，我几乎震惊得说不出话来。——这是很简单的一件事，完全没有过多的背景性介绍。腾出的空间，或者可以刻画所见到的学霸打卡的具体情况，或者可以反思自己日常在学习上的不够勤奋，都可以强化文章的主题。然而大量的背景性介绍给读者带来的阅读时的啰嗦之感，令人觉得完全没有必要。

4.过分的煽情带来的啰嗦

抒情固然可以升华全文，令读者领会作者形而上的思考，并产生某种心灵上的共振，但过多的抒情导致的"矫情"之感，常常是令人深感乏味的。如果说在记叙文当中，集中抒情是可以量化的，那么这种抒情的比例不该超过全文的百分之八十。读者读一篇记叙文，对故事、事件以及其中人物的表现就可以得到大部分的满足，读者的过度煽情带来的，往往是一种负面的印象。因为你留给读者的思考当中，读者会因你的叙事的细腻、刻画的细致、故事的精彩等而形成良好的"反射"——精神共振，这种精神的共振比你的抒情更有力量。

从某种意义上说，我们的写作是和读者互动的过程，是经由自己创作的文本和读者来互动的，那么我们便不能没有一种读者思维，而不能一味地考虑自己的感受，好的作者会将读者的感受纳入进来，从而完成漂亮地完成一篇文章、一部作品的。同时，克服啰嗦除了上面指出的具体的几点之外，主要是通过反复阅读文章而改变的。阅读优秀作品可以培养自己的预感，阅读自己的作文可以发现啰嗦之处，慢慢地就会改掉这个写作中的阶段性毛病。

第 2 节　结构删减：构建你的文字城堡

和啰嗦相比，结构上的删减更值得重视。因为日常训练当中，大部分学生会忽视这个方面。许多学生意识不到的一个问题是：绞尽脑汁写下的一两百字的整个段落，居然是需要删除的。这似乎有点令人难以接受。但，如果你想给读者更好的阅读体验，就不该把与主题关联不大的大段文字保留在你的文章当中。

1.结构上的大幅删减

结构是对材料有意义的战略性安排。如果文章中某些片段、文字的存在对全文的中心没有多少价值，那么就需要你果断删除。初学写作者在这方面常常犯错，其错常常在于忽略中心的圆点，而把圆周之外的东西纳入硬拉进来，这种硬拉之举常常给人以凑字数的嫌疑。然而有时候，大段的内容都与主题无关，然而作者写的时候却兴致勃勃，就像我们在森林当中已经迷失放了方向却不自知，沉浸在迷宫一般的游戏当中，心情是快乐的，然而却在步步远离既定的目标。这种结构上的大幅删除，一旦作者意识到，第一感觉常常是不忍，觉得写了这么多，绝不忍将其删除。要我说：和文章中心无关的字，一个都要不要留！果断删除，再去寻找真正可以反映主题的文字才好。

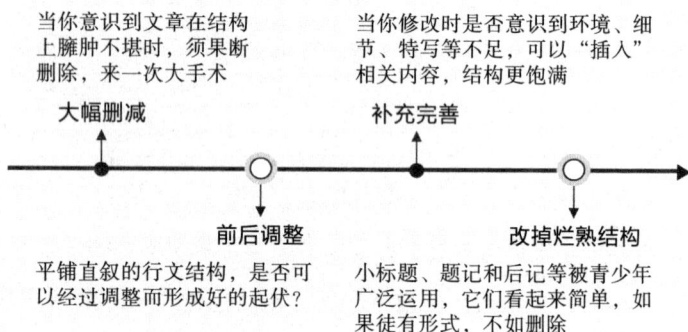

当你意识到文章在结构上臃肿不堪时，须果断删除，来一次大手术

大幅删减

当你修改时是否意识到环境、细节、特写等不足，可以"插入"相关内容，结构更饱满

补充完善

前后调整

平铺直叙的行文结构，是否可以经过调整而形成好的起伏？

改掉烂熟结构

小标题、题记和后记等被青少年广泛运用，它们看起来简单，如果徒有形式，不如删除

能在结构上删减，是作者走向成熟的关键

比如在一篇游记当中，一名学生兴致高昂地向读者如介绍出发前的各种准备、路途上的各种风景，包括塞车而耽误的时间都化作了大段文字，然而真正到了观景之地时，却三言五语地把各种美景打发了。一方面，这些美景在眼前转瞬即逝，其描写未触及景致的内在美好，便仓促地走向下一个景致，整个过程既没有重点，也显得十分仓促，造成全文在结构上的问题很大。这时如果我们说：请删除进入游览前的各种细致准备、去掉赛车路上的大段风景和心情的刻画，或者压缩到原来的五分之一也是好的啊！作者听了这话，仿佛立刻会愁上眉头——写出来多么不容易啊，就这样一删了之？没错，就这样一删了之，绝不后悔。因为真正的美景等着你用心刻画，要深入到景致的内部，挖掘其内在

的美好，这才是全文的关键。

即使你觉得这一次的游览，和上次去另一地的景致似乎相像，差别不大。那更要用心思考，找出他们的差异来。世界上没有两片相同的树叶子，更不要说两处景致。

我们要把文字功夫花在全文的重点上，体现到真正关键的地方，而不是"圈外"去"作业"。那样的话，只能让你越走越远。

2．结构上的前后调整。

结构既然是对材料有意义的安排，甚至是一种战略的、全局思考的体现，那么就需要我们做一点合理的安排，对行文的先后顺序有切实的交代。一件事在心中涌了出来，成了这次作文的最佳素材。你也打定主意要写好它，它无疑是一个故事，任何事件都是故事。然而你如何讲好这个故事，如何通过你的叙述过程——结构上的战略性安排，来更好的得到读者的赞许，甚至引起读者精神上的共鸣？

想一想：从圆心出发去圆周，有无数条半径的路线可以走，你准备走那一条？这是关键性的问题。

叙述一件事，理论上可以从任何起点开始的。尽管这件事的发生是一个线性过程，沿着时间的线条一路发生的，并且是不可逆的。但你要知道：叙述它是可逆的——这就是倒叙；叙述过程中是可以插入一些内容的，即所谓插叙；当你的叙述完成之后，感觉有些东西是有交代的必要的，否则容易引起读者的疑惑——这就是补叙。当然，最基本的叙述还是直叙，从这件事的起点开始，从它的原因开始交代给你的读者。

说起来蛮复杂，其实做起来并不算难，因为可以选择的方式其实也不是无数条半径，这是理论上的。你在实际写作当中，要么直叙其过程，把整个过程顺畅地交代给读者；要么倒叙而先说某个结果，或从一个最精彩的情节写起，再顺序整个事件。

3.结构上的补充完善。

结构这东西，最基本的一个要求是——完整。想想看，如果你说一件事给周围的人，你说了半截，人家不着急才怪。真那样的话，人家会追问事情后来怎样了？你不能说半截子话呀！所以，我们写作时要格外注重结构上的完整性，对需要交代的东西一滴都不要保留。而对可以保留的、能体现含蓄的话语倒是可以藏起来不说。就像海明威坚持的一个"冰山理论"那样，他坚持自己的小说如《老人与海》，其实只写了水面上的八分之一，剩下的八分之七需要读者来领略。在海明威看来，一个作家没有义务呈现坚冰的全部，把水面上的那点东西说完就可以了。

也许我们对海明威的这种理论了解不深，但至少我们要明白：我写的即使只是水面上的坚冰，也要把这八分之七体现的完整。

4.几处小结构的增删问题。

那么在结构上如何着眼，才能令初学者对增删有意识、有方向、有明确的办法呢？从结构增删的角度看，除了上面强调的部分内容可以对调、可以补充之外，对常见的几种结构手法，我还是建议慎重适应，除非它们确有必要。

第一、毫无关联的题记应该删除。题记是青少年最熟悉的一种小结构。它常常是一句话构成的，放在全文开篇之前。读者在读了标题之后，第一眼看到的就是题记。现实的青少年写作当中，我很少见到真正的匹配性题记——所谓匹配性题记，指的是和全文的内容、思想、情感等协调一致真正好的题记、必要的题记。对大部分题记而言，完全是一种赘余的东西。就像一个人的手上生出了第六指一样，需要一次手术。青少年在作文中滥用题记，其内在的心理，既有美化全文结构的考虑，也有补充文章内容不足的"添头"心理——反正放上去也没什么，并且增加一个题记是很容易的一件事。

我们应该从题记存在的意义来考虑是否有这个必要。题记是结构的一种，是在全文之前精心设计的一个小结构，以配合、以支撑全文的大结构，以明示、以暗示给读者一份深意的。这份深意当中，可能有作者的情感、思想和价值观，也可能包括了文章的某种意味、某种意义、某种氛围。

这样看来，题记对文章而言，不仅是形式（结构）上的，也是内容上的。一个不能兼顾形式和内容两者价值的题记，绝不是一个好题记；一个不能首先考虑内容意义的题记，同样不是一个好的题记。一个怀着"吃不好人也吃不死人"或"死马当作活马医"的心态下，添加上去的题记是没有意义的，徒有一个好看的形式而已。

当然，所谓的后记也是如此，不再赘述。

第二、徒具形式的小标题应该删除。和文章的题记一样，文内小标题一方面可以点缀文章，令层次看起来更清晰；另一方面它操作起来也十分的简单。所以，这些年来青少年作文中涌现出大量的小标题。

有时，小标题展示的作者的一种小聪明，而非大智慧。所谓小聪明是说，在一个简单易行的地方耗费心思，以令文章有种锦上添花的味道——这是对形式的一种雕琢，与其这样，不如把心思更多放在内容上。所以，每当读到三四个（一般三个）独占一行的小标题在文中"向读者招手"的时候，我首先便会怀疑作者的结构打磨能力。好的结构不是这样粗浅的出现在读者眼前的，况且小标题的操作是如此的简便易行啊！

（1）小标题省却了文字上的过渡。各个小标题完全是一个小的"独立王国"（自然彼此之间也有内在的联系），但竖起"小标题旗帜"的一个动因便是区隔上下文，从而"取消"了上下文以其他文字来过渡的必要。

（2）与其说小标题令文章的层次变清晰，不如说令文章的结构变得简单，作者的思路当然"简易"到令人一目了然。可问题是：一目了然就是好的吗？

（3）各个小标题之间缺乏形式和内容上的关联。小标题的出现，如果彼此之间在内容上是强关联，在形式上是强对称，那么还能见到作者打磨时的思考，否则更令人觉得差强人意。

第3节　消灭病句：语感和语法的双重保障

　　病句是写作过程中常见的一个现象。如果不能在写作时有效避免，就该在修改过程中充分留意，因为消灭病句是完全可能的。小学生经常写病句，这是典型的语感不强造成的；初中生写病句，除了语感不强这个根因之外，还伴随着不认真的写作态度。但我们不必因此过分自责，要知道：即使在每天和文字打交道的编辑、记者甚至作家们，他们在写文章的过程中也总是出现各种病句的，需要的是一番细致的修改，才能完全消灭。稍不留神，便会遗漏。

　　为什么富有经验的成年写作者也出现病句？要知道，写作是将内心语言转化成书面语言的过程，在构思、选材并思考全文结构之后，我们就开始了"码字"的过程。在码字的过程中，心中所想在输出为符号化的文字时，对句子构成经常在一种无意识当中，难免出现表达上的偏差，这种偏差主要体现为病句。所以修改是写作不可或缺的一个步骤。恰如鲁迅先生表达过的：写完后读两遍，对可有可无的字句，果断地删除……这就是修改。可见，反复读几次是一个必要的步骤。

大量的阅读才能逐步形成好的语感。语感一旦形成，修改文章无须借助语法知识。

1 语感
罗马不是一天建成的

2 语病
掌握常见的语法修改方法

对青少年而言，掌握常见的几种病句形式，如搭配不当、成分残缺、有歧义等，可以有针对性的修改文章。

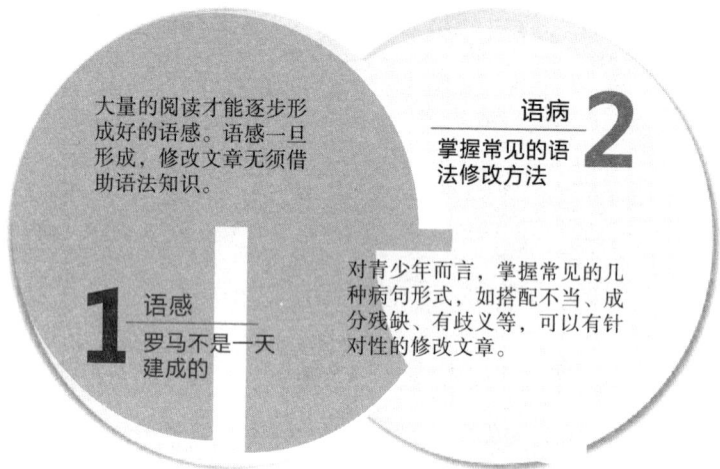

修改句子，要么靠语感，要么靠语法

消灭病句的关键在于两点：一是凭借充分的语感，二是凭借语法常识。

必须承认，大量的阅读是充分语感的来源，一个没有良好阅读习惯的人，是无法实现这一点的。而阅读的神奇之处就在于，养成的良好语感可以令你在阅读文章时，很容易发现句子中存在的各种语病问题，所以无须语法的支持也可以实现良好的修改。有时当你在阅读时忽然意识到不对劲儿，然后你会留神细看一下，很快会找出病句来，这样的过程就是你的下意识判断过程。当你大量阅读时，这种下意识判断的能力就是你的强语感。

在青少年学习过程中，除了通过大量阅读培养语感之外，是会在语文学习过程中接触汉语语法知识的，这里给出常见的语病，从语法的角度予以分析。

　　比如，有同学在自己的文章中说：星期一的早上，当新老师走进班级的那一刻，同学们的眼睛便都集中到了她的身上。在这句话当中，同学们的眼睛都集中到了她的身上，显然是不对的。应当说，同学们的目光都集中到了她身上。这是典型的词语搭配出现问题导致的语病。在各种搭配不当之中，常见的搭配不当有主谓搭配不当、动宾搭配不当、关联词搭配不当等。

　　再比如，在这次聆听会上，大家认真地注视和聆听着专家精彩的报告。很显然，对专家精彩的报告内容，我们可以聆听，但不能注视。这也是典型的搭配不当造成的。更常见的一个典型是"人们的生活水平在不断地完善"，这里的完善应改成"提高"。诸如此类，他们的共性问题就是"搭配"，合理、恰当的搭配才能恰如其分地表达句子的含义和作者的思想。同样，如果上面这句话我说："合理、恰当的搭配才能恰如其分地表达句子的含义和思想"就有问题，因为句子可以有含义，但不能有思想，有思想的是人，故而加上"作者的"。

　　有时候，病句会造成你的表达不清楚，令读者一头雾水。比如"我觉得这次考试的成绩不佳，而妈妈觉得还不错，爸爸同意这样的意见。"这样说则读者不明白"爸爸"是站在谁的角度上、赞同谁的意见。如果他赞同的是我的意见，则改成爸爸同意我的看法，反之则改成他同意妈妈的看法。再比如，"同桌找不到我们都很着急。"作者要表达的是同桌找不到我们，他很着急，还是同桌找不到东西，我们连带这都很着急？这是作者要说清的。再如，一名学生在文章当中说：迫于生计，父亲必须外出打工，养活全家，支撑起全家的生活，自年少时起，他便是如此。这里的"自年少时起"他便是如此是容易有歧义的，因为联系上下文，可以是"父亲年少时"便外出打工，然而又可理解成"我自年少时，他便是如此"，故而需要作者清晰地说明才好。在小学生的作文当中，偶尔可见这样"黏连"的表达，从而造成表达出现问题。这样的句子修改起来不难，只要作者看一两遍自己的文章，就可以轻松更改掉。

面对表达不清的问题，在我们不知道哪一句是病句、哪里表达不清的情况下，最好的方法就是反复读。读的时候伴随你的思考，感受句子的意思是否已经清晰地告诉给了你的读者，就很容易找出问题的所在。

成分残缺也是经常出现在文章当中的语病，尤其是主语残缺是很常见的现象。比如，经过这次学习，使我明显提高了兴趣。你有留意没有？不管是经过……，还是使我……，都是在没有主语的前提下发生的。这句话很难说造成了含义的混乱、语义的不清，因为我们明白作者想说的意思，但从语法的角度看，确实犯了成分残缺的语病。可以改成：这次学习使我明显提高了兴趣。这样一来，"这次学习"就扮演起主语的角色来。

再比如，我的语文老师教学经验十分丰富，在短短的一个月内，把全班的语文成绩提高到了一个新的水平。细看句子，你会发现，虽然我们同样明白作者句子的含义，没有造成语意不清，但句子依然是没有主语的。如果我们加上一个他字——他在短短的一个月内，把全班的语文成绩提高到了一个新的水平。那么整个句子就完整了。有一种非常常见的造成主语残缺的情况，就是含有"使""在……"的句式下造成的，如"使我有了进步"，你一定要留意是否有一个主语的存在；而"在……"当中，"在"字如果去掉，常常是可以让句子的主语回归的，这是介词打头的句子时常出现的问题。

当然，不只是主语残缺，宾语残缺也是常见的，如"这次活动，我获得了最佳创意，而班主任李老师获得了先进工作者。"在这样的句子当中，部分省略掉的文字造成了句子宾语残缺问题，改成"我活得了最佳创意奖，而班主任李老师获得了先进工作者的称号"，句子就完整了。

对各种常见的语病而言，除了可以专项了解一些常见的语病、做一点专项的练习之外，真正能杜绝的还要说彻底提高语感，凭借自己的强语感来打败它们。某种意义上，"消灭病句"是一个比较理想的结果，需要我们在较长的写作过程中逐步克服。这种进步常常是可见的，当你到了小学五六年级时，小学三四年级时常犯的语病错误便不见了；当你到了初中时，小学常见的语病错误便消失了。当这种不见和消失必须以持续的阅读和自我更正为前提，总之，你读的多了、写的多了，语病的毛病便会逐渐消失。

第 4 节　修改符号：工具、习惯与方法

一篇文章写完了，对他的作者而言意味着什么？有人松了一口气，觉得完成一件任务；有人觉得一次作业完成了。然而对那些真正重视写作的青少年而言，这并不意味着完工。刚刚完成的文章不过的初稿而已，真正的修改和加工才刚刚开始、好文章的修改出来的，这是中国语文界对写作的一种共识，更是自古以来文人墨客们创作必经的一个过程，即使再有才华的伟大作家，其作品也是在反复的修改中完成的。

（一）使用修改工具，让文本在专门的修改符号中留下专业痕迹

文字修改有两个境界。第一境界是改掉你的错别字、病句以及明显不够准确的地方。文字的修改无非是令表达更准确、更生动而已。第二个境界是找到属于你的句子，找到最能表达你的思想的句子。相信你听过唐代诗人贾岛"推敲"的故事。在一句诗当中，到底是用推字好，还是用敲字好呢？诗人破费踌躇，以至

于耗费了不少的时间，而他自己则沉浸在这种深深的思考当中，据说还反复拿出推敲的两种不同的手势，来营造真实的过程。对古诗的修改而言，一个字的修改可是牵一发而动全身，影响全文的表达的。对今天的青少年而言，对一个初学写作的人来说，从文字处修改，易见效果，尤其是在前后的对比当中发现修改的意义。

既然要修改，就要使用一定的修改工具。我指的当然不是铅笔和橡皮，而是一种在社会上通行的符号化修改方式。在出版领域，一本稿子在正式印刷之前，是需要在作者、编辑、校对、审读、排版等人员之间进行流转的，而大大小小的修改符号必须是他们通用的一种工具，这样才便于所有人的改动具有普适的意义。如果其中一个人的修改符号不专业，带着自己的创造发明色彩，势必给他人阅读稿件造成很大的麻烦。

对青少年写作而言，如果能在自己的手写稿上以专业化的工具来修改，其本身是一件值得做的事情。这种修改工具得心应手的使用，对你未来走向专业的创作也很有好处。我们先来认识一些常见的修改符号，以青少年写作中常见、常用的为主。各种符号往往是一目了然，一学就会的。

（1）删除。圈住需要删除的文字，然后以延长线的卷曲方式移除它们。对一些句子中赘余词语，我们需要果断的、毫不客气地删除，从而实现句子的简化"瘦身"，从而令文章更加的简洁明快。

（2）替换。也叫做改正，是以新的文字内容替换原有的文字。常见的替换可能在搭配不当造成的，故而替换成更适合的词语，这在小学生写作中很常见。

（3）增补。在增补的背后大有文章。对一个作家而言，增补是十分重要的修改工具之一。当他在改稿过程中，常常将目光停留在某处，而发生了新的想法，便会提笔增加一段文字内容，有时是细节刻画，有时是环境描写，有时是新的情节等等。增补对青少年写作而言，不但也是重要的工具，还能促使你的行文更加饱满。

（4）文字对调。这是一种不算很常见的修改方法，偶尔会将因笔误造成的词汇进行对调，从而令句子更通顺。

（5）接排。是把两个段落衔接成一个自然段落。不算很常见的一种方式。只有当你的叙述没有结束而分段时，需要将这两个段落合成一段。

（6）另起。是把一个段落分成两个段落，让文章的层次更清晰。对小学生而言较为重要，因小学生常常习惯了将一篇文章写成三个段落，简称"三段式"作文，两头短小，中间臃肿。这时我们可以运用"另起"的工具，把中间相对臃肿的段落再分段，从而令文章的结构更清晰，文章的效果更好。

（7）保留。如果改错了，在复原时可以在原文下划上三角号，表示"保留"，不予改正。这个工具在编辑修改稿件时偶尔遇见，大量的文字出现在眼前，面对的又是别人的（作者的）内容，在前面阅读时以为是某种问题，于是修改。而很快在后文中发现这是作者的一种正确的说法，于是用三角号表示"改错了"，保留原文。

时间真快，光阴荏苒，岁月如梭，几个年头就这样过去了。

天哪！

哦！my god!听听这些天真无邪的声音！

曾经

没有人想到他看见了那么美丽的景色！

您旅行所需要的费用一切全都由我来支付。

出现在眼前的一座美丽的城市。

人们把这座美丽的城市称为米兰。在这个城市里……

他最大的理想是做一名医生，解除患者的痛苦。

常见的修改符号。

常见的修改工具是上面的几种，其中的删除、替换、增补和另起对青少年写作而言，是更加重要的修改工具，如果能在写作过程中经常运用，他们对文章的升级、完善是极有帮助的。当然，对一个认真的孩子而言，如果一篇文章经过反复几次修改，既可以保留原稿，也可以对修改幅度比较大的文章重新誊抄一遍。我们不要小看一次誊抄，觉得只是一次简单的过程，其实在一次誊抄的过程中，你对这篇文章的印象会更深刻，对自己构思、写作和修改的整体过程可能发生新的认识，所以如果有时间、有必要，不妨对大量修改的文章再次誊抄一遍，相信你的收获会更大。

如果有同学习惯用电脑写作，在修改的过程中很少用到上面的修改工具，也可以在 word 或 wps 中使用"修订"工具，这样你可以见到整个修改的过程。修改完毕，可以"输出为 PDF"或者图片，这样你可以清晰看出修改的过程。如有条件还可以打印出来，再做手改。以上的各种修改，其实都是写作过程的一部分，对能写出好文章的人而言，基本上都认同"好文章的改出来的"这一理念，他们在修改过程中不仅提高了自己的写作水平，还能维持良好的写作兴趣。

（二）修改习惯的养成

以专业工具来修改文章，是一种认真、负责精神的体现。修改符号的使用，不是为了让文本看起来不乱或整洁，这不是主要的目的。而是在修改的过程当中，一方面可令内容清晰，一方面可以很好地保留我们的思考痕迹。就像我们在书中的空白处写点读书心得一样，这也是融入文本甚至再创造的一种方式。修改习惯的养成，对我们记录和丰富文本有很大的价值。

更是一种写作过程中的仪式感和专业程度的体现。当然，如果你有用电脑写文章的习惯，直接修改也是可以的。其最终的目标，都是让说你的文章走向最佳。在这里我特别强调修改的"仪式感"，不少青少年将写作视为畏途，看作一件令人头疼的事情，其实大可不必。当前青少年写作中的一大问题就是写一次交稿，就算完成了整个写作训练。有的学生甚至对语文老师给出的具体意见看都不看，这是不合适的。当你写完后交上去，老师给出一些修改的意见，是你走向进步、完成整个写作训练的开始，更是养成一个人良好写作习惯的必须。而在这样的过程中，如果你能本着一种郑重的、正式的、当做一件大事而非任务的"仪式化"心态，去修改自己的文章，我想，你的进步一定更快。

（三）充分打磨

文章写完之后，一件任务自然是结束了。你完成了一篇作文，一篇你自己独创的文章。在你创造它之前，这篇文章是不存在的。这也是很有趣的一件事儿。看着你独自完成的一篇文章，它真实而鲜活，就像你是一个上帝创造了一件作品一样。然而，并非所有的文章都能称之为作品，即使如沈从文这样的大作家，他也经常说：我的小说不过是习作。

文章写完后便束之高阁，或者交给老师看，在老师阅过之后便束之高阁，乃至不知所踪，这是令人遗憾的一件事儿，更是一个人写作生活当中的不良习惯。良好的习惯应该是：文章写完后立即投入时间和精力进行修改，或者放上一两天的时间，在这段时间里你从事着别的事情，也许是在攻克某些数学难题，也许是在背英文单词，然而一个有着好的修改习惯的青少年，是不甘心让自己的文章落寞地搁在无人知晓的角落，最终却不知所踪的——打磨你的文章，让它臻于完善，达到最佳，是写完后最重要的事情。

对一篇文章而言，有时打磨它比写作本身还关键。一篇好的文章，常常是作者反复打磨的结果。即便是大作家，其作品也常常的反复修改的结果。曹雪芹在《红楼梦》当中说，批阅十载，增删五次。这意味着什么？即使是千古绝唱《红楼梦》，即使作者有万丈才华，其作品也是在反复的长时间的打磨中才宣告结束的。我相信：一代文豪曹雪芹，为这八个字付出的心血和代价是巨大的，自然他的收获也是同样巨大。想一想：如果没有"批阅十载、增删五次"这样的苦功，他的《红楼梦》也许难以登上古典文学的最高峰！我甚至相信：在这八个字的修改过程当中，最早的稿件可能已经被作者改的面目全非，定稿的东西和原稿如果对照一番，可能是完全不一样的两个东西。

　　如何打磨我们的文章或作品？从哪里入手，才能逐渐养成好的修改习惯，从而对青少年写作形成良好的影响呢？

　　首先，战略性安排材料时，是否做到了有详有略？详略得当是安排材料，从而首先合理布局的关键。如果你是一名军事指挥家，面对敌人不同方向的来袭，势必要合理安排你的兵力，从而在敌人薄弱的环节冲出包围圈。像李云龙（《亮剑》中的主人公）那样，从正面突出重围的时候，永远是少数，是违背基本的军事法则的。详略得当是令全文材料各尽其责的关键，是令作文摆脱流水文的关键。对那些能够重点突出人物形象、表达文章主题的段落，我们要不惜笔墨，甚至是浓墨重彩；对那些和主题关联不大的材料，我们可以一笔带过，有时甚至可以干脆删除。在学习写作的道路上，我们要培养这样改正不足的勇气和智慧。

　　在结构删减的单元里，我已经强调了结构调整的必要。我发现：许多青少年的作文修改停留在遣词造句的层次上，这是不可以的，我们有时需要幅度较大的删减。不要顾虑说：我的文章花了两个小时才写出来，现在让我对它"大刀阔斧"的进行删减，我痛心不已！其实，和你真正的成长相比，大刀阔斧的修改完全是必要的，因为你在修改过程中领略到"精进"的方法，从而令这一次的写作训练没有白白耗费时间。想来，你经过两个小时的写作而写出的文章却是不合格、平庸的文章，那么为什么不做一番精心的修改呢？一定牢记：好的文章永远是改出来的。这是有先例的。你一定听过贾岛的故事——"两句三年得，一吟双泪流"——三年是什么概念？这样的两句有何等的分量？

其次、风格的逐步成形和形成。对一个学习写作的青少年而言，最难得的要数风格的形成。你的语言风格一旦形成，那么就像一个有着独特标志的作家一样，某些句子、某种特色的表达只能出现在你的文章当中，往往是别人模仿不来的。但这种风格的成型和形成，往往需要大量的时间，以及精心的打磨。许多作家对语言的要求极高，反复打磨，直到每个句子的安排都令自己感到满意才肯罢手。这是一种追求完美的伟大精神，这样的精神在青少年写作当中是比较匮乏的。反复修改到什么程度？正如王小波对法国作家杜拉斯的评价一样，所有的句子改到再也改不动为止——所谓的改不动不是作者因疲惫而没法继续写作的意思，而是整个篇章当中句子的安顿十分到位，再改已经没有意义，整体上已经趋近完美。

对青少年而言，这样的修改是一种精神，更应落实在自己的日常习惯当中。即使我们的作文不是为着出版而进行的修改，但这是对自我成长的一种需要。

第三、打磨的时间和频度问题。看了上面的意见，你也许要说：我的时间很少，还有很多作业要做，没时间连续修改到完美的程度。其实，打磨所花的时间，一方面可以集中，一方面可以利用零碎的时间。不是说你写完后必须立即修改，放上一两天、两三天的时间再去修改，或者在你的语文老师、你的同窗好友给出某些意见之后再去修改，也是不迟的。而且，在搁置起来的几天时间里，一个有着修改习惯的作者，在潜意识当中是会思考文章的修改的，所以当你两三天过后再来修改，其效果往往可能会更好。我们需把写作和修改看成一个整体连贯的动作，而不是中间没有时间的必须"趁热打铁"的过程。有良好修改习惯的青少年，当你拿出去年写过的一篇文章，再来修改一番的时候，一方面你可以体会到修改的乐趣，一方面你可以感受到自己的一年来的提高——也许你会觉得一年前的自己，为什么写的那样的幼稚？当这种感觉出现的时刻，其实意味着你已经进步了。

第四、颠覆式修改。"修改"给人的印象好像就是小修小补就能得到完善，对一篇相对成型的文章而言是这样的，字句的修改、部分结构的调整和增补便可以实现文章的"华丽转身"。但对青少年而言，许多习作在大方向上便导致小小的修改难以解决大问题！所以，不少时候是需要一种"颠覆式修改"的思路。所谓"颠覆式修改"甚至可能是推倒重来，以新的思路重新构思、重新安排全文的结构，只是和完全的另写一篇一样的地方在于，素材本身可能是保留的，只是在整体的构思和手法上有颠覆式的改变，举一个例子。

一名小学生以《共享单车——伤痕累累》为题，写了一篇集观察和议论于一体的有点杂糅的文章，作者对自己在大街上见到的现象——不少人破坏共享单车发表了自己的意见。而在又以"单车"的感受来写体现了部分内容，用了"哭泣、病例"等字样。所以我在修改意见当中，建议该名小学生化身"共享单车"，以全文拟人的手法来展示这种人为破坏带给单车的痛苦，这样一来全文也有一个"倾诉性的线索人物"的存在，以它的视角来写，不仅手法富有新意，更能灵活展示"单车"的痛苦——总之，换做想象作文的方式来展示，以表达自己对这种想象的看法。这种方式不仅能更灵活，更适合小学生，更容易创新出彩。

　　这样的修改往往就是颠覆式的，文体发生了变化——不再是杂糅着作者不很成熟的议论在其中，而赋予一辆单车以生命力，以想象作文、童话故事的方式来写，这样的修改保留了原文的素材，但修改绝不是小修小补，是一种彻底的改变。

　　总之，文章的打磨需要我们反复思考，并动手实践。毕竟写作是一个实践性很强的事情，理论只能起到一种指导、指引的作用，你在反复打磨过程中会收获很多具体的技巧，这些技巧的获得，较之在网络上、在他人的灌输下得到的，要来的更真切，更有意义。

第 十 章

进 阶 智 力 开 发

在我们掌握了基础的写作手法之后，作为青少年，我们
有必要对写作中的一些较为特别的和关键性的东西有所
认知，这些手法、概念的存在，对我们在写作上的快
速进阶很有帮助。主要是视点、灵感、意象、情节、暗
示、象征、文体等，这些概念并非完全对等的存在。但
它们放在一起探究，对我们进一步认识写作很有好处。

第1节 视点：变化的大利器

视点就是你观察、思考所站在的位置，这个距离你观察、分析和思考的对象是怎样的距离？这对你的叙述和分析是有不同的效果的。站在什么位置上去叙述？关于写作的视点问题，当然，视点不只是看，而是包括了看、听等在内的以距离的长短而给人造成的不同印象。当我们走的更近，看到和听到的又是另一种景况，往往更清晰，写出来的东西自然更细致，甚至是一种特写；而当距离很远时，我们看到的、听到的另一种朦胧的然而可能是悠远、模糊的景况，也可以打动读者。

鲁迅先生在《社戏》中，就有因"视点"而产生的不同滋味，给人印象很深刻。十来个小伙伴撑船去看社戏的夜晚，作者说：他们换了四回手，渐望见依稀的赵庄，而且似乎听到歌吹了，还有几点火。料想便是戏台，但或许也是渔火。这是作者在船中依稀看到的情景，很多都是不确定的，所以作者用了"依稀、似乎听到、料想、或许"等不能确定性的词汇，这些词汇准确表达了远距离时的感受。而随着船的前行，距离目的地赵庄更近时，才说：那火接近了，果然是渔火；我才记得先前望见的也不是赵庄。当大家把船停在离戏台相对较近的地方时，戏台上的一切看得便较为真切起来，如：在停船的匆忙中，看见台上有一个黑的长胡子的背上插着四张旗，捏着长枪，和一群赤膊的人在打仗。这些都是近距离的观察，是因为作者的"视点"发生了变化的缘故。

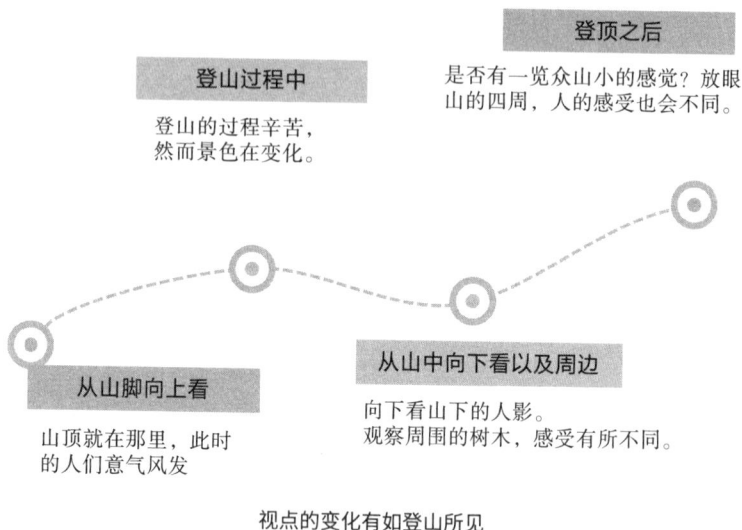

登顶之后

是否有一览众山小的感觉？放眼山的四周，人的感受也会不同。

登山过程中

登山的过程辛苦，然而景色在变化。

从山中向下看以及周边

向下看山下的人影。观察周围的树木，感受有所不同。

从山脚向上看

山顶就在那里，此时的人们意气风发

视点的变化有如登山所见

同样的道理在《桃花源记》当中也有精彩的体现，作者说：（1）忽逢桃花林，夹岸数百步，中无杂树，芳草鲜美，落英缤纷，渔人甚异之。这是大而观之，被眼前的景致所吸引、震撼。所以才有接下去的"复前行，欲穷其林"。作者的"复前行"便是将自己的"视点"向前推移，想象我们的手中拿着一款最新的ＤＶ，拍摄眼前的美景时的样子。而（2）"林尽水源，便得一山，山有小口，仿佛若有光。"这是作家见到桃园入口时，已经向桃园进了一步。然后"便舍船，从口入。初极狭，才通人。"

这是初步感受，继而（3）"复行数十步，豁然开朗。土地平旷，屋舍俨然，有良田美池桑竹之属。阡陌交通，鸡犬相闻。其中往来种作，男女衣着，悉如外人。黄发垂髫，并怡然自乐。"作者进入桃园是在"复行数十步"这样的推进当中实现的。读者看到了作家发现桃园的全过程，而从写作"视点"的角度看，作者在步步推进——作家在写作时，是复原当时的发现过程，一步步通过视点的变化带领读者抵达桃园。

可见，视点问题不是作家、作者刻意虚构的，而是随着作者观察脚步的变化而自然演变的结果。就像我们在下午两点约了人，一个从未见过的陌生人。在没见之前我们可能猜想他穿什么？整个人是什么样的状态，这是一种心理上的"观察"；随着约定时间的到来，对方如约出现了，这时我们对人的观察往往是大处着眼的，他整体的精神风貌，给人的综合印象都可以略作交代。然而随着两人坐下来，就某些话题做交流，对方的言谈举止则以最近的距离得到观察，我们便有了特写一番的可能。这样的构成也是视点变化的过程。

此外，我们在写作过程中，时常对"存放"在脑海中各种素材进行一番有意识的钩沉，从中检出最值得写的一段故事、情节。它最初停留在我们的脑海中，也许是三五年前、也许是十年前的往事，当我们逐渐把思想聚焦在这条素材上时，仿佛是用放大镜反复翻看，从各个角度去思考，这也造成视点的反复变化。所以最初时我们会表达出"在我的心灵深处"——体现出故事的遥远，年深日久的滋味，然而在文章即将结束时，却有了"仿佛发生在昨天"一样。这件事似乎更加鲜活了，是因为我们的视点发生了变化。

伟大的作家甚至不必移动自己的身体，其观察的视点便有巨大的变化，这在王维的诗歌《画》当中体现的十分清楚。他说：远看山有色，近听水无声。春去花还在，人来鸟不惊。作者面对一幅静态的画面，却写出了"远看"和"近听"不同视点下的差异，又以"春去"和"人来"的想象而展示画的特色，给人一种艺术上的张力之感。如果将这样的画面以电影的形式来展示，势必需要多个镜头来实现：远看而见山的轮廓和色彩，凑近去听却不见水声，以及春去和人来时，鸟儿依旧的场景。区区二十个字，却将一幅静态的画诠释出动态而立体的一面，令人叹服。

以上的各种案例似乎说明，"视点"的变化要求我们采用更精准的词汇才表达，才能将你的表达因精准而生动，体现出行文的动态之感。可见，"视点"对我们记录变化、表达感受意义重大。

同时，我们要克服写作中的武断问题。写作中的武断表现为以一己之思来揣度所有的人，认为被人都是这样的。这样的"视点"是不对的。你不能站在自己的立场、观点上代所有人判断，换言之，你的表达需要有一定的分寸才行。如有同学在自己的文章当中这样说：人的童年都很快乐。这是非常武断的观点，不是所有人的童年都像你一样的快乐。再比如，每个人都有不幸的时候。这个句子的修改很容易，比如把不幸改成烦恼，这样的程度降下来，句子的观点是成立的。但不幸是一个很重的词，不是每个人都会遇到的。但从视点的角度看问题，我们的意见也是武断不堪的。虽然，这不是视点的主要问题。

第2节　灵感：须秒懂的资源

灵感是这样的一种东西：它悠然而来，却又潇洒而去。如果你即使动手、动脑，也许可以抓得住它的全部，稍不留神就只能抓住一部分。动手记录灵感，动脑反复思索，是牢牢抓住灵感的关键。写作的人最渴望灵感的到来。青少年也许要祈祷在高考、中考的那一刻，灵感不仅能来，最好能来一次"灵感大爆炸"才好！然而，这是不现实的。能集中"大爆炸"的绝非真正的灵感。灵感这种东西，就是发生在一瞬间的东西，你必须秒懂才行。

感总是留给有准备的人。这是借用"机遇总是垂青有准备的人"这句话的，但放在灵感身上是一样的。对一个勤于思考的人而言，灵感光顾你的机会总要大一点，因为勤奋令你的思考反反复复地发力，横看成岭侧成峰——从不同的角度去看、去思考问题的关键，那么灵感便可能在你的思考当中闪现出来。从这个角度看，灵感是你自己制造的，并非空穴而来的东西。所以——

灵感来了，就意味着好文章、好作品的到来吗？不是的。正如作家王鼎钧先生说的：灵感是受孕，作品是成人。可见，两者之间存在着巨大的鸿沟，这个鸿沟的填补，必须以作家勤奋的自我经营，坚持不懈的写作才可以。插入几句题外话：有的学生和家长曾陷入一种苦恼当中：读书不少啊！但作文为什么就是不好？我想，这跟灵感和作品之间的关系似乎是相通的。阅读是领会他人的写作经验，能否转化成自己的，还需一番艰苦的努力才行。否则，大家只管读书，不必在写作上费心——如果两者之间是一种直接的、必然的因果的话。

灵感就像从宇宙中忽至的一段
消息 悠然而来，悄然而去

灵感是对生命的一份馈赠。抓住它！　灵感是对作者勤思考的一份褒奖！　灵感是一种写作资源！运用它！　灵感是一段需要延伸的消息，留住可以备用！

灵感的美好

1.灵感的特质。灵感其实是一条信息、一个念头，一种一闪而过的东西，然而往往具有特定的、特殊的价值，尤其对写作而言。它有时表现为一个句子，有时表现为一个情节，总是一种瞬间提醒你的东西，可以激发你创作的欲望的东西。

判断一段信息是不是灵感，许多人有切实的经验，那种触电一般的信息到来时，即使我们已经躺在温暖的被窝中，也会迫不及待地重新开灯，把它记录下来。然而这是一种经验上的感知和判断。一条信息是否就是灵感，能否令我们完成一次好的写作，如何判断？我个人的意见是：这个念头如果含有大量丰富的信息，拥有无限的可能，就像冰山的一角，令你想到更多的部分在水下，那往往就是一条真正的灵感。如果一个念头只是一个华丽的句子，看着确实精彩，然而信息量不够，是谈不上有多少价值的"灵感"的。

2. 随时记录灵感是最妙的，否则会让人后悔不迭。

我个人的一个经验是，在睡前躺在床上很放松地胡思乱想的时刻，灵感可能会到来。所以我会把手机放在伸手可以触到的地方，随时用记事本记录下来。也许是一个句子，也许是一个好的选题，也许是一个精彩的见解，也许是一篇文章的标题或情节，然后会在次日找时间处理它。即使我们一时没时间处理这份灵感，但至少我们记录了它。以前手机不像现在这样便捷的时候，许多人喜欢随手带一个小本子，以随时记录灵感。这个方法在今天仍旧是适用的。俄国著名作家契诃夫有一个记录东西的习惯，后来有一本书叫做《契诃夫手记》，据说记录的大量东西就是他的"灵感"，其中有不少的情节、故事等都被他写入了自己的短篇小说当中。

3. 距离成文有一段路要走的，然而它给了我们一个绝妙的契机，必须牢牢把握它。

一个灵感有可能发展成一篇文章，甚至有的作家的大部头作品，其最初的起点都是来自某个灵感。那么，如果加工才能让灵感成为一篇文章呢？前面说了，真正的灵感饱含丰富的信息量，对作者的创作具有很强的价值。至少能让我们投入到一篇文章的写作中去。而对一个作家来说，甚至可能发展成一部完整的作品。所以，当你已经记录了一条灵感时，它就成了我们写作的一条资源，甚至是一条异常重要的资源。反复的揣摩这条资源，是可以开发出很多东西的。所以我们当有一种挖掘的意识，挖掘这份灵感信息背后的信息，其所隐含的情节、故事，才能对写成文章、写成作品具有大的价值。

如果灵感是一个精彩的见解，就可以成为议论文的中心论点，按照议论文的结构来论证这个见解，融入一些实例，发展成一篇文章是不难的。对议论文而言，最关键的就是见解的精彩，如果没有好的见解，就是结构再扎实，也要逊色许多的。如果是一个情节，那一定可以发展成一篇记叙文甚至是短篇小说。当你形成了捕捉灵感的意识，并能积累大量灵感的时候，这种积累其实等于日常积累素材，较之背诵格言、记忆历史故事，往往来的更精彩。因为灵感是你独有的素材，而非公共资料。

第3节 情节：情节从何而来

我相信：青少年对"情节"这个字眼是不陌生的。当我们被某部精彩的电影所吸引，在谈论它时我们会赞叹其故事情节是何等的绝妙。尤其是在看一些推理、侦探故事的时候，这种赞叹显得更为由衷。相反，一部情节差劲的电影带给人的失望也是一样的，我们会对这样的电影撇撇嘴，懒得跟人说。

我把"情节"单拿出来放在这里讨论，是因为我相信：在青少年日常的写作当中，是很少独立探究情节的设计的。在青少年写作当中，"情节"时常被故事、事件尤其是素材掩盖。我们在找寻自己的写作素材时，思索的幅面相对比较大，时常是结合主题想到一件事（记事作文）、一个人的一件事或几件事（记人作文），想到整个故事的情况（完整情节的故事），而时常不习惯从情节入手去思考，找寻你的写作素材。

其实，很多时候我们的思考点是在某个情节、甚至某个时间点上得以停留，从而快速拓展相关的内容，从而得到"素材"的。比如，记一件童年往事这样的作文题，当我们面对作文题的时候，我们思考的注意力便开始逆着走过的道路寻找，或者从三四岁的时候向前发掘。忽然，我们的意识某一时刻的某个情节所吸引，也许是一个孩子的微笑，也许是童年的某个玩具，也许是小河边的一次散步，当这样的情节进入我们的头脑时，我们便不肯放过。以此延展出整个故事、事件出来。可见，某个情节、某个情节的片段，对我们找寻素材具有很现实的意义。但是我必须强调一点：和小说家创造情节有点不同的是，青少年写作因常常是以写实为主（记叙文、散文等而非虚构的小说），所以其情节的来源是从实际生活中来的，而这种来源的一个关键点是人物——人物创造了情节。当我们想到一个人时，他的言行举止就是在创造情节，他的某个有趣的话语、有意义的举止、有意味的笑容都是在创造情节，所以当我们在苦苦找寻情节的时候，不妨从人物入手，去找寻情节的来源。而在小说家的虚构作品当中，一方面他可以如上所述，在主人公的性格特点中创造出有关情节，也可以为着故事的需要创造新的次要人物，进而由次要的人物承担、消化部分情节。

然后便是对情节的打磨过程，这是关键。在《音乐巨人贝多芬》一文当中，作者开篇只有一句话：客人敲开了贝多芬的家门。这样的一句话，便把读者带入到情节中来，可以想见：对一个长年饱受耳聋之苦的以音乐创作为生的人来说，当有客人造访的时候，主人和客人间的沟通和交流便有一种天然的困难：一方面贝多芬忍受耳聋的痛苦，沟通本身便是障碍；二来长年处在这种痛苦的一个人，他的心情能好吗？第三、一个沉浸在创作当中的人，几乎没有喜欢被打搅的。那么，面对这样的情况，贝多芬会怎样的处理呢？我们能见到怎样的结果呢？如果你是这次造访的客人中的一个，你的心情是否会在敲门的瞬间生出一丝忐忑？

总之，一句话带读者进入的情节，首先就给人这样的滋味，读者的期待可想而知。而探究情节的设计来说，为什么作者选择这个情节？要知道在伟大音乐家贝多芬的一生当中，可供写作的东西非常之多，而这篇文章独独选择这个情节来展示贝多芬的形象。

我们对都德的《最后一课》印象是深刻的。作者选择的情节也值得我们探究。作者在结束前对自己的老师韩麦尔先生有一个精彩的情节刻画，这就是他听到敲钟的时候，"他转身朝着黑板，拿起一支粉笔，使出浑身的力量，写出几个大字：法兰西万岁！"然后"他呆在那，头靠着墙壁，话也不说，只向我们做了一个手势：放学了——你们走吧"。想一想，为什么作者以这样的情节结尾？以一个情节结尾，并没有发表宏论或者肆意抒情，何也？要知道：作者全部的思想感情其实都包含在这个情节当中了，作家不必再画蛇添足一般地去抒情和议论，这个镜头感十足的情节，已经道尽了作者的思想感情。

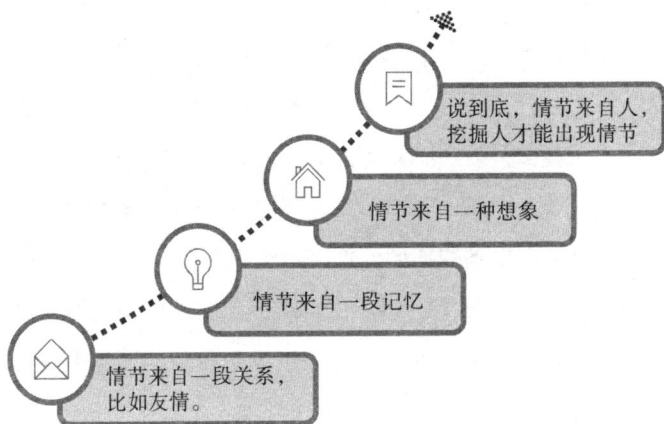

说到底，情节来自人，挖掘人才能出现情节

情节来自一种想象

情节来自一段记忆

情节来自一段关系，比如友情。

情节从何而来？说到底还是来自人

鲁迅在《藤野先生》一文当中，有一个给人印象深刻的情节，这就是当时的日本学生通过邮差给他的一封信，开头便是：你改悔吧！其实，这样一个情节对衬托藤野先生对他的照顾大有妙处，以至引起日本学生的某些质疑；同时也反映出做一个弱国的留学生，在这所学校所遭遇的一种蔑视，有了这样的一种环境的存在，更能衬托出藤野先生的无私和伟大。

情节的变化，以及给作者带来的思想的变化。在许多记叙文当中，作者的思想感情是因情节的变化而发生巨变的，情节的起伏带来的思想上的、心灵上的变化，从而会将文章的内容引向抒情、议论等点睛之笔。青少年写作当中经常触及日常生活中的小起伏——诸如和家人的小矛盾、小冲突，以及同学间的小烦恼、小不快，这些情节的存在令文章值得写，而摆脱这些矛盾冲突、烦恼不快的时刻，需要某些特殊情节的引入，以促使作者的思想发生转变，有时甚至是 180° 的巨变——从而给读者营造一种从沮丧不快到大彻大悟的感觉。

什么样情节的引入，能造成这种变化，从而也感染你的读者呢？

（一）自然环境中出现的某种情节，触动了作者的心灵。不如当你走出家中，去公园中散心、散步的时刻，自然环境的美好，或于公园中见到的某种场景，如鸟儿在枝头歌唱、儿童在母亲怀中露出烂漫的微笑、某个在树荫下认真阅读的美好身影等，都可能祛除你心头的不快，从而令自己从狭窄的情绪中走出来，精神为之一振。

（二）读书（小说或散文）中的某个情节、某段故事、某种思想，甚至就是某个作家的一句格言，令你顿感振奋，从而令你在自我的小小格局当中觉醒，猛然觉得：我该像他们一样，去创造、去奋斗、去感受生命中的美好。比如，你想起史铁生在地坛某个角落中冥思的场景，想到他虽然双肢残疾却把生命投入写作，便涌起一股力量；你想到居里夫人为了提炼一克镭而和丈夫从奥利地控制下的工厂，费力的运回那些蕴含着镭的工业废料的情景；或者你想到《鲁滨逊漂流记》当中的克罗索一个人在孤岛生活 28 年之久时，涌起了一股豪情，觉得自己也可以战胜自己，于是你的思想得以转变。

（三）深深的自我反思，不借助外部环境和阅读经验，而只是自我的深沉的思索。善于思索的人最有力量，一个人可能因一时的情绪而暴躁不堪，说一些愤激的话，甚至话语会伤害自己的亲人、友人，然而当你沉静下来，当理性回到心中时，深远的思考可以让人陷入自我的反思，从而意识到自己错了，于是思想的转变就自然来了。

以上三种比较典型，不能囊括所有造成一个人思想情感发生逆转的全部情节，然而探究这些共性的情节，对促使我们在文章当中"制造"起伏，实现思想的转变，形成全文的转折，达成故事的张力等，都很有好处。

第4节　暗示：请恕我不直言

　　青少年在考场作文当中，常常被语文老师给出这样一个要求：处处都要点题才好！尤其是文章的首尾部分，一定要点题才行啊。其实，这个法则不能说就是错的。现实地说，在当今的考场作文当中，因为考试作文的特殊性，这个要求不算过分。因为阅读老师的时间很有限，在中考和高考这样大型而决定考生命运的时刻，因其工作量很大，老师们都是流水作业的。更因其阅卷工作在一年当中最炎热的季节吧，所以人也容易烦躁不堪。加上每天的工作量很大，所以给到每个学生的评分时间极其短暂，据说只有几十秒！想想是挺可怕的一件事。

　　几十秒只是几眼扫过而已，老师就要给出一个公平、合理的分数出来，这也实在是难为阅卷的老师们！所以语文老师在大型考试前，会对自己的学生有上述的要求。这种迎合阅卷老师的做法，其合理性在于更好地配合老师的阅卷工作——如果他在十分焦躁的心态下工作，更需要在短短时间里判断出你的文章是否符合题意？那似乎最好的办法就是首尾扣题，甚至处处扣题，这样老师便能顺利给一个分数出来。如果他盯了半天，看不出你的文章是否扣紧了题目的要求，势必延长他工作的时间，造成给分的障碍。这是其合理性的一面。但不合理的一面是：这种要求是和写作本身有所背离的。这是令学生一刀斩断"含蓄之美"的粗暴，是一种不可取的做法。

　　暗示的一大功能便是体现文章的含蓄之美。过分直白的表达，固然可以令读者不费力地明白作者的意图，但如果以损失含蓄之美而写文章，对学生的写作也是不好的。其实我想告诉青少年们：阅卷的老师们虽然给分的时间很短暂，但他们基本可以做到公平、公正。一方面在阅卷前，阅卷者须经一番深入培训，以便更好应对批改工作；另一方面，大部分语文老师对作文的判断早已形成一种潜意识，不夸张地说，一个有经验的语文老师对一篇作文的认识，扫上几眼便已心中有数，根本无须耗费半晌光阴！

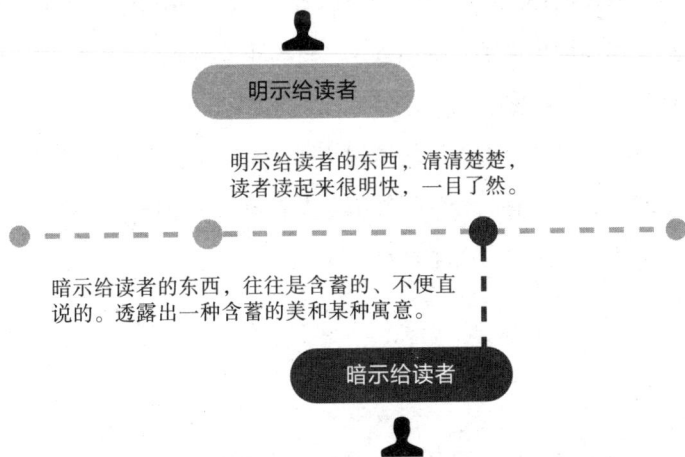

明示给读者

明示给读者的东西，清清楚楚，
读者读起来很明快，一目了然。

暗示给读者的东西，往往是含蓄的、不便直
说的。透露出一种含蓄的美和某种寓意。

暗示给读者

　　所以，如果你喜欢在文章当中以暗示的方式，表达你的含蓄，体现你的审美，即使在大型考试当中也是没有问题的。

1.暗示是一种十分宽泛的提法，一切不肯、不能明说的隐晦、曲折的表达都是暗示。

当然我们也可以说，凡是能造成某种不明确表达效果的方式都属于暗示，就像一个人面对另一个人给出的富有意味的眼神，他没说话，然而用眼神来传递自己的想法。

在李森祥的《台阶》一文当中，作者开头就一句话：父亲总觉得我们家的台阶低。这样的一句独立成段，有暗示的成分吗？自然是有的。台阶低意味着地位不高，这在民间是一种十分常见的现象。所谓的高门大户往往是台阶很高的，体现出高人一等的地位。而作者在这里的用意是清晰的，在父亲的心目当中，自家因贫困而导致的不仅是台阶低，还有地位低的问题。而在史铁生的《秋天的怀念》一文当中，作者说：她（指母亲，本书作者注）又悄悄地出去了。她出去了，就再也没回来。这样的句子便是暗示，是作者史铁生对母亲的去世的委婉的说法。

暗示有时像一把无声的木剑一样，从空中斜劈过来，并没有真正的刀剑所具有的锋利，并不令人畏惧，但给读者传递出一种很有意味的东西，令人深思。

2.有的环境描写完全是暗示读者。

比如你不明说自己的心情很差，却说周围的景致黯淡无光，周围的空气令人沉闷，这就是在暗示读者：你的心情不爽、不晴朗。反之，如果在你的眼中，天空是湛蓝的、空气是清新的，乃至周围的一切都是欢快的，其实你想说自己的心情是愉快的。这种不明说，而以"暗示"来对抗直白的做法，会给文章造成一种含蓄的语言效果。

3. 许多具体的手法当中都包含着暗示的成分。

除了上面的衬托中存在暗示，在象征等手法当中也存在暗示成分。象征是以物表意的手法，作者不明说某种精神、某种品格，而找到一种替代物，来实现一种含蓄的表达。于谦在《石灰吟》当中说：粉身碎骨浑不怕，要留清白在人间。说的是生石灰到熟石灰的化学变化？其实他暗示的是自己的清高的、愿为国捐躯的伟大精神。当然，在许多的借物抒情、寓情于景的手法当中，其实所隐藏的也是暗示的手段。

暗示是写作过程中不自觉就会运用的一种常见手段，在人的智力层面，通过暗示而得来、表达出的东西往往更多，给人以无限的意蕴之感，是明示、铺排等难以企及的。

第 5 节　象征：以物示意之妙

对一个成熟的读者而言，最有趣而有颇具烦恼的一件事是：是不是眼前的文章都有点象征的意味？是啊，似乎所有的文章，都有言有尽而意无穷的东西在。而凝结在其中的、最值得我们怀疑的便是作者使用了象征的手法。所以，作为一个成年读者，我们时常涌起这是象征、疑似象征的感觉。

象征是以物示意。示范的示，意象的意。就是以某具体的事物来体现某种精神意象。所以，象征的特质是以形象代抽象，以形象的具体的事物来表现抽象的某种精神、品质、思想或者性格等。这样一来，象征有本体，也有征体，两者的共存造成了一番新的意蕴出来。

青山象征着一种永恒的存在，一种任由世间纷纷扰扰、却依然不改变的一种生命姿态。夕阳则是变化着的，象征着始终在变、永远向前的流驶的时间。

滚滚长江东逝水，浪花淘尽英雄，是非成败转头空，青山依旧在，几度夕阳红。

以物示意是象征得以存在的本质

印象最深刻的象征有两个：一是几篇名家的文章，矛盾的《白杨礼赞》和高尔基的《海燕》，以及鲁迅先生的《秋夜》。这些文章因入选课文，而给人留下深刻的印象。二是《三国演义》开篇前的那段有名的词:《临江仙·滚滚长江东逝水》当中的句子：滚滚长江东逝水，浪花淘尽英雄，是非成败转头空，青山依旧在，几度夕阳红。这个句子给人的印象实在深刻，作者眼中的青山象征着一种永恒的存在，一种任由世间纷纷扰扰、却依然不改变的一种生命姿态。夕阳则是变化着的，象征着始终在变、永远向前的流逝的时间。这样的画面给人以一种神奇的沧桑之感，令人喟然人生易老的酸辛滋味。

再说上面的几篇课文当中的象征。这是青少年相对熟悉的。

在矛盾的笔下，笔直的白杨树象征着北方农民挺拔的精神；而高尔基的海燕则因其怒动甚至求战的姿态，象征着伟大的革命战士，不甘屈服的革命精神——在这里不仅写出了革命者的性格，也写出了他们内在的精神。充分证明了象征这个手法是以具体代抽象的特质。而在鲁迅先生的《秋夜》当中，作者的象征意识是明确的，但象征所指的内容却难以说的一清二楚。我们看到了落尽了叶子的枣树干子的直刺着天空的模样，听到了"夜游的恶鸟的飞过"，并对从窗纸进来的几只小飞虫的勇敢感到一种敬佩，它们也被鲁迅先生视为苍翠精致的英雄。但鲁迅先生的真实含义到底是什么？所言的是革命者对恶势力的反抗？还是先生自己的某种意识？这是难以说清的。但毫无疑问的一点是：作者使用了象征的手法。

鲁迅先生所善于运用象征手法的，比如在他的《野草》的题辞当中，作者对野草这个意象的塑造，其实也蕴含着象征的手法。他说：野草，根本不深，花本不美，然而吸取露，吸取水，吸取陈死人的血和肉，各个夺取它的生存。这里的象征相对是明显的，自然是反对封建社会的旧思想、旧道德和旧的文化制度等等。

同样，著名作家夏衍也有一篇短文叫做《野草》，也是以象征的手法来写的。他在文章中说：没有一个人将小草比作大力士，但是它的力量之大，的确是世界无比。……种子不落在肥土而落在瓦砾中，有生命力的种子绝不会悲观失望和叹气，因为有了阻力才有磨练。这样的句子带有很强的象征特色，而种子本身的富有生命力，它的不甘屈服的精神，其本身就是一种了不起的战斗精神，宁死不屈的精神。这和作者文章的背景，写于上世纪 40 年代抗战的背景下，自然是息息相关的。

在去年（2017）的上海市中考作文当中，其题目是：就这样，埋下一颗种子。对一个聪敏而有阅读经验的学生而言，面对题目中的关键词"种子"，是不会把思想停留在其字面意义的。"种子"的字面意义当然是生物学、植物学层面的。但敏感的你会立刻意识到：这个词语带有很强的比喻义、引申义和象征意义，并且是一种容易转化的概念：思想是种子，理想、信念、决心都可以是种子啊！科学的种子、文学的种子、艺术的种子，何其多也。而我们在其一个限制性的、必须充分结合考虑的是"就这样"，这三个字意味着须把"埋下这颗种子"的前因写清楚、交代完整，内含着一种因果关系。当然，文章写的深刻精彩的关键在于：体会到"种子"的象征含义、比喻或引申的含义等。

象征的手法令你的文章含蓄而深刻，令人在某些普通的事物当中见到丰富的、被作者延展出来的意味、意蕴。这当然是写作中的一种创造，令某种事物不再是它本身，而成了具有特定精神、丰富内涵的超越自己的东西。今天的读过《白杨礼赞》的人，在见到白杨树的时候，心中涌起的往往不再是一颗颗平凡的树木，而是凝结着人的坚强不屈、挺拔向上的精神特征的白杨树；今天的人们见到天空中的飞鸟，眼中被它飞翔的姿态所吸引，心中却生出一种渴望来——渴望像它一样有一种不受束缚、不受羁绊的自由。所以，世上种种不再是它本身，而常常被人的思想赋予一种"内在的含义"，这就是象征带给人们的更丰富的认识世界的方式。

第6节 文体：容器而非外衣

　　青少年写作中，势必遭遇文体的限定问题。即使在大型考试的要求当中不限文体，你也不能写成四不像的文章。这种难以归类的文章，很容易给读者造成阅读、鉴赏上的困难。

　　文体的划分，常见的记叙文、议论文、说明文、应用文、想象作文等等。在我们的意识当中，有时文体的划分不那么严格似的，于是干脆把散文、随笔、日记、书信、游记、调查报告、写景状物、写人记事等进行并列，或纳入记叙文的范畴，不考虑它们的内涵和外延，其着眼点在于它们的独立性。如果不是从学术的意义上探究文体的内涵和外延，我们倒是不必过分较真这一点，按照我们日常所接受的进行处理就可以——也即把上述的东西放在一起，只要对我们的独立成文有价值，都是可以的。

议论文。高中生必须掌握的文体，高考命题者热衷。

说明文。不管你喜欢与否，一要会写，二要常读。尤其事理说明文、科普文等。

小说等虚构文章或作品。青少年可以尝试写短篇小说甚至中长篇，体会作家写作的感受。

记叙文。最基础的文体之一。永远是学习重点！

应用文。具有很强的实用价值。如书信、请假条、调查报告、演讲稿等。

想象作文。许多同学对此有特殊的心理需求，放飞想象力的文体利器。

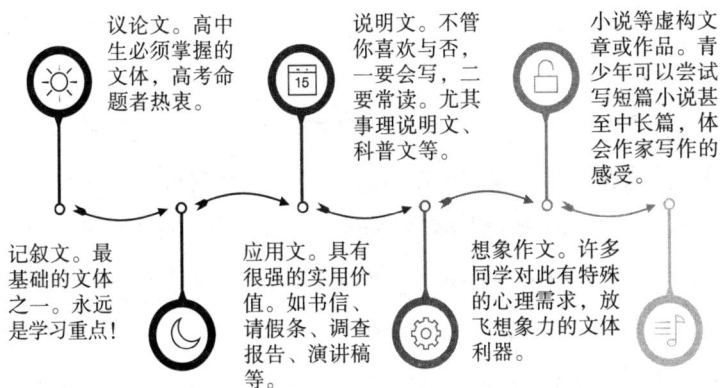

文体是一种容器，承载的东西不同而已

　　我强调给青少年的是：不管你是否喜欢，你应该把对记叙文的掌握放在第一位。而这里的记叙文概念可以广泛一点，包括了常见的记人作文、记事作文、写景状物作文、散文、日记、书信、游记和想象作文等。而说明文和议论文，可以放在相对次要的位置上。原因如下：

　　议论文相对简单，入门容易，写起来容易上手。并且常常是在高中阶段写的较多，在中小学阶段还是记叙文为主的。说明文相对也简单易学。说明文主要掌握的是常见的几种说明方法，以及平实的语言风格。我个人觉得：说明文对创造性的要求相对不高。而记叙文是一切文章的基础，同时它涵盖的东西多、灵活掌握它不容易，非拿出更多的时间不可。当然，这样说不意味着一个能学好记叙文的人就注定能轻松掌握议论文和说明文。

1. 记叙文

我想再一次重申：青少年一定要充分重视记叙文的写作。这是一个人写作最基础、最能表现其写作功底的东西。原因不复杂，记叙文对各种写作手法的操练是最全面的。与此同时，在青少年的写作过程中，记叙文涵盖的写作形式最多。按照上述不必较真的要求，叙事散文和抒情散文、日常随笔、日记和书信等都可以视为记叙文（日记、书信等是明显的应用文。但因其在写作中内容上偏重记叙，所以我们也将它们看成记叙文的一种），更不要说常见的写人记事、写景状物的正统记叙文！所以在日常的训练当中，我们不要错过每一次训练记叙文的机会，尤其是初中生不要用"自由翻飞的思绪"为特征的抒情文，来代替对记叙文的写作——这很常见！为什么出现这种情况？

记叙文必须处理故事情节（事件），但在抒情散文当中，故事情节可以是部分的、局部的、不完整的，这些情节的片段只是为抒情服务的。而在记叙文当中，抒情往往是一种令作者的思想感情得以升华的手段，在写作时仍旧侧重对整体事件、故事情节的完整叙述、刻画，所以训练的东西更多。而在青少年尤其是初中生当中，随着抒情意识大爆发年纪的到来，以抒情（时常只是个人的思绪）为手段，导致的"抒情流水账作文"非常常见，内容浮泛、情绪疏离、情节短缺，造成一种文体特征不明显的个人思绪的飞扬，不经细看——表面看甚至会有华美的一面，但细看却给人以内容空洞，甚至是无病呻吟之感。

所以在我们的写作过程当中，要逼着自己构思整体的故事情节，要逼着自己写出完整事件——来龙去脉都要交代清楚（自然这是记事作文的关键），对写人作文而言，另有其标准。

同时，记叙文的良好训练，对你应对各种考试题目更有好处。今天的考场作文，其实越来越淡化审题，越来越不怎么限定文体，而同样的一道作文题，如果你对记叙文的各种样式都很擅长，你甚至可以避开众人的选择，写出独具你个人风格的某种文体的记叙文。比如以书信的形式、日记的形式来写的记叙文，往往可以在考场上从众多正统记叙文中脱颖而出。

再者，青少年在辩证思维能力上成熟度相对不高，如果一味发表常见的议论，便难以出彩。当然，这不妨碍我们对议论文的写作和训练。

2．议论文

不管从哪方面说，议论文在青少年写作当中，占有第二重要的位置，我认为是恰当的。对高三党而言，也许议论文要摆在第一的位置上，这有现实的一些原因，比如高考作文对思辨的重视，以及高三学生在年龄上造成的对思辨的热爱。但是，纵向观察青少年写作的整体情况，议论文恐怕只能屈居第二。

议论文的写法自然也是文无定法、多种多样。但从青少年运用的实际看，主要的有两种，次要的有一种。主要的两种可以界定为正统议论文和哲思议论文，次要的一种是驳论文。

（1）正统议论文。我给青少年写作的一个意见是：学写议论文，最好从正统议论文开始。这里的关键是"正统"二字，也就是传统的、中规中矩的议论文，带有较强的模式性（此处的模式当然指它的结构而言）。它常常是以提出中心论点 - 给出分论点并论证来完成的。在论证的思路上，有的是层层递进式，有的并列铺陈式，有的是对比凸显式。议论文就是说理，给出你的道理，证明你的道理。

许多青少年苦恼于写不出令自己满意的正统议论文，主要的原因有（1）提出观点不容易，提出令人大感敬佩的观点更难；（2）感性认识大过理性认知，导致理性逻辑思维的能力不强，造成在论证过程中难以自圆其说。（3）缺乏对思辨的兴趣。针对第一条，还有一个障碍的存在，就是对命题所给材料抓不住核心，读的不够透彻，故而难以提出十分精彩的意见出来。这当然要求我们有很好的问题意识，这就需要我们打破"语文学习不过是背诵、积累点文章而已"的错误论调，而培养自己的问题意识。

（2）哲思议论文。和正统议论文相比，许多青少年倾向于哲思议论文的写作，究其本质，是我们作为一个人来说，希望在表达上有更大的自由度，不希望被"正统议论文"的结构模式所束缚造成的。哲思议论文在结构上的灵活，满足了青少年喜欢自由、不被束缚这一点。所谓的哲思议论文主要是作者以较强的哲理思考来表达自己对生活、对事件、对行文的某些意见的，故而在某种意义上，往往采取一种"漫谈"的姿态。比如"漫谈读书"这样的话题，不仅可以相对自由地发表对读书的独特意见，还能充分融入自己阅读的生命体验，而不是像在正统议论文当中那样，发表"开卷有益并非绝对"这种带着非常格式化来证明什么。

（3）驳论文不常写，但写的出彩容易得到更大的肯定。在一般性的考试当中，驳论文是稀有品种，所以阅卷者见了往往在精神上高度重视，如果作者能一语中的，针对批驳的靶子进行有力的论证，并提出自己更高明的意见，那么在考场当中往往更具优势。对驳论文而言，其关键就在于抓住对方的核心观点，有步骤、有层次地去反驳。

3. 应用文

应用文是青少年写作过程中不能回避的一种文体。从最简单的请假条开始，到相对复杂的书信，以及须充分了解的调查报告、演讲稿等，我们对应用文的学习其实很全面。应用文的核心价值在于它的实用性，而非文学性。所以，一张请假条，只要说清你请假的理由、请假时间，加上必要的称呼和落款就成了。某种意义上，请假条是缩小了的书信，放弃寒暄、放弃细说而直奔请假的主题，达到传递信息的目的就可以。而书信则是放大了的"假条"，加入寒暄、加入细节、加入事件、加入思念，就成了一封书信。

古老的书信在今天已经萎缩，但其实用性依旧没变，在最广泛的应用层面，变成了电子邮件而已，但对表达你对远方亲人、友人的思念，探究深度话题，表达思想感情的价值是没有改变的。在你未来的职场上，规范化的公司管理当中，许多工作的交流、交割都是以电子邮件完成的：简单的寒暄，层次分明的交流，言简意赅的风格，所以灵活运用书信还是必要的。

演讲稿是另一种具有高度实用性的应用文，并且他还需要一个作者在精心准备过后，当众表达出来，常常需要脱稿来进行。青少年演讲常常以激情支配自己的想法，甚至出现大张旗鼓地口号，振臂一呼的姿态，其实想想：这只是一种常见的演讲方法，对一个有想通过演讲传递某种观点的你来说，理性的演讲也许更有价值，所以我对学习演讲的青少年常常建议：减少那些激情澎湃的句子，容易陷入空泛的话语，尝试写一点理性的话语，这样的演讲不仅是知识性的，更能引起听众的思考。相比而言，知识性、理性的演讲更可贵。

调查报告是青少年在寒暑假当中经常遇见的一道作文题，但实际上许多青少年不很重视。常常在一种走过场当中应付过去。不少老师对青少年写调查报告也没有过高的期待，美其名曰：练习调查报告的格式。要我说，应用文固然重视格式这种形式上的东西，但真正有用的还是内容，而不是格式。如果你给亲人写信忽略了寒暄，忘记了称呼的定格，实际上他们造成的后果不算严重，但如果你的信件内容空洞、感情虚假，即使格式再标准，也会令人不快的。调查报告自然也有一定的格式，但这个格式逻辑的，从命题的提出、调查的方法、调查的过程、采集的资料、资料的分析到结论的给出，其实是对调查流程的如实记录而已。其中的分析和结论是作者依据材料得出的。建议青少年在学习过程中，真正拿出一次认真的态度，发起一次带有真实数据的调查，甚至可以走上街头搞问卷调查，真正能深度搞一次调查，认真写一稿，再反复修改一番，你对调查报告的认识不仅是深刻的，还可能是颠覆式的。

要知道：对学习而言，所有的走过场，所应付都是你自己。

4. 说明文

和有故事的散文、记叙文，有精彩见解抒发的议论文等相比，说明文给人的感觉常常像它们自身一样平实、难以在人们心中掀起波澜。但如果你想将来从事科学研究的话，对说明文还真的要有所重视。对两种说明文也要培养爱好，至少我们首先要学会如何去写。如果能写出一篇平实的事物说明文，写出一篇逻辑性很强的事理说明文，甚至是科学小品文，我想：你可能对说明文的认识会超过一般的青少年。对不少科普作家而言，他们的文章乃至小说，都离不开说明文的写作功底，那种探究事物规律的逻辑性书写，也往往令人上瘾。

5. 想象作文

跟上述的应用文、说明文相比，想象作文对青少年时期写作更有价值，不仅考试中遇到的频率更高，并且可以成为你出奇制胜的一把利器。当大家面对不限文体的命题时，主动写实的人往往更多，更主动写说明文的人则很少。但在日常学习当中，我仍建议青少年在充分想象的基础上再动笔想象作文，避免陷入徒有形式的想象作文，只给自己的作文套上一个想象的外衣。人的想象力一旦开启，便可能进入到不受束缚、难有边际的幻想当中，如能充分地加以运用，写出结构严谨而想象丰富的好文章，是可以赢得所有人赞叹的。想象作文和写实作文不一样，后者依赖人的生活经验和日常逻辑，而想象则是摆脱日常经验和逻辑的自由飞翔，故而可以创造出惊人的篇章——然而这对整体构思提出了更高的要求。

6. 虚构的小说

你有过想写小说的冲动吗？在文学的四大样式，诗歌、小说、戏剧和散文当中，小说有着极其强大的魅力。然而很少青少年能投入到小说的创作中来，一旦有青少年创作小说而发表，其带给人的惊喜和震撼是不言而喻的，但这并非不可能啊！

对有丰富想象能力的青少年而言，与其抱怨日常生活的平庸、平淡，不如利用业余时间创作小说，而创作小说既可以从短篇开始，也可以一开始便拥抱长篇。——至少我们有这样的自由。

小说当然是虚构的，但大部分小说又和我们的生活息息相关——至少现实主义作品是这样。写小说首先要做的是喜欢读小说，懂得小说是什么，从而可能产生创作小说的冲动。作为纯虚构的作品，我们在训练时，可以从剥离自我开始——尝试着将"自己"从你的日常生活中剥离出来，而已虚构的方式记录一整天的事件。有人难免要问：小说不是虚构吗？记录一整天的真实生活，如何小说？就寻找自己对小说写作的感觉而言，我觉得再也没有比剥离自我，从而将真实发生的故事化作小说中情节更有意思的了。所谓的"自我剥离",是切断自己和今天生活的真实关系,将一整天发生在自己身上的故事,当做发生在小说主人公身上的故事来写,从而令其成为一部小说的一个构成——这是不难理解的。这样做可以训练我们对小说的感觉,首先避免素材匮乏、全书构思等难题,当你找到了写小说的感觉时,再着手完成真正的小说是不迟的。

后记　返回自身，激发自我内在的写作潜能

　　我有一言应记取，文章得失不由天。——鲁迅[①]

　　鲁迅先生的这句话，其实告诉我们：写作是自己走出来的一条路。的的确确，不管是在考场上还是在未来的生活、工作中，没有人能替代你表达自己对世界的认知。要知道，青少年学写作，从三年级提交完整的习作开始，到高考结束，整整十年时间。在这漫长的十年里，许多孩子甚至不能写出一篇像样的文章。更不要说长年被作文所折磨、所惧怕了。何况还有所谓的"一怕文言文、二怕周树人"等两怕。这样学语文的十年，将是何等痛苦不堪的十年啊！

　　所以许多青少年不能在写作方面创造佳绩，我觉得主要是自我训练、主动训练太少的缘故。如果我们常年在一种被动训练——在老师安排的作业当中、在不得不面对的考试当中才肯去写的话，真的永难写出高质量的文章。要知道，写作是一门主动实践而探索的艺术，是一种长年浸淫其中而发生浓厚兴趣才行。

[①] 1900 年 3 月，鲁迅先生在《别诸弟三首》中说：我有一言应记取，文章得失不由天。的确，文章得失不由天，而由人。每个人都该以此敦促自己，化作前行的动力。

所以，面对青少年的抱怨、家长的烦恼，我给出的一个秘诀便是：先写起，再写好——当然要主动写。其实就是反复实践和探索，在实践和探索当中成就写作的"好事"。这就不能不说以下几个主要问题：

一、如何看待写作本身

写作不同于解一道数学题。即使一个人在数学和作文当中得到的快乐是一样的，其过程也是差异很大的。数学是探究自然法则的客观演绎，而写作是创造一个新世界，是把一个立体的世界放置到一个平面上来，但不损失其立体效果。我们且不说这样的差别。我想，对一个数学高手而言，他的数学水平决定了他看待数学题的视角是不一样的，他可能已经得到了数学解题的思想与方法，从而能在更高的层面上去看待数学问题——而大部分青少年只是从作业的角度看写作本身。如果不能从文章的高度、创作的高度去写作，只是始终当作一道作文题来应对，我不可能真正走入写作的天地的。

青少年写作不能脱离课堂作文而存在，但如果将自己的写作课仅仅局限在课堂上就有问题，在不少人的观念当中，如果我连课堂作文都完成不好？何谈其他的呢？其实不是这样的。不少青少年之所以课堂作文完成的不好，是因为没有在自主支配的时间里，有意识地安排点时间进行写作上的自我提升。

写作必须从相对被动的课堂作文中解脱，而回归到你的主动选择上来。当星期天你去了异地旅游一次，完全可以动笔记录这个过程，日记也好、游记也罢，先写起来！记录在你的日记本、作文簿当中，然后在课余时间里自我修改，甚至可以将修改好的文章发到一些电子平台上任人评说！在别人的意见当中，你可以再修改、再完善，从而将生活过程中各种有趣的事件、人物、观察、思考等写成文章，这样的文章是你自主命题、自主写作而成的，绝非老师在课堂上的命题作文，更能提高你的写作水平的。

久而久之，你会发现：应对老师的课堂作文，对你而言不过是张飞吃豆芽——小菜一碟。

二、向写作的多样性进发

青少年写作中有一种容易被忽略的现象，这就是写作上的偏食现象。面对种种类型的写作，有人喜欢日记，觉得它随心随意；有人喜欢随笔，觉得可以处理翻飞的思绪；有人偏爱抒情，觉得可以抒发心中的情致；有人热衷记叙，觉得可以编写创意故事；有人酷爱议论，觉得可以激扬文字。要我说，在一个学习的阶段当中，最好能全面的发展，像写作的多样性进发。包括散文、诗歌、小说和戏剧在内的多种文艺样式，能尽早的接触、尽早地掌握，对青少年拓展写作能力非常有帮助。有一个原因可以让我们避免单一，这就是：上述样式其实是内在地相通，上述的不同主要的在于形式。同样的一个故事，可以写小说，也可以编剧本；同样的一段素材，可以写美文（散文），也可以写诗歌。

在你没有完全掌握、领略各种形式的妙处之前，最好能克服心理上的偏食现象。这不是说在你的考试当中，如果你过于偏爱的某种文体不被允许（比如诗歌），也不是说你会遭遇自己的文体写作短板。而是说，不同的展现形式，对你日后的写作、创作有着很强的意义。今天你不喜欢剧本，也许十年后你认定要做一个著名的有影响的编剧；今天你讨厌诗歌，也许你会在未来某次诗歌朗诵会上感受到诗歌之美，从而疯狂地爱上诗篇。所以，趁着自己年轻，在学习的精力最旺盛的年纪上，对各种文学样式都能熟悉、掌握，以便在日后的岁月里选定某个突出的方向，走进更专门、专业的创作天地。你要知道：艺高人胆大，技多不压身。

三、把阅读经验转化成写作才华

　　读书和写作之间，人们普遍认定两者之间具有因果关系。所以不少人拼命的读书，当今社会涌现出太多读书的高人——一年读几百本甚至上千本都不罕见。然而也有人在读了许多书之后产生一个疑惑：何以我读书不少，而写作却不好？

　　简单回答这个问题的话，就是：读书和写作之间具有因果关联，但不是直接的因果关系。读书最多的人，未必就是写作最好的人。如果一个人读书而不知转化——把阅读的经验转化成写作的才华，那么读多少书都没用！

　　以阅读的程度而论，有深阅读，有浅阅读。浅阅读主要留意的是内容的表象，主要是对其中的故事感兴趣，对有趣的情节记忆深刻；而深阅读则对作者的构思、选材、结构、语言、情感等有全面的探究，这种探究常常可以形成很好的理论认识，这些很好的理论认识才能帮助一个好读者成为一个好作者，甚至成为一个好作家！

以我们中国人喜欢的《红楼梦》而言，有的研究者探究一生，耗费几十年光阴，写出上百篇分析文章，其中的故事情节异常稔熟，其中的诗词能解析透彻。而对普通读者而言，我们常常只是处在看点故事的层次上，所以一篇论文也写不出。这奇怪吗？丝毫不奇怪。这是就红学研究者而言。而对中国许多著名作家来说，他们也时常宣称从《红楼梦》当中得到了巨大的启发，曹雪芹创设故事的能力、编织结构的才华、刻画人物的手段、隐秘心理的探寻等，每一个受到启发的作家都能读出自己的感受来。人人的感受是不同的，然而对自己的创作均有影响。

不止《红楼梦》这样伟大的古典文学高峰作品。20 世纪以来的文学作品，比如魔幻现实主义的代表《百年孤独》影响了多少的中国作家？莫言、陈忠实、张炜、迟子建等等著名的中国作家，都深受其影响。想想看，如果他们的阅读停留在浅阅读上，怎么可能转化成自己的写作才能？

四、回归自我，激发自我的写作潜力

作为一个专门辅导学生写作的老师，我接触了太多的学生和他们的家长。在帮助孩子们修改作文、辅导课程的同时，我深刻体会到学生和家长在面对写作时的一些思想误区。其中最大的一个就是过分依赖外部力量，过度渴望写作技巧，而很少能回到自身、回归自我。

　　其实，学习的过程不是外部灌输的过程，不是过度依赖老师而展开的外部输入式学习，而是需要激发自我的内在的潜能。古希腊哲学家苏格拉底是一个了不起的导师，他对青年的"教学"绝不是灌输式的，而是启发式的。他曾经以助产来比喻学习这件事儿。他的意见我很赞同：老师自己不生孩子，只是助产士而已。对一个学生而言，学习的关键是激发自我潜能，把你自己本身具备的东西激发出来，而不是外部灌输。

　　连年来，我发现一个惊人的学习现象，越是依赖外部力量的学生，他在学习上给人以越学越笨的感觉。以作文学习而言，这一次他知道在作文中开门见山，却在下一次写作依然茫然不知所措：因为没有学到写作的原理，心理追求的始终是有限的技巧，而不是无限的、一通百通的写作原理，更不懂得独立思考。结果导致每次的写作训练，能学到的东西都非常有限，在一次次恼人的训练当中，终于丧失了对写作的兴趣。于是，他本有的写作潜能，终于被压制起来。

　　总而言之，写作是人的一种综合素养，是基于母语而开展的一种综合能力的表达。写作的价值不仅是当下的，会对你的求知、求学有一定的影响，更对你的人生、你的未来造成深刻而巨大的影响。即使你的理想不是作家、不是记者、不是编辑，不是一切专门的文字工作者，你也绝不该轻视写作，要知道：对爱因斯坦、霍金、杨振宁、李政道等大科学家而言，他们研究的虽然是自然科学，但他们运用"语文"而写作的能力，尝尝不输专业作家。毕竟人的能力绝不是有限的，而是巨大乃至无穷的。